基础教育改革与教师专业发展丛书

基础教育改革与学生发展系列

生态教育的探索之旅

SHENGTAI JIAOYU DE TANSUO ZHILü

闫蒙钢◎编著

安徽师范大学出版社

责任编辑:胡志恒　　责任校对:房国贵
装帧设计:丁奕奕　　责任印制:郭行洲

图书在版编目(CIP)数据

生态教育的探索之旅/闫蒙钢编著.—芜湖:安徽师范大学出版社,2013.12
(基础教育改革与教师专业发展丛书)
ISBN 978-7-5676-0310-3
Ⅰ.①生… Ⅱ.①闫… Ⅲ.①生态环境-环境教育-教育研究-中小学 Ⅳ.①G633.982

中国版本图书馆CIP数据核字(2012)第319302号

生态教育的探索之旅
闫蒙钢　编著

出版发行:安徽师范大学出版社
芜湖市九华南路189号安徽师范大学花津校区　　邮政编码:241002
网　　址:http://www.ahnupress.com/
发 行 部:0553-3883578　5910327　5910310(传真)　　E-mail:asdcbsfxb@126.com
经　　销:全国新华书店
印　　刷:安徽芜湖新华印务有限责任公司
版　　次:2013年12月第1版
印　　次:2013年12月第1次印刷
规　　格:787×960　1/16
印　　张:16
字　　数:254千
书　　号:ISBN 978-7-5676-0310-3
定　　价:29.80元

基础教育改革与教师专业发展丛书编委会

内容简介

本书旨在把握生态教育的趋势、展现生态教育的成就、遴选生态教育的特色案例，向广大教育工作者推广生态教育的理念与方法。全书分成三篇共七章。第一篇“山峰之巅”，在生态学、教育生态学、生命教育、生态教育等理论视野下，鸟瞰生态教育的全景。第二篇“海纳百川”，重点择取国内外具有典型特色的生态教育成果，为我国开展生态教育提供示范。第三篇“探索之旅”，从生命教育、情感教育和环境教育三个维度，以案例库的形式展现丰富多彩的生态教育案例，为生态教育工作者提供有效实施生态教育的成功范本。

本书兼具理论性与实用性，不仅可以供教育教学理论研究者使用，也可作为基础教育教师开展生态教育和继续教育的教材，还可作为师范生、教育学专业研究生学习研究的参考用书，又可作为中小学生的科普读物。

总 序

“教育改革”在当下是一个出现频率非常高的概念，这种语言现象所反映的正是教育实践的客观现实。伴随着经济全球化、信息化和网络化的迅猛发展，世界范围的教育改革正一浪高过一浪，教育改革正成为一项持续不断的教育实践活动。可以说，变革已成为当代教育的一个典型特征。

同样，改革也是我国当代基础教育领域蓬勃发展的重要驱动轴。近年来，基础教育改革正在各个层面全面展开：在课程领域，综合课程、活动课程、微型课程、模块课程等正在逐步取得与学科课程同等的地位，并对促进学生的全面发展发挥着不可替代的作用；在教学领域，诸如探究式教学、互动式教学、学生自主学习、合作学习等一系列新的教学方式和学习方式也正在逐步取代某些传统的教学方式和学习方式，被师生广泛运用于教学过程之中；在德育领域，一方面，某些陈旧落后的德育理念和模式正在为人们所摒弃，另一方面，多种新的德育理念和模式正在受到教育理论工作者和实践工作者的广泛关注并在学校德育实践中进行尝试和经受检验；在教育评价领域，传统的评价理念和范式同样日益受到人们的质疑与批判，与此同时，各种新的评价理念和范式层出不穷并被师生普遍接受和运用。

基础教育改革不仅使学校生活、师生关系和课堂面貌等发生了重要变化，也向广大教育实践工作者提出了新的更高的要求。持续不断的基础教育改革,使每一个投身于教育实践工作的人都面临着一系列无法回避的挑战。这种挑战,既意味着教育实践工作者不得不正视和思考教育改革带来的各种新的问题,同时也意味着他们在面对不断变化的教育实践情境时,必须采取适当、合理的因应与行动。

教育大计,教师为本;有好的教师,才有好的教育。这既是基础教育改革实践的强烈诉求,同时也是理性认识基础教育改革所形成的共识。好的教师,才有可能既娴熟自如地驾驭教育教学活动,最大限度地促进学生的发展,同时又能够有效地应对社会和教育发展所带来的各种新变化、新要求,成为教育改革的参与者和“弄潮儿”。好的教师由何而来呢?也许人们对这一问题有着各自不同的认识,也许不同的教师其成长的过程和方式各有差异,但可以肯定的是,好的教师既需要经受教育实践的历练,需要教育实践给予其充分展现的机会,同时,也需要接受教育理论的滋养,需要对教育教学的本质和规律性有着正确的认知和把握。

与教育实践工作者相同的是,教育理论工作者也正在面对教改所带来的诸多挑战。基础教育改革的蓬勃展开,也必然会对教育理论工作者提出如何恰当地回应教育改革、如何研究和解决教育改革中出现的各种新问题、如何引领教育改革的发展方向等诸多问题。可以说,在教育改革持续展开的背景下,教育理论工作者正面临着双重任务:一是必须及时研究和探索教育改革中不断出现的新情况、新进展,发现制约改革的各种因素和变量,揭示和分析教育改革发生发展的特点和规律;二是必须观照教育改革参与者特别是中小学教师的实践诉求,通过对教育改革实践的理论阐述,引领他们更加理性、有效地处理改革实践中所遇到的种种现实问题。

我们欣慰地看到，当前，已有很多学者对基础教育改革的一系列重要问题进行了深入的研究和探讨，从多角度、多方位提出了诸多有关教育改革的真知灼见，展示了学者们对教育改革实践的理性认识。然而，如何将这些理性认识转变为教育改革实践的理性行动，却需要做一番综合与转化工作。所谓综合，就是要对不同的理论研究成果，根据教育实践的逻辑，重新进行组合与梳理，以形成更加适合于教育实践的知识体系；所谓转化，则是要通过对知识的再加工和再创造，将原本用于精确表达思想和观念的科学话语体系，转变成实践话语体系，从而更加适合教育改革实践的需要。而本套丛书所努力达成的，就是这样的一个目标。我们期待我们所做的综合与转化的努力，能够产生切实的实践效果。

教育改革既涉及宏观层面，也涉及微观层面。仅有宏观层面的努力而缺失微观层面的配合与行动，教育改革不可能取得成功。宏观层面的教育改革主要是由政府来决定和实施，而微观层面的改革不仅需要政府的介入，更需要教育实践工作者的实际行动。我们编写这套丛书，主要的目标是指向微观层面，指向中小学教师的教育教学实践。丛书涉及当前基础教育改革和教师专业发展的诸多领域，主要针对当前基础教育改革和教师专业发展中所遇到或将要遇到的一系列问题而编写，以问题作为研究和讨论中心。我们期望通过聚焦教育改革实践中遇到的各种实际问题，借鉴中外教育改革的研究成果和成功经验，为教育实践工作者正确地认识和把握这些具体的实际问题提供指导和帮助。

本丛书主要包括教师专业发展系列、基础教育改革与学生发展系列、新课程教学探索系列、班主任工作系列、心理健康教育系列、教师专业标准系列等，读者对象主要是广大中小学教师。丛书的定位是理论与实际有机结合、介于学术著作和通俗读物之间,既注意吸收相关学科领域的最新成果,反映教育教学研究的前沿动态,又注重贴近中小学教师的工作和生活,对目前我国基础教育的实际以及教改实施与进展的状况进行分析和探讨,注重解决读者在实践中遇到的问题或困惑,努力做到科学性、前沿性、实用性的统一。丛书内容通俗易懂,深入浅出,每册书在内容上不求大而全,不求面面俱到,而是突出重点,将关注教师的需求放在第一位,尽可能为他们提供有针对性的思想和理论的引领,给他们以实践操作的启发。

我们相信本套丛书的出版,能让广大一线中小学教师获得所需的知识和有益的启示,对学校的进步、教师的发展和学生的成长发挥建设性的指导作用,为促进教育改革和教师发展增添些许动力。我们也期待着本丛书的出版,能够为师范院校相关学科的教学与研究提供更为丰富的素材,从而推动教师教育质量的不断提升。

编委会

二〇一三年一月

前 言

“生态学(ecology)”一词源于希腊文,最早出现在19世纪中叶的西方国家。20世纪后,生态学与教育学相融合便出现了“教育生态学”的分支学科。如今,教育生态学的理论经过了跨世纪的发展,尤其是随着全球经济、人口的快速变化,人们越来越认识到自然环境、社会环境等因素与人类发展的密切关系。在此背景下,生态教育的理念应运而生,即在生态学的视野下,以教育生态学理论做指导,探讨包含学校、社会、家庭在内的各种生态因子与教育教学关系,从而实现人与人、人与社会、人与自然之间可持续、和谐发展的一种教育思想和理念。

生态教育状况和质量是衡量一个国家文明程度的重要标志,可以为解决当代生态危机、实现可持续发展提供精神资源,因此在发达国家的国民教育中备受重视。我国新一轮基础教育课程改革在2001年拉开帷幕,历经了十余年的风雨洗礼之后,广大教育工作者辛勤浇灌的富有特色的改革成果层出不穷,其中不乏在生态教育之路上大胆尝试、开拓创新的成功探索。如云南省教育厅原厅长罗崇敏率先提出并推行的“生命、生存、生活——‘三生’教育”,浙江省杭州市下城区开展的促进区域教育现代化发展的生态教育实践案例等。

作为多年来密切关注生态教育发展动向的研究者,笔者相继撰写过《构建化学生态课堂的思考》、《生态学视野下的安徽省独立学院应用型人才培养模式探索》、《生态学视野下课堂和谐生境的创设》等论文,并主持编写了《九年义务教育中小学环境教育系列丛书》。在此基础之上撰写《生态教育的探索之旅》一书,旨在把握生态教育的趋势、展现生态教育的成就、遴选生态教育的特色案例,向广大教育工作者推广生态教育的理念与方法。

本书分成三篇共七章内容。第一篇“山峰之巅”,在生态学、教育生态学、生命教育、生态教育等理论视野下,鸟瞰生态教育的全景。第二篇“海纳百川”,重点挑选国内外具有典型特色的生态教育成果,为我国开展生态教育提供示范。第三篇“探索之旅”,从生命教育、情感教育和环境教育三个维度,以案例库的形式展现丰富多彩的生态教育案例,为生态教育工作者提供有效实施生态教育的成功范本。

全书在编写体例、内容和方法等方面都具有一定的特色,兼顾理论性与实用性,不仅可以供教育教学理论研究者使用,也可作为基础教育教师开展生态教育和继续教育的教材,还可作为师范生、教育学专业研究生学习研究的参考用书,又可作为中小学生的科普读物。

本书由闫蒙钢教授设计框架和撰写提纲,并进行书稿的统稿、审稿和定稿工作。高冰、蒋建伟参与了统稿工作。高冰、蒋建伟、袁文娟、慈洁琳、崔兴飞、刘敏、李文祥参与了编写工作,李迪、刘佳、王赛、王琦参与了书稿的整理、校对工作。

本书是安徽师范大学出版社出版的“基础教育改革与教师专业发展”系列丛书之一,在此特别感谢丛书主编王守恒教授,感谢安徽师范大学出版社的编辑,感谢本书参阅和引用其研究成果的有关专家和学者,感谢为丛书的出版付出了辛勤劳动的所有人员!

伴随着我国物质文明的高速发展,衷心希望我国的生态教育扎实推进。通过生态教育使全社会形成一种新的生态自然观、生态世界观、生态伦理观、生态价值观、生态文明观和可持续发展观,实现人类、社会、自然的和谐发展,构建更加完善和谐的社会。

限于作者水平,书中一定还存在着不完善之处,敬请读者不吝指正。

闫蒙钢

2012年10月于芜湖

目录

第二篇　海纳百川:生态教育成果

第三篇 探索之旅:生态教育案例

第一篇

山峰之巅：生态教育理论

第一章　走进生态教育

始于19世纪的工业革命开创了人类历史的新纪元，带领整个社会突飞猛进地向前发展。然而，经历了三次工业革命的人类，享受着科学技术所带来的生活的便捷和舒适之后也发现了许多始料未及的现象：水土流失有增无减，田畴变成了荒漠，垃圾包围着城镇，全球气候逐年变暖，南极上空臭氧层空洞变大。“我们不要过分陶醉于我们对自然界的胜利。对于每一次这样的胜利，自然界都报复了我们。”恩格斯在《自然辩证法》里叙述的这句话最终得到了应验。

走进21世纪，面对出现的重重生态危机，人类已经开始思考：如何在开发、利用自然的同时保护好自然与环境，争取呈现在大家面前的是天人合一、和谐发展的生态友好型社会。退耕还林、节能减排、低碳生活等措施已陆续被众多国家提倡并实施。在教育教学领域，越来越多的国家和地区逐渐开始灌输生态教育的理念，为此生态教育应运而生。生态教育是一种新的教育思想，同时也是一种新型的教育方式和途径。它包括生态道德教育、生态行为教育、生态文化教育等诸多内容。宗旨是为了实现可持续发展和创建生态文明社会。一言以蔽之：生态教育就是将生态学原则渗透到人类的全部活动范围中，最优化地处理人与自然的关系[①]。本章从生态学、教育生态学、生态教育和生命教育等四个角度，介绍它们的发展变化和相关理论。

第一节　生态学

生态学是人们在认识自然界的过程中逐渐发展起来的。有学者将生

① 温光远. 世界生态教育趋势与中国生态教育理念[J]. 高教论坛，2004(2)：52-55，59.

态学的发展大致分为四个时期：生态学的萌芽时期、生态学的建立时期、生态学的巩固时期和现代生态学时期。本节从三个方面概括生态学的发展历程。

一、最初始的研究领域

人与自然相辅共生的关系从古至今都不乏广泛深入的探讨。比如，17世纪以前的人类，在长期的农牧渔猎生产中积累了农作物生长与季节气候及土壤水分的关系、常见动物的物候习性等朴素知识；公元前4世纪希腊学者亚里士多德曾粗略描述了动物的不同类型和栖居地，还按动物活动的环境类型将其分为陆栖和水栖两类，按其食性分为肉食、草食、杂食和特殊食性等类；亚里士多德的学生、雅典学派首领奥夫拉斯图斯在其植物地理学著作中已提出类似今天植物群落的概念；在古代的中国，《诗经》中出现了对动物关系的描述，6世纪中国农学家贾思勰的《齐民要术》中也包含了人与自然的思想[①]。我们把人、植物、动物等自然界中存在的众多无机、有机体构成的这样一个统一整体叫做生态系统。以上所列举的事例中基本都蕴含了早期朴素的生态学思想。

"生态学"(ecology)一词源于希腊文，由"oikos"和"logos"两个词根组成，最早是1858年由博物学家索罗提出。在希腊语中"oikos"意为"房屋"或者"居住地"，后者系"论述"、"研究"之意。就其本意而言，生态学是"研究住所"的学问。但其内涵一直不确定，直到1868年德国生物学家赫克尔才为它下了一个较明确的定义，即生态学是"研究动物与其有机及无机环境的全部关系"的科学[②]。从此，揭开了生态学发展的序幕。当代，随着研究的深入和发展，人们将生态学定义为"研究有机体或者有机群体与其周围环境的关系的科学"。当然，这中间经历了100多年的发展历程。

由于任何生物的生存都不是孤立的，同种个体之间有互助有竞争，植物、动物不同个体之间也存在着复杂的相生相克关系。生态学家们的研究正是从人类周围的动植物个体身上开始的。

18世纪的昆虫学家勒内·雷奥米尔的6卷昆虫学著作中就有许多

① 闫蒙钢. 高等教育生态系统建设研究[D]. 芜湖：安徽师范大学，2009.

② 范国瑞. 教育生态学[M]. 北京：人民教育出版社，2000：4.

昆虫生态学方面的记述。瑞典博物学家林奈首先把物候学、生态学和地理学观点结合起来，综合描述外界环境条件对动物和植物的影响。法国博物学家乔治·布冯强调生物变异基于环境的影响。德国植物地理学家亚历山大·洪堡创造性地结合气候与地理因子的影响来描述物种的分布规律。

19世纪，生态学进一步发展。这一方面是由于农牧业的发展促使人们展开了环境因子对作物和家畜生理影响的实验研究。例如，在这一时期中确定了5℃为一般植物的发育起点温度，绘制了动物的温度发育曲线，提出了用光照时间与平均温度的乘积作为比较光化作用的“光时度”指标以及植物营养的最低量律和光谱结构对于动植物发育的效应等。另一方面，马尔萨斯于1798年发表的《人口论》一书影响广泛。费尔许尔斯特于1833年以其著名的逻辑斯蒂曲线（Logistic Curve）①描述人口增长速度与人口密度的关系，把数学分析方法引入生态学。19世纪后期开展的对植物群落的定量描述也是以统计学原理为基础。研究人与自然生态系统里最有名的成果应该是达尔文于1851年在《物种起源》一书中提出的自然选择学说，书中强调生物进化是生物与环境交互作用的产物，引起了人们对生物与环境的相互关系的高度重视，更促进了生态学的发展。

进入20世纪后，生态学已成为一门初具理论体系的学科。尤其是在植物生态学（plant ecology）和动物生态学（animal ecology）两大领域得以快速发展。植物生态学是研究植物之间、植物与环境之间相互关系的科学。它研究的内容主要包括植物个体对不同环境的适应性，及环境对植物个体的影响；植物种群和群落在不同环境中的形成及发展过程以及在生态系统的能量流动、物质循环中植物的作用。某种意义上只研究植物与其环境之间的关系，随着生态学发展，人们发现了其局限性，因为离开了动物，纯粹只考虑植物生态是毫无意义的。因为动物可能瞬间就将其破坏，因此，就产生了第二个阶段动物生态学，它是从生物种群和群落的角度研究动物与其周围环境相互关系的科学。

① 逻辑斯蒂曲线是S型曲线，开始种群数量增加缓慢，到了二分之一K处，种群数量增加是最快的，真实地反映了自然界中种群数量和环境容纳量的关系，能科学有效地指导农业生产及种群研究。

当植物生态学与动物生态学的研究日趋成熟以后，研究者们将目光伸向了微观领域，微生物生态学、细胞生态学、基因生态学以及遗传生态学也随之诞生。这样一来生态学内容完全渗透到整个生物学中，推动了整个生物科学的发展。这也是生态学在自然科学领域内的第一次飞跃。

二、最卓越的几次飞跃

随着科学技术的不断发展，科学研究方向的不断细化和分化，生态学在自然科学领域内，经过了六次飞跃，也产生了几十门分支学科①。

第一次飞跃是前面所述的将生态内容渗透到整个生物学中去，出现了生物生态学、动物生态学、植物生态学、微生物生态学、细胞生态学、基因生态学、遗传生态学等，从而推动了整个生物科学的发展。

第二次飞跃是与环境条件相结合，形成了海洋生态学、陆地生态学、河口生态学、湖沼生态学、土壤生态学等，从而深化了对各种生态环境的认识。比如，2003年获得国家最高科学技术奖，被誉为“黄土之父”的刘东生院士，1954年开始从事黄河中游的水土保持工作，先后于1964年、1965年、1966年出版了《黄河中游黄土》、《中国的黄土堆积》、《黄土的物质成分与结构》等研究成果，70年代又继续开始黄土的科研工作，结合新技术、新方法对黄土进行更加深入系统研究，从古气候角度出发，建立了国际上公认的洛川坡头黄土标准剖面，为试图解决黄土与深海沉积对比做出了关于海陆地层及古气候对比的工作，继而完成“黄土与环境”相关专著②。这些都属于土壤生态学的研究领域。

第三次飞跃，由于工业革命的盛行，新科学新技术给工农业生产带来了巨大的改变，生态学的理论和方法也开始渗透到生产科学中，形成了农业生态学、草场生态学、森林生态学、自然资源保育学、古生态学、污染生态学、放射线生态学等，为农、林、牧业及工业生产和人类的健康幸福作出了贡献。

第四次飞跃是在20世纪50年代后，生态学吸收了数学、物理、化学工

① 吴鼎福，诸文蔚. 教育生态学[M]. 南京：江苏教育出版社，1990：6.

② 百度百科. 刘东生：从事研究[EB/OL]. [2012-08-15]. http://baike.baidu.com/view/53989.htm.

程技术科学的研究成果，向精确定量方向前进并形成了自己的理论体系。这样生态学就渗透到了整个自然科学领域中，从而产生了数学生态学、物理生态学、化学生态学、地理生态学、生态气象学等。数理化方法、精密灵敏的仪器和电子计算机的应用，使生态学工作者有可能更广泛、深入地探索生物与环境之间相互作用的物质基础，对复杂的生态现象进行定量分析，进一步完善了生态学理论体系。

第五次飞跃，是由生态学研究水平上的分化、发展和完善而产生的，按层次划分，先分为个体生态学、群体生态学。随后，群体生态学又划分为种群生态学、群落生态学、生态系统生态学。同时，外在的研究逐步深入到内在，从而形成生理生态学。

第六次大的飞跃可以被认为是质的飞跃，跨越了自然科学与社会科学之间的鸿沟，与一些社会科学交叉渗透，从而产生了人类生态学、人口生态学、社会生态学、经济生态学，乃至教育生态学。当生态学与教育学相融合而产生教育生态学的理念后，为后期的生态教育、可持续发展观念的产生与发展都奠定了非常重要的理论基础。

三、最有意义的延伸和发展

当生态学与教育学相融合后，渐渐地就产生了教育生态学。教育生态学的产生是生态学几经发展后的产物，可谓是生态学最有意义的延伸。

随着人类活动范围的扩大与多样化，人类与环境的关系问题越来越突出。因此近代生态学研究的范围，除生物个体、种群和生物群落外，已扩大到包括人类社会在内的多种类型生态系统的复合系统。人类面临的人口、资源、环境等几大问题均成了生态学的研究内容。从此生态学开始渗透进社会科学领域。

最早将生态学的原理和方法运用于人类社会问题研究的是以帕克和伯吉斯等为代表的芝加哥学派（Chicago school）的学者们。1921年，帕克和伯吉斯在他们所著的《社会学科学导论》（*An Introduction to the Science of Sociology*）一书中首次提出人类生态学（human ecology）概念。1923年，麦肯齐发表《人类社区研究的生态学方法》，指出人类生态学是一门“研究人类在其环境的选择力、分配力、调节力的影响作用下所形成的在空间和时间上的联系的科学”[①]。这可以被认为生态学逐渐向教育学方向延伸的第一步。

随着人类生态学的著作日趋丰富，一些较深入的研究从中分化出来，成为了独立的学科，如城市生态学（city ecology）和人口生态学（human ecology）。在比较成熟的社会生态学和人类生态学基础上所产生的社会文化生态学直接促成了教育生态学的产生和发展。美国学者斯图尔德最早提出文化生态学，而另一位学者奥格布则将文化生态学研究与教育生态学研究融为一体，运用生态学的胜汰原理、拓适原理、生克原理、生态发展原理等全面性、联系性、公开性地去思考教育者、受教育者以及教育环境等问题，他运用文化-生态模式（cultural-ecological model）[②]研究社区环境与学校环境之间的关系是如何影响学习的，并力图用它将各种宏观研究和微观研究联系起来，进而获得对教育过程的多层次的理解。“学校教育的人种生态学”（enthnoecology of schooling）——奥格布自己命名的这种研究思路和方法，是将生态学渗透进教育学的大胆尝试。不过“生态学”一词在教育研究中的正式使用可能要始于美国学者沃勒，1932年他在其著名的著作《教学社会学》中提出“课堂生态学”（ecology of classroom）的概念[③]。随后英国学者阿什比在关于英国、印度、非洲大学的比较研究中提出了“高等教育生态学”（ecology of higher education）的概念[④]。1976年美国哥伦比亚大学师范学院院长克雷明在其著作《公共教育》（*Public Education*）一书中正式提出“教育生态学”（ecology of education）这一术语，并在该书中列专章进行探讨。至此，教育生态学作为一门独立学科被正式确立。

---

① 范国睿. 教育生态学[M]. 北京：人民教育出版社，2000:6.

② 文化-生态模式：奥格布将文化生态学的假设与结构-功能主义社会学的假设结合起来，同时考虑个人层次上的认知要素和行为要素，形成的一个动态的研究范式。

③ WALLER W. The Sociology of Teaching[M]. Hoboken: John Wiley &. Sons Inc. 1932: 161.

④ ASHBT E. Clniversities: British, Indian, African: A Study in the Ecology of Higher Education [M]. Cambridge: Harvard University Press, 1966.

第二节　教育生态学

教育生态学是教育学与生态学相互交叉的一门边缘学科。它融合了教育学与生态学的相关理论和研究方法。当然,作为一门独立存在的学科,教育生态学不可能仅仅是教育学和生态学两门学科的简单叠加,它有自己的研究对象和任务,以及基本原理和方法。

一、教育生态学的基本理论

我国的教育生态学研究起步较晚,20世纪80年代才稍有起色,其中台湾地区1989年出版了李聪明所著的《教育生态学导论》,是一个代表性的研究成果。1990年江苏教育出版社出版了由吴鼎福、诸文蔚合著的《教育生态学》——这也是大陆地区第一部全面研究介绍教育生态学理论的专著。时至今日,比较有代表性的成果还有任凯、白燕所著的《教育生态学》(辽宁教育出版社,1992年版),范国睿所著的《教育生态学》(人民教育出版社,2000年版)。由于不同的学者所站的研究角度不同,研究的侧重点也不尽相同,有的侧重从教育学角度入手、有的则以生态学理论原理为基础来探讨教育学相关问题。当然无论研究角度和方法有多大不同,教育生态学里面的一些基本理论无外乎以下几点。

教育生态学的定义:教育生态学是依据生态学的原理,研究各种教育现象及其成因,进而掌握教育发展的规律,揭示教育的发展趋势和方向。概括地说,教育生态学是研究教育及其周围生态环境之间相互作用的规律和机理的一门学科。

这里所提到的周围生态环境肯定包括自然环境、社会环境、规范环境等在内的综合环境,即我们所说的教育的复合生态环境。自然环境又可称为物理环境,社会环境又可称为结构环境,规范环境又可称为价值环境,它们又包含气候、温度、氛围、人口、文化、经济、教育资源等环境要素,这些要素我们统称为环境生态因子。学者们研究较多的也是从各个生态因子入手,探讨不同的生态因子与教育的关系和它们对于教育的影响、作用。目前较为成熟的成果和观点有人口、文化、教育资源、学校分布、班级环境等与教育生态的关系，这在本节的第二部分会详细介绍。

教育生态学的研究对象：从教育生态学的定义中不难看出教育生态学的研究对象不仅仅是教育现象和问题，也不仅限于周围的生态环境，而是把教育与生态环境联系起来，并以其相互关系及其作用机理作为研究的对象①。

教育生态学的研究任务：吴鼎福在其所著的《教育生态学》（江苏教育出版社，1990年版）里提出了教育生态学研究的三大任务：第一，从生态圈出发，以系统网络的观点，全面地分析各种生态环境与教育的相互关系，以及生态环境中各种生态因子对教育的作用机理和规律；第二，从宏观和微观的角度入手，研究宏观教育生态和微观教育生态，细分一下有教育的个体生态、教育的群体生态和教育的生态系统。尤其是生态系统的研究，是教育生态学研究的重点；第三，运用水平分析法，分析教育的水平结构、教育的分布模式以及教育生态的功能等。

教育生态学的研究方法：作为一门独立学科，其研究永远脱离不了三大方法：理论研究与实践研究相统一、定性研究与定量研究相统一、宏观研究与微观研究相统一。这也是众多学科研究的方法论基础。在教育生态学里还强调运用数学方法，进行调查、统计以及系统分析，建立数学模型，把握全部要素及其动态情况。

教育生态学的基本原理：教育生态学属于生态学的一个分支。生态学的基本原理有胜汰原理（优胜劣汰）、拓适原理（拓展适应）、生克原理（相生相克）、反馈原理（正负反馈）、乘补原理（相乘相补）、瓶颈原理（S型增长）、循环原理（循环再生）、主导性和多样性原理（主导性产品和多元化结构）、生态发展原理（系统发育和功能完善的过程）、机巧原理（机遇和巧合）②。这些原理可概括为能量、物质、信息的交流、联系、共生的原理。其实总的思想即为生态系统和生态平衡，实现可持续的发展。将上述原理延伸到教育生态学中，有研究者总结出教育生态学的几大基本原理：

① 吴鼎福，诸文蔚．教育生态学[M]．南京：江苏教育出版社，1990：4.

② 王如松．现代生态学的热点问题研究（中国科学院系统生态开发实验室1992—1995年部分论文汇编）：上册[M]．北京：中国科学技术出版社，1996：6–7.

(1)限制因子定律:影响教育发展的因素有很多种,教师的水平和素质、学生的身体素质、班级氛围等,也就是我们上述提到的生态因子。每个生态因子在一个确定的生态系统中都有一个范围阈值与之相适应,不能超标,也不能低于某一个下限值,否则都会影响整个系统的发展。这就是限制因子定律。在教育生态学里,最重要的限制因子是能量流和信息流。人作为具有主观能动性的生物,精神的力量可以部分地转为能量和物质,这不仅对限制因子的作用具有适应机制,而且可以主动地创造条件,积极反馈调节,变限制因子为非限制因子。

(2)耐度定律和最适度原则:生态因子对于教育生态中核心要素——人的刺激和作用有最小值、最大值和最适度值。人们认为生物体对于某一生态因子可能只有很窄的忍耐范围。这个范围就被称为"度",达不到或者超过这个度,就会产生不利的或者相反的影响。教育的群体生态系统更要符合耐度定律,将各要素控制在一定的范围之内。当然如果能达到"最适度"即为最好,在这个最大值、最小值的度中,有个最适度值。最适度的"度"即为生态因子质和量的统一,也就是教育生态因子的影响和受教育者的承受力之间彼此作用、协调发展的结果。教育和教学都要贯彻好最适度原则。

(3)花盆效应:又可以称为"局部生境效应",长在花盆里的花虽然在主人的精心照顾之下开放得异常美丽,但是如果失去了照顾、没有了人工创造的优良的环境条件,就会忍受不住高温和严寒的考验,用一句话形象地概括即为温室里的花朵经不起外面的风吹雨打。类比到教育生态学里,尤其是在家长和儿童的亲和关系里,这种现象表现得尤为突出。一种现象是人为地限制局部生境,另一种就是人为地制造局部生境[①]。花盆效应就是提醒人们要彻底摒弃封闭式教育,要建立一个开放性的生态教育系统,让师生们接触自然,了解社会。

(4)教育生态位原理:在生态学里,生态位主要是指生物群落外部和内部关系的基础。在教育生态学里面,处于同一生态位的群体之间会产生相互竞争,要运用生态位原理处理好竞争中出现的问题以及教育系统

① 许惠英. 重视家庭生态 改善人格教育——正确把握家长与儿童亲和的限制因子和局部生境[J]. 学前教育研究,2004(11):34-36.

外部资源开发和利用的问题。

此外研究较多的还有教育生态的整体效应、边缘效应、教育生态链法则、群体动力和教育节律等基本原理。

教育生态的基本规律:

(1)迁移和潜移规律。通过信息传递,实现迁移和潜移,建立起多种神经联系。

(2)富集与降衰规律。在教育教学中主要是指能量流、信息流、物质流的富集和降衰,富集对于个体、群体以及生态系统的发展是至关重要的,同时也要适时进行强化,防止降衰的发生。

(3)教育生态的平衡与失调。这主要表现在教育结构上,比如各年级学生的构成比例①、各类学校的构成比例以及学校内部的师生比例、德智体美劳教育的关系、课程结构设置等方面的平衡和失调。还会表现在教育功能上,如能量流、物质流和信息流的输入和输出、教育效能的平衡与失调。

(4)竞争机制与协同进化。教育生态系统内部和各个大的教育生态系统之间都存在着竞争,有良性竞争和恶性竞争,竞争的结果必然会导致优胜劣汰。随着竞争激烈程度的发生,相互副作用逐渐减弱,相互正作用逐渐增强,协同进化的现象随之产生。

(5)教育生态的良性循环。良性循环对于保持生态系统的稳定、维持生态平衡,起着至关重要的作用。在教育生态系统中,人才流、物质流和能量流也有着自己的良性循环机制。

教育生态的基本功能:任何一门科学的产生和发展都有其功能性,功能又可分为内在的功能和向外延伸的功能。在教育生态学里我们认为教育生态的功能可归纳为内在功能和外在功能。

(1)教育生态的内在功能。在教育生态系统内部,人是核心要素,内部功能也就体现在"育才"上。一方面向受教育者传授生产劳动的经验,掌握基本知识和基本能力,为社会生产服务;另一方面还向受教育者传授社会生活经验,培养其了解和掌握一定的道德标准和行为规

① 吴郁葱. 一个应令人警觉的问题——从乐清师范招生男女生比例看教育生态环境的平衡[J]. 教学与管理,2000(11):42-43.

范。此外,随着教育教学的进一步发展,创造和发展科学、技术和文化的功能也日益凸显,同时向外部社会直接输出智力的功能也逐渐占据显要地位。

(2)教育生态的外在功能。向外延伸的话就是对于社会发展贡献方面的功能。社会的发展无非就是政治、经济、科技和文化方面的进步。教育生态的外在功能也就体现在这四大领域上。在政治方面,教育体现的是服务功能。中国教育培养的是社会主义事业的接班人,这就要为社会主义现代化建设服务。在经济方面,教育体现的是奠基功能。百年大计,教育为本,教育是经济发展和科技进步的基础工程,教育对经济的发展具有奠基性的功能和作用。在科技方面,教育体现出了“二元”功能。一方面教育培养出卓越的科学技术人才,另一方面教育向社会直接输出科研成果。这两者是紧密相连的。最后在文化方面,主要体现在选择功能上。教育可以通过对文化编整、糅合、加工和改造从而进行肯定性选择,也可以通过对文化斗争、反衬、归谬和排除进行否定性选择。另外,教育还可以创造和发展新兴文化。

二、生态因子与教育生态的关系

教育生态学是研究教育及其周围生态环境之间相互关系的作用规律与机理的一门学科。在教育生态学里将“周围生态环境”准确地称为教育的复合生态环境,它包括自然生态环境和人工生态环境。或者也可以大致分为三类环境:自然环境、社会环境和规范环境。在每一类的环境中又包含多种多样的要素,比如自然环境里面的温度、湿度等气候要素、自然地理要素等;社会环境里的人口、经济、家庭、职业等;规范环境里的道德规范、风俗习惯、民族传统等。这些要素在前文已经说明过,可以统称为生态因子。每种生态因子都可作为教育生态学的研究对象,对教育教学都产生着重要的影响和作用。受篇幅限制,本部分主要阐述与教育关联非常紧密的文化、人口、教育资源这三大生态因子与教育生态的关系。

文化与教育生态的关系:文化是人类物质生产与精神生产活动及其产品的总和。它渗透进社会各个子系统里,尤其在教育生态系统中,文化是教育教学过程中的教育资料的构成要素，所以它与教育生态的关系更为密切。一定区域的教育肯定会受到该区域文化发展的影响，不同区域里不同的文化构成要素对教育的影响也有差异。文化与教育，两者是一个动态的发展过程。具体来讲，可以从文化对于教育的影响和教育对于文化发展的影响两个方面进行分析。

一方面，不同区域的、不同类型的文化会直接影响教育教学内容的选择，会影响教育管理方式的选择。不同地区的人们由于所处的生态环境不同，所形成的文化传统也不尽相同，在教育过程中也会表现不同。例如，有的区域重视知识的传授，有的区域更加重视技能的培养。近代以来西方社会文化注重理性，推动了义务教育等各种法律制度的建立和完善，而中国文化传统中以儒家思想为代表，强调理性的同时也强调人的作用，强调行为的合情合理，这就淡化了法制的观念。其实，在我国从少数民族和汉族的教育理念和方式的不同更能看出文化对于教育的影响。《中华人民共和国区域自治法》里就明确规定，要给少数民族地区办学自主权，少数民族自治地区可以根据国家的教育方针和法律，制定本地区的教育规划和各级各类学校的设置、学制、办学形式、教学内容、教学用语和招生办法等。

另一方面，教育对于文化变迁、传承方面也会产生重要影响。文化的变迁可以分为两种类型，一是在内部的文化传递，也可称为纵向的文化沟通；另一个是指不同区域的文化流动，也可称为横向的文化沟通。纵向的文化传承也就是人类学家所说的濡化的过程，横向的文化流动就是人们所称的涵化的过程。无论是濡化还是涵化，都会发生不同类型的多元文化相交叉相融合的现象。当今社会就是一个多元文化型社会，教育的功能之一就是体现在对多元文化的甄别、选择、传播、创造上。多元文化教育对于教育内容、教育目标、教育方式、教育管理以及教育评价等方面都产生了重大影响，创造了一个多元性的教育生态环境。

人口与教育生态的关系：人口是一个具有许多规定和关系的丰富的总体[①]。研究者们愈加关注人口与教育的问题始于20世纪50年代世界人口的急剧增长。人口的大爆炸对于教育生态系统的影响是一把双刃剑：

① 马克思，恩格斯. 马克思恩格斯选集：第2卷[M]. 北京：人民教育出版社，1990：18.

一方面,急剧增长的人口使得社会的教育需求急剧增长;另一方面,人口的增长又使得社会所可能提供的资源特别是人均教育资源有可能减少。比如我国人口的急剧增长使得人口数量超过了教育的人口容量,教育资源的完善跟不上人口增长的速度,导致了我国义务教育普及的过程非常曲折。

从总体上看人口数量是呈增长的趋势,但人口的增长并不是直线式的,而是有一个骤升骤降的过程,我们称之为人口的脉动式增长。人口的这种脉冲式波动给教育生态带来了诸多问题,例如,一段时间人口骤升,一段时间出现下降,就会带来教育规模的不稳定性。人口骤升后就要扩大教育规模,等到高峰期一过,又会造成资源的闲置问题,又要减小规模。另外人口的波动还会带来的一个问题就是学制结构的变化。20世纪80年代末90年代初,上海地区为了减缓小学在校生的教育压力,不得不采取小学六年级学生提前进入初中学习的措施。

人口数量巨大是个事实,但由于受到社会生产方式、历史、政治等因素的影响,人口地域分布不平衡也是个事实。世界范围内的人口稠密地区有四大块:亚洲东部、南亚次大陆、欧洲和北美洲东北部①。同样,世界人口分布在各国家和各地区之间的分布也是不平衡的。诸如印度、中国这样的发展中国家与美国等发达国家的对比就是典型代表。人口分布的如此不平衡势必会导致教育生态的不平衡。在发达国家教育资源越来越充裕的同时,很多发展中国家还在思考着如何扩大教育规模,完成普及义务教育的任务。具体到我国,瑷珲—腾冲线的划定使得我们人口分布状态一目了然,此线东南人口非常密集,此线西北人口异常稀疏。加上经济发展水平的东西差异,很容易造成我国东南沿海地区教育资源充裕,教育水平发达,西北地区教育资源匮乏,教育水平相对落后的格局。

每个地区的人口数量也不是固定不变的,人口在地区间都有一定规模的迁移,如从农村迁移到城市,从国内迁移到国外。一方面,人口的迁移会影响人口整体素质,较好素质的人口能为教育生态系统的健康发展提供重要的前提条件。涉及国际间,国际性的人才迁移有利于迁入国的科学技术和教育事业的发展。另一方面,人口的迁移会造成教育需求的

① 胡焕庸,张善余. 世界人口地理[M]. 上海:华东师范大学出版社,1982:126-129.

变化。无论是国内移民还是国际移民,智力资源流失、教育资源荒废现象都会发生,这就导致了教育生态系统的破坏和重建。

众多人口中还有一个重要的参考要素就是男女比例,即人口性别结构。男女结构比例的不平衡,尤其是学校中男女生比例的失调将会导致众多教育生态问题。例如女生在学率低导致的男女生比例失调将直接影响学生在学校活动中的交往,进而影响学生的身心发展,给学校教育教学活动和管理工作带来很多问题。

教育资源与教育生态的关系:资源一词主要是指参与人类生态系统的能量流、信息流和物质流,从而保证系统的代谢功能得以实现,使系统得以稳定地、不断地、有序地进化升级的各种物质。教育资源,顾名思义就是教育生态系统发生发展的基本条件,也是教育生态系统与社会生态系统进行物质、能量、信息交换的基本内容。从教育资源的分布与管理上来看会造成三种情况:教育资源的短缺、教育资源的不平衡和教育资源的浪费。

教育资源的短缺当然是阻碍教育生态系统发展的主要因素。教育资源的短缺包括教育经费的投入不足、配套设施和环境的不够完善、人员的裁减而导致的人力资源不足等方面。这些不仅制约着教育生态系统的运行与发展,还会造成教育生态失衡,导致整个教育陷入质量低、效益差的恶性循环之中。

教育资源的分布受到政治、经济、地理、文化等因素的影响,势必会造成教育资源的不平衡现象。受到经济发展情况的限制,不同地区教育经费的投入肯定大不相同。发达国家与发展中国家,城市地区与乡村地区,它们相互之间经济发展水平有高有低,教育资源分布在经费投入方面就会出现不平衡,导致的结果是教育效果的不平衡。另外教育资源的分布在不同的学校也会出现不平衡现象,这主要表现在初、高等教育投入上的不平衡。有学者提出“几乎所有欠发达国家都有小学教育长期投资不足,而高等教育投资过多的问题”[①]。换个角度分析,从教育资费分布的历史来看,教育资源分布的不平衡性也体现在不同时期。比如20世纪70年代

① BLAUG M. Economics and Educational. Planning in Developing Countries[M]. Prospects: Quarterly Review of Education 1972, 4:431.

和80年代就是教育经费投入的两大截然不同时期,前者教育经费的投入非常丰富,后者开始普遍下降。

对于教育资源的浪费,不同的学者对其进行了不同的分类,日本学者新崛通也将教育浪费分为三种:①教育目标欠缺,造成教育不得不流于形式;②教育目标得不到实现而产生浪费,又称教育职能不全;③出现与既定的教育目标相反的结果而出现的浪费,又称作教育的逆向职能或逆向效果[①]。还有学者将教育资源浪费分为教育系统内部的浪费和教育系统外部的浪费,显性浪费与隐性浪费,直接浪费与间接浪费等。有的研究者把内部—外部、显性—隐性两个维度统一起来,具体分类见表1.1。

表1.1 教育浪费的主要形式[②]

类型形式	显性浪费	隐性浪费
内部浪费	生产性浪费 功能性浪费	师生生命的浪费 才能储备
外部浪费	分配性浪费 使用性浪费	毕业生生命的浪费 毕业生工作效率低下

在教育教学实际中我们经常看见的教师流失、学生辍学、毕业生找不到工作等现象均可纳入教育资源浪费的范畴里。这些现象,尤其是显性—外部浪费的频繁发生,所带来的潜在影响是,会使人们对教育的价值、读书的作用逐渐散失信心,并进而导致新的"读书无用论"的产生,而这种思想一旦蔓延开来,会造成学校教育资源的更大浪费,形成教育资源浪费的恶性循环,教育生态系统无法持续、稳定发展。

随着教育生态学这门学科的不断发展,对这三大方面研究的理论将会更加全面、完善。同时研究者对于生态因子的研究也不会仅限于这三大块,还会出现对学校分布、校园环境、课堂环境等生态因子的研究,这也就是很多研究者将教育生态学与学校教育教学相融合所形成的生态教育、生态课堂研究。

① 瞿葆奎.教育学文集·教育与社会发展[M].北京:人民教育出版社,1989:567.

② 马和民."教育浪费"论析[J].社会科学研究,1994(6):123-127.

第三节 生态教育

生态教育思想是在20世纪八九十年代在西方国家出现的一种新型教育思潮,是对已有的教育教学理念一种大胆的创新和改革。如果把教育生态学看做一项教育教学的理论,那么生态教育就是理论结合实践的一种途径。它是渗透生态理念、形成正确生态观的重要途径,其任务就是将生态意识渗透到学校的教育和教学中。

一、什么是生态教育

生态教育(亦称教育生态化、教育生态学化、绿色教育、生态化教育)是在新的教育背景和新的社会经济发展需求下形成的一种新的教育思想。国内学者研究指出,教育"生态化"是苏联学者创用的概念,其内涵是:将生态学原则渗透到人类的全部活动范围中,用人和自然协调发展的观点去思考和认识问题,并根据社会和自然的具体可能性,最优化地处理人和自然的关系①。国内学者认为,教育生态化是指伴随着社会各领域的生态危机,现代教育必须及时调整自己的发展方向和指导方针,逐步走向生态化,建立起符合生态规律的新型教育系统②。笔者认为,生态教育或教育生态化是人类为了实现可持续发展和创建生态文明社会的需要,而将生态学思想、理念、原理、原则与方法融入现代全民性教育的生态学过程。其要求是培养学生的生态意识,促进生态系统和谐可持续的发展。

按照划分的标准不同,可将生态教育分成不同种类。根据学校层次不同,有幼儿生态教育、初高中生态教育、职业学校生态教育、高等学校生态教育等;根据学科不同,有语文生态教育、数学生态教育、化学生态教育、地理生态教育等;根据教育的内容不同,可分为生态道德教育、生态文化教育、环境教育、生命教育、可持续发展教育等。

① 欧阳志远. 生态化——第三次产业革命的实质与方向[M]. 北京:中国人民大学出版社,1994:1-3.

② 马歆静. 生态化与可持续发展——现代教育发展的必然[J]. 教育理论与实践,1998(5):1-6.

二、生态教育的由来和发展

一种新物质、新思想的诞生肯定有它的必然性。生态教育一方面可以说是教育生态学发展到一定阶段的产物，但是另一方面更是人类繁衍生存下去的迫切需要。

2011年10月30日23时58分，随着菲律宾婴儿——丹妮卡·卡马乔的诞生，世界总人口突破70亿。20世纪中期以后，地球上人口数目就开始飞速增长，被人们戏称为“人口大爆炸”。除了数量上的问题，人口的年龄结构也出现了不合理性，目前最突出的体现就是人口老龄化的趋势越来越严重。

人口的迅速增加必然要导致开发更多的土地、森林、草原、渔场，开发更多的水资源、气候资源、能源和地下矿藏。然而地球上的资源是有限的，大量的开采就会造成资源的匮乏、能源紧张，使得生态系统偏离平衡状态。森林面积大幅减少，大量物种濒临灭绝，粮食问题更为严重，耕地面积逐年减少，土地沙漠化愈加严重，这些生态危机已经成为事实，摆在人类的面前！

人类一方面根据自己的需要可以创造环境，另一方面在创造环境的同时又对环境造成了破坏。当人类的活动扰乱或者超过环境的自然平衡能力（包括耐受力、负载力和自然的修复力）时，就会造成环境污染和生态破坏。像1952年伦敦毒雾事件，还有酸雨危害、城市里的噪声污染和光污染。污染的结果不仅仅是对于地球环境和整个生态系统造成了破坏，更重要的是对人类健康造成了灾难性的后果。比如伦敦毒雾事件在4天内死亡了4 000多人，发病者高达8 000多人；由于汞中毒而发生在日本的水俣病，还有骨痛病、脱发症、婴儿软骨症。另外，目前越来越高的癌症发病率也与环境污染有关，臭氧层空洞的增大，过量的紫外线的直接照射会导致皮肤癌、角膜癌，越来越多的婴儿被查出患有白血病等。

然而，随着社会发展的越来越迅速，生态危机在当今也表现出了前所未有的新特点：①当前生态危机具有整体性和全面性的特点；②当前生态危机具有持久性和快捷性的特征；③当前生态危机具有不可逆性的特征。当前的生态危机正以前所未有的破坏速度,所向披靡地影响到能源、资源利用、气候、废物管理、技术、城市、农业、水、生态的恢复力、国家安全、政治,甚至是人的精神状态方面[1]。

正是上述现象的出现,人们开始重新审视人类在自然界中的位置,重新思考人与自然的关系。从一开始人类要屈服和适应自然,到后来群体力量越来越大,变得开始改造和征服自然,可是随着生态危机愈演愈烈,人类逐渐认识到在开发、利用自然的同时还要懂得保护它。生态教育——作为普及生态意识的主要途径,开始被越来越多的组织和个人关注。

1972年6月5—16日,"联合人类环境大会"在瑞典斯德哥尔摩召开,有114个国家和地区的代表参加。这次会议提出了"只有一个地球(Only One Earth)"的口号,发表了《人类环境宣言》和《人类环境行为计划》,认为"教育是环境发展过程的核心",这次会议的一个重要贡献是加大了对环境教育重要性的认识和提升了环境教育在国际中的地位。

1975年10月13—22日,联合国环境规划署和联合国教科文组织在南斯拉夫首都贝尔格莱德共同主持召开了来自60个国家96位教育专家参加的"国际环境教育研讨会"(又称贝尔格莱德会议)。会议制定了《贝尔格莱德宪章——为了环境教育的全球规模框架》。

1977年10月14—26日,在苏联格鲁吉亚共和国首都第比利斯,由联合国教科文组织和联合国环境规划署共同主持召开了来自66个国家参加的"政府间环境教育会议"(又称第比利斯会议)。这是历史上第一次政府层次的国际环境教育会议。

1980年由国际自然与自然资源保护联合会(总部在瑞士)、联合国环境规划署和世界野生动物基金合作发表了著名的报告书《世界自然保护大纲》(World Conservation Strategy,略称 WCS)。该报告书强调指出了环境和发展相互依存的关系。1987年4月,"环境和发展世界委员会"向联合国提交了报告书《我们共同的未来》(Our Common Future)。该报告书最引人注目的观点是明确提出了环境和发展两立的新方法论,提出可持续发展的概念。

① 徐湘荷. 生态教育思想研究[D]. 济南:山东师范大学,2012:28.

1992年6月3—14日，在巴西首都里约热内卢召开了由180个国家代表参加的“联合国环境与发展大会”（又称地球高峰会议或全球首脑高级会晤），这是人类历史上空前的关于可持续发展的国际环境会议。

1994年，为推动《21世纪议程》的落实，“地球议会”（Earth Council）成立。1995年，地球议会在海牙举办并在哥斯达黎加的圣荷西市筹组了“地球宪章计划”秘书处，以便开展地球宪章运动，开始收集各地区、各个领域的建议，以制定“地球宪章”。《地球宪章》在1997年、1999年分别公布不同草案，以广泛收集意见。教育领域也深受影响。

位于巴西的“保罗弗莱雷中心”在1999年8月举办“从教育视角看地球宪章的国际会议”（International Meeting of the Earth Charter in the Educational Vision）。与会不少人士提出和生态教育理念与实践的相关的论述，基本上一致肯定生态教育思想目标旨在发展“地球公民素质”和“生态素养”[①]。

综上，通过一系列的会议召开和文件制定，生态教育的理念一步步地发展和推广开来。

三、生态教育的基本观点

谈论任何一种教育模式都要涉及该模式下的教师、学生、教材、课程以及教师的教学和学生的学习。目前众多学者对生态教育的研究也是从以上几个方面入手，形成了一些比较成熟的理论和成果。当今我国基础教育课程改革的核心理念是“以人为本，以学生的发展为本”，我们就先从生态教育下的学生观谈起。

（一）生态教育的学生观

生态式教育思想的诞生颠覆了传统的以教师为中心的灌输式教育和以学生为中心的园丁式教育。灌输式教育，顾名思义是以教师的绝对权威为主导，教师是知识的灌输者，学生必须无条件地记背教师传授的知识。而园丁式教育与灌输式教育恰好相反，要求教师不能对学生指手画脚，教师成了辅助者，不能给学生任何指示和要求，只能顺应学生的需要，

① 徐湘荷. 生态教育思想研究[D]. 济南：山东师范大学，2012：31-33.

甚至不能也不必给学生以建议和指导性的帮助。生态式教育与二者皆不同,它是以教师、学生共同组成的生态平衡为中心,强调的是对话、合作、和谐发展,使得以教师和学生为主要元素构成的生态系统稳定持续发展下去,达到最佳组合效果。那么在此过程中,笔者认为学生的角色可以定义为:

1.学生是生态系统的主体者

生态系统的构建肯定是彼此之间相互依存、共生发展。学校里生态教育系统的建立一方面是实现学生的知识、能力、思维、情感等全面发展,促进学生在此环境中健康良好地成长。另一方面也是为了加快教师专业发展,实现教师职业成长。当然首要的也是最重要的肯定是前者。所以在生态教育观下学生应被视为主体要素,应以学生的发展为本,通过实现学生的全面成长从而带动整个系统和谐稳定向前发展。这也是和目前国内基础教育课程改革的理念相吻合的。

2.学生是自我学习的开拓者

当前,被大多教育工作者认可和倡导的是"教师主导、学生主体"的双主课堂。教师站在成人的立场,通过较成熟的世界观、人生观和价值观关注着每个学生的行为,了解每个学生的需求。但是最了解自己的还是自己。只有学生自己才能正确深刻地体会到自己内心的需要所在,了解自己渴望发展的方向。笔者认为,在生态教育范式下的生态系统中,学生应成为自己学习过程中的开拓者,为自己选择一个适合自己的方向,有选择性地选择课程,接受相应知识、锻炼相应能力。这样在教师的协助下,学生会发现学习更有趣,学习也变得轻松愉快。

3.学生是和谐发展的促进者

由于彼此影响、互利共生的关系存在,生态系统中各个要素之间的地位应是互相平等、互相合作的。尤其是教师和学生应保持一种和谐合作的关系,各自担任好自己的角色,尽自己的一份力。教师不得视学生为单纯的学习者,应是互相学习的合作者。人非圣贤,孰能无过,教师发现学生不足的地方可以及时教育引导,同样,学生在发现教师的错误时也可以及时指出,提醒教师进行改正。整个系统的发展应不出现偏差,始终沿着正确的轨道前进。

(二)生态教育的教师观

在应试教育范式下,教师永远是高高在上的权威者,领着学生固定地朝着一个方向前进,导致的结果却是学生越来越迷茫,忽视了学生心理成长,学生得不到全面发展。那么在强调整体和谐发展的生态教育下,对于教师的角色应有重新的定位[①]:

1. 教师是学生生命的关注者

在以高考为"指挥棒"的基础教育环境下,我们发现很多教师,尤其是高中学校教师还是以题海战术为主,以高考成绩为唯一目标,全部注意力都放在了如何提高学生解题能力,如何帮助学生获得更高的分数上,全然忘记了学生也是一个活生生的人,有思想、有感情的人。生态教育范式倡导教师不仅仅关注学生的知识和能力掌握程度,还要更多地去关注学生的生命。尊重学生的人格、关注学生的情感、遵循生命发展的自然轨迹,从而引导学生领悟生命的真谛,引导学生的生命之路走向和谐和完善。

2. 教师是生态关系的协调者

在学校教育中,教师、学生和学习环境三者构成了学校教育的生态系统。在这样一个系统下,教师不再是居于权威地位的领导者和指挥者,而是与学生之间、教学环境之间相互影响、相互作用的共生关系。因此,教师应从权威者的角色变为协调者的角色,联系各个因素的纽带和桥梁,发挥协调者的重要作用。一方面,教师要协调好教师与学生以及学生与学生之间的人际关系;另一方面,还要协调好学生与课程文本的关系。此外,也要协调好自身、学生以及社会、家庭和学校等各种环境因素的关系。

3. 教师是课程资源的整合者

由于生态教育强调的是生态系统全面性,教学过程中必然会受到来自系统内、外部各种因素的影响。这样一来,课程资源就不仅仅局限于课本教材,可以而且最好是来自与学生密切相关的周围环境各种因素里。所以,此时的教师要从静态课程忠实执行者转变为动态的教育情境中课程的创造者,是各种课程资源收集过后的整合者。这样有利于拓宽学生视野,为学生搭建个性需求的平台,为有特质需求的学生提供更广阔的发

① 程利,解希静. 生态式教育观下的教师角色探析[J]. 思想政治课教学,2009(10):16–18.

展空间。

4. 教师是教育实践的反思者

反思永远是成长和发展过程中的重要环节。它在总结经验和开拓发展中间起着承上启下的重要作用。在生态教育范式下，无论是学生还是教师都应具有反思的能力。尤其是教师，因为学生处于学习成长的过程中，思想、行为等方面均未完全成熟，这就要求教师站在整体的角度以系统、动态、发展的眼光关注整个生态系统的发展，尽量保持整个系统的平衡状态。所以，教师的反思能力在维持整个系统平衡、持续发展的过程中显得至关重要。教师成为教育实践的反思者后，要善于发现教学过程中存在的问题，时刻反思自己过去所采取的行为，迅速判断现在的情况，反思自己教育观念及行为的合理性，研究学生的心理及行为特点，探索和尝试新的教育方法，最终达到自身的完善和教学的优化。

5. 教师是自我发展的进取者

生态系统内部各个要素之间并不是孤立存在的，是彼此影响、相互作用的。所以教师在教育学生的同时也会受到来自学生的影响。这就要求教师严格要求自己，成为自我发展的进取者，以达到自身的不断进步与完善，从而保证自身对系统其他因子的良好影响，进而促进整个系统的良性循环。

（三）生态教育的学习观

学习被看成是由学习者、学习活动、工具中介系统、社会及物质环境等构成的多要素相互作用的行为。因此对于学习观的研究就要从以上几个方面综合考虑。在生态教育范式下，生态学习观把作为主体的学习者视为积极地与其学习环境交互作用，把学习者视为携着一定的生命印记的、“有情有义”的知识意义的积极建构者，强调个体与共同体在学习过程中的相互贡献、相互形塑。总的来说可以概括为以下三点①：

1.整体性原则

整体性原则是指学习活动被视为一个完整的生态系统。系统内外部

① 郑葳，王大为. 生态学习观及其教育实践启示[J]. 教育研究与实验，2006（1）：53-57.

的各要素之间分配好自己任务、担任好自己的角色、各司其职、相互配合。包括人的要素(含个体和群体)、物的要素(含各种工具、语言、规则和方法等)以及环境因素等在内的所有要素之间相互作用,形成一个完整的实体。这样,才能使学习达到一个良好的效果。

2.适应性原则

既然组成生态教育范式的生态系统各要素之间是相互作用、密切联系的,那么它们彼此之间也要互相适应、互相促进。首先最突出的表现就是作为学习生态系统中的主体,学生学习的实践决不能脱离特定的学习情境,他们必须在学习中与他人、与环境交往互动。另外,作为一个设计良好的学习环境,应该能够做出富有弹性的变化以适应每一个处于发展中的学习者的特征。如提供多种表征形式以适应不同学生的认知风格,多样多层次的活动设计以支持不同水平的学生的学习,呈现真实的问题解决情境以鼓励学习者应用所学等。这样一来所构造的学习环境应该是一种适应性而非选择性(适者生存)的模式。

3.多样性原则

生态平衡的显著特征是物种的丰富性与多样性的共在。生态教育的目的就是要达到"多元共生",生态学习系统就是强调话语共同体的建立,尊重每一个学习活动参与者的专家身份,通过鼓励对话而促进意义的生成。在这一过程中,共同体的知识和专长的获得与个体的知识和专长的获得休戚相关、共荣共生,不同的学习主体民主、平等地生活在一个共同体中。

(四)生态教育的教学观

同样的知识内容通过不同的形式展现在学生面前,学生接受的效果是不同的。这就考验了教师教学的展现能力。有的老师采取"不愤不启,不悱不发"的策略,而有的老师采取填鸭式的"满堂灌"策略。在生态教育范式下,研究者们认为应采取如下的教学观念①。

1.强调对知识的直接体验和感知

生态教育研究者认为,学校的教学应该以经验世界的方式开设。因

① 徐湘荷. 生态教育思想研究[D]. 济南:山东师范大学,2012:100-101.

为对绝大多数儿童来说,最有价值的学习直接来源于儿童自身经历的社会现实,那些他们在参与和服务社会活动中让他们爱和尊敬的知识。小孩的头脑主要被现实世界现象而不是对现实世界现象的观点所吸引。早在1990年出版的由我国学者吴鼎福、诸文蔚合著的《教育生态学》里就提到“挖掘、运用学校、社会及家庭环境中的教育因素”,“把教学与各种环境因素、社会因素相联系”[①]。

2.强调教学过程是师生对话的过程

生态教育者倡导的是生态学的教学路径,将学校教室视为一个文化、语言及思维的生态环境。在这个生态圈中,教师是管理员,教学的过程就是师生对话的过程。在对话过程中,生态教育研究者还强调隐喻的力量。他们认为,隐喻具有强烈的地域特征及文化背景,它总是彰显某些特征而遮蔽一些内容,对学生而言,当他初次接触教师传递的一些新词汇和新概念时,需要假借个人熟悉的事物,隐喻所表达出来的理念及思维框架,影响着课程的重点和知识的建构。

(五)生态教育的教材观

与教学观中提到的“教学过程是师生对话的过程”相呼应,在生态教育的视野下,教材不只是“材料”,教材本身也应该作为一个“对话者”,它强调的是教材能积极、主动地发挥作用。一方面能够具有吸引力和召唤力,另一方面教材不再是师生对话的旁观者,而应成为对话的直接参与者。要满足这两条,那么生态教育范式下的教材应具有以下特点[②]。

1.教材应具有可阐释性

可阐释性意味着教材的开放性、启发性及生产性。就相当于国画艺术中的“留白”一样,给人留下想象填补的空间,让人能够参与进来。这就要求教材的编写应是描述性的而不是分析性的,同时教材应具有一些不确定性、宽松性,另外就是教材的编写中能适当地插入多学科知识,启发学生探究,为对话提供可能。

① 吴鼎福,诸文蔚. 教育生态学[M]. 南京:江苏教育出版社,1990:333.

② 周建平. 生态式教育视野中的教材观[J]. 当代教育科学,2004(9):19-21.

2.教材的呈现方式要让人有亲切感

做到亲切感就需要减少单调的文字的篇幅，可以采用图形、文字相结合的方式进行叙述，图形要丰富多样。在语言方面要尽量温和，问题的编排要具有可参与性，同时语气也应缓和。

3.教材要向学生的生活开放

这个观点和前面的教学观中"对知识的直接体验和感知"也是相吻合的。教材里的内容如果取自学生真实生活情境中，学生就能很快在教材中找到自己的感受，会以最快的速度融入进去。这样的教材内容可以激发起学生的兴趣，让学生在学习中乐于说，进而达到乐于学的效果。

（六）生态教育的课程观

由于生态系统本身的复杂多样性，在生态教育范式下的课程必定也存在着多样化。结合上文所叙述的众多生态教育范式下的观点，笔者认为，在课程开发方面，本土化课程是一个非常值得推崇的理念。

本土化课程是基于本土地区特色上，开发一系列结合本地区实际情况，能够有效传播本地区文化特色，促进本土人民内在发展的地方性课程。本土化课程对于生态教育而言所具有的特点是能够将智力经验和实际经验结合起来，还可以防止过度的知识体系专业化。目前已有不少学者进行本土化课程的研究和开发，比如全国各地学校涌现的校本课程开发。这和有些学者提出的因地制宜的原则同出一辙，地区之间、城乡之间、内地与沿海之间的社会、文化、经济等各方面千差万别，就是同一个城市的各个中小学，也都有各自不同的具体条件，各地区各学校要根据本地区和本单位的实际情况，因地、因校制宜地开展生态教育。

从不同的角度出发，本土化课程可以从文化研究、自然研究、真实情境问题解决、实习和创业机会、社区参与引导等五个方面进行开发。

第四节　生命教育

早在19世纪上半叶，匈牙利著名的诗人裴多菲就写出了"生命诚可贵"的诗句。生命是非常宝贵的，生命也是非常脆弱的。但是，随着时代的发展，我们发现学校里越来越缺失了对生命意识的教育，打架、自杀、吸毒在学生中间频频发生。这不禁给我们敲响了警钟：难道学校里一味地进行知识和技能教育就可以了？培养出来的学生连最起码的生命保护意识都没有？于是越来越多的有识之士将生命教育纳入生态教育体系里，开始呼吁实施生命教育。

一、什么是生命教育

由于不同国家所处的背景不同，加上不同学者所站的角度不同，目前生命教育的涵义也有多种。生命教育之父——美国著名学者、作家、演说家、作曲家、摄影家，也是冥想和瑜伽的世界级大师人物——杰·唐纳·华特士认为：生命教育（education for life）是为学生快乐而成功地生活作准备的教育活动，是一种以提升学生的精神生命为目的的教育活动。

澳大利亚学者们的普遍观点是：生命教育（life education）是一种以预防滥用药物、暴力与艾滋病等自然生命中可能遭遇的问题为出发点，以提高孩子们的生命质量为依归的教育活动[①]。

我国台湾地区是率先在学校里提倡生命教育的地区之一，他们认为生命教育是通过特定的教育活动，使学生认识生命的真正价值，认识真、善、美，净化心灵，使学生在人格上获得全面发展[②]。

我国大陆学者因为研究的角度不同，也对生命教育的内涵进行了不同的阐释。有的学者侧重于从建构生命教育的体系出发，认为生命教育是依据生命的特征，遵循生命发展的原则，以学生自身潜在的生命基质为基础，通过选择优良的教育方式，唤醒生命意识，启迪精神世界，开发生命潜能，提升生命质量，关注生命的整体发展，使其充满生命活力，具有健全人格、鲜明个性，掌握创造智慧的活动。有的学者侧重于从生命教育的具体内容出发，认为生命教育是以学生的生命活力为基础，关注学生生命，遵循生命发展原则，旨在形成学生健康的生命态度的教育。还有学者从价值追求的角度出发，认为生命教育是教育的一种价值追求，其内涵基本上由“生命”决定，所以，应该从生命的特征（亲在性、有限性、意义性和更

① 张美云. 生命教育的理论与实践研究[D]. 上海：华东师范大学，2006：23–24.

② 彭爱波. 台湾地区学校的生命教育及对我们的启示[J]. 中小学管理，2003(7)：53–54.

新性）以及生命存在的领域（自然领域、社会领域和精神领域）来探讨生命教育的内涵①。

以上不同的观点各有可取之处。笔者认为生命教育体现的是教育的本质，通过生命教育让学生尊重生命、爱护生命乃至敬畏生命，从而达到生命的完美、生活的和谐。生命教育应是囊括学校教育、家庭教育和社会教育等各子系统在内的涵盖生存意识教育、生存技能教育和生命价值教育的一种生态教育体系。

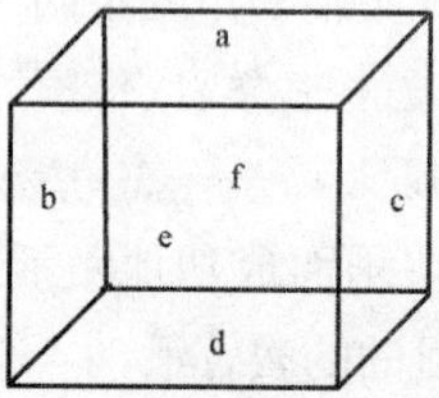

图1.1 生态教育体系示意图

如图1.1所示，假设正方体所代表的是生命教育体系，那么a~f六个面分别代表的就是学校教育、家庭教育、社会教育、生存意识教育、生存技能教育和生命价值教育。

根据分类的标准不同，我们把生命教育分成了很多种。从人类成长阶段的角度来划分，可以将生命教育分为幼儿生命教育、中小学生生命教育和大学生生命教育。从内容的侧重点不同，可分为生命安全教育、性教育、药品毒品教育、灾难性教育以及死亡教育等。从开展的方式不同，可分为专业课教育、多学科渗透式教育和体验活动教育等。

二、生命教育的发展

始于20世纪中后期的生命教育，发展到今天已有半个多世纪的历史了。从一直走在各国前列的美国开始，到大洋洲的澳大利亚，再到亚洲的日本、我国的台湾香港地区。如今在我国大陆地区，生命教育的研究和实践也在热火朝天地开展着。

（一）生命教育的起源——从美国说起

20世纪60年代的美国正处于美苏激烈的冷战之中，学校教育里开始大量渗透政治性教育。然而，随着美国教育政治、经济功能的逐渐加强，使其“忘记”了教育为人发展服务的功能，学校教育的实用主义倾向

① 雷静，谢光勇. 近十年来我国生命教育研究综述[J]. 教育探索，2005(5)：92-94.

日益严重，学校成为获取知识以为谋取工作做准备的地方，这似乎成为人们的共识。于是，出现了大批有"钱"途、有知识、有个性而没道德、没思想、没人性的"人"，他们的精神状况非常不理想，迷茫、颓废、抑郁等充斥着整个社会，社会上吸毒、自杀、他杀以及性危机的危害现象屡屡发生。

在此危急情况下，美国著名学者——杰·唐纳·华特士提出，学校教育不应该只是训练学生谋取职业或获取知识，还应该引导他们充分体验人生的意义，帮助他们做好准备，迎接人生的挑战。他认为，这一教育目标只能通过生命教育（education for life）来实现。

1968年，华特士在美国加州北部内华达山岭脚下，建立了"阿南达村"（Annada Village），阿南达学校（Annada Schools）作为其中一个组成部分，是一个从幼儿园到中学的学校集团。阿南达学校除了教授标准课程，也传授生活的艺术。准确地说，阿南达学校的目标就是教导学生生活的艺术，只是同时会额外地向他们传授传统教育所教导的知识。

从此，生命教育作为一种全新理念在全世界范围内广泛传播。华特士，毫无疑问地成为了第一个提出生命教育并且第一个将其付诸实践的人，被誉为"生命教育之父"。

（二）诞生了第一个"生命教育中心"——澳大利亚

1974年，澳大利亚的特德·诺夫斯牧师针对青少年吸毒且许多青少年死于吸毒这一问题，提出了生命教育（life education）。诺夫斯牧师认为，要想解决青少年吸毒这一严重的社会问题，必须从小对孩子们开展相应的预防教育。于是，经过五年努力，他于1979年在新南威尔士州（New South Wales）成立了第一所生命教育中心（Life Education Centre，简称LEC），其宗旨为"预防药物滥用、暴力与艾滋病"。目前，生命教育中心已经发展成为一个国际性机构（Life Education International），在新西兰、南非、泰国、英国、美国、中国香港等八个国家和地区均有分支机构，属于联合国非政府组织（NGO）中的一员。

澳大利亚的生命教育中心，每年为大约100万名从幼儿园到高等学校的学生提供相关的药物教育和正向的预防课程。在此过程中，它还注重发展学生的社交技巧和有效决策、沟通、谈判的能力，并努力通过学校教育和社区教育的结合，以减少青少年使用非法药物和抽烟，鼓励他们远离酒类、减少其他药物的伤害。除此之外，实施机构亦提供不同方案协助每一位学生发展个体的独立性和维护个性上自信的技巧。

（三）百花齐放的中国式生命教育

1.具有代表性的台湾地区

台湾地区的生命教育起源于民间团体，是伴随着安宁疗护的兴起而发展起来的，由社会民间团体主动参与并得到逐步推广①。1997年，由于台湾学校一再发生暴力与自杀事件，促使台湾地区教育部门认为，必须尽快在学校推广生命教育。于是，该年年底，全台湾中学开始实施生命教育。

台湾地区教育部门于1997年在晓明女中内设立“伦理教育推广中心”（次年更名为“生命教育推广中心”）。之后在各县市设置“中心学校”，为众多学校训练师资，开设有关生命教育的课程。“生命教育”自1998年开始针对全台中学生实施。

台湾学校生命教育完善于21世纪。台湾地区教育部门从2000年开始将生命教育的理念正式纳入由小学至大学16年的学校教育体系中，后又强调以高中及初中学生为优先对象，将生命教育逐年推广到小学及大学，并计划在台湾40所初中及10所高中设置生命教育中心。台湾南华大学设立了生命教育学研究所，台北护理学院成立了“生与死研究中心”，其他大学也陆续开设了生死学、生命教育等相关课程。台湾学校生命教育的良好持续拓展，使生命教育获得一贯化、完整化、全程化的发展，生命教育已成为遍及台湾地区的新的教育学科。

台湾地区学校生命教育的课程设置从三方面入手：设置独立的生命教育课、在综合课中设置生命教育单元、在学校其他活动中渗透生命教育。其教师的教学方法有阅读指导法、欣赏讨论法、亲身体验法、随机教

① 张华，张宗新. 台湾学校生命教育及其对大陆高校生命教育的启示[J]. 山东省青年管理干部学院学报，2009（6）：78-80.

学法。有学者将台湾地区生命教育的内涵总结如表1.2所示。

表1.2 台湾地区生命教育的内涵[①]

一个理念	全人教育:活在天、人、物、我的均衡关系中
两个方向	1. 生命:为何而活——探讨生命意义与本质 2. 生活:如何生活——寻求生活目标,追求丰盛人生
三大目标	1. 正面积极的人生观:肯定、欣赏、尊重、关怀与服务生命 2. 安身立命的价值观:良知、真善美、道德价值、终极信仰的建立 3. 调和个体的知情意行:人格统整、情绪管理、自我实现与超越
四个向度	1. 人与自己:认识自己、欣赏与尊重自己、发挥潜能 2. 人与他人:与人和睦、群体伦理、关怀弱势 3. 人与环境:建立生命共同体,经营自然和人文环境的永续发展 4. 人与宇宙:寻得永恒价值、生命归宿等信仰所提供的答案
五种取向	1. 宗教教育取向:生命意义、死后归宿、终极信仰(安身立命) 2. 健康教育取向:生理卫生、心理卫生、生态教育(健康快乐) 3. 生涯规划取向:认识自我、发展潜能(自我实现) 4. 伦理教育取向:思考能力、自由意志、良心道德的培养(伦理行为) 5. 死亡教育取向:珍惜人生、超越悲伤、临终关怀、安宁照顾(生死尊严)

2. 辽宁和上海的生命教育

在我国大陆地区,以华东师范大学叶澜教授的《让课堂焕发出生命活力——论中小学教学改革的深化》一文为起源,叶澜教授认为,必须“从更高的层次——生命的层次,用动态生成的观念,重新全面地认识课堂教学,构建新的课堂教学观”,“让课堂焕发出生命的活力”[②]。正是这篇文章,唤醒了我国大陆教育研究者的“生命”意识,从而使教育研究中的“生命”从隐性走向显性。

率先以教育文件形式规定全面实施生命教育的两大地区是辽宁和上海。2004年12月23日,辽宁省教育系统开始在全省全面启动中小学生命教育工程,专门制定了《中小学生命教育专项工程方案》,并规定“生命

① 陈玉琨. 教育评价学[M]. 北京:人民教育出版社,1999:48-53.

② 叶澜. 让课堂焕发出生命活力——论中小学教学改革的深化[J]. 教育研究,1997 (9):3-8.

教育”为中小学生必修的重要正规课程；2005年6月17日，中共上海市科技教育工作委员会、上海市教育委员会联合出台了《上海市中小学生生命教育指导纲要（试行）》，规定在全市中小学全面开展生命教育。

辽宁省教育厅要求，生命教育每学年要保证二至四学时，要将中小学心理健康、青春期、毒品预防、法制、安全、公共卫生、预防艾滋病、环境保护、性教育等专项教育作为生命教育的重要组成部分。同时还要求中小学校长、全体教职员工要关注学生的成长状况，通过各种途径开展成功教育与抗挫折教育，培养学生旺盛的生命力、坚强的意志力，以及积极乐观向上的人生观。教育学生自觉抵御毒品，不涉足社会网吧，不唱灰色童谣，不参加危害身心健康的游戏活动，增强未成年人的安全意识，提高自我保护能力。使未成年人初步了解来自于各方面的不安全因素，掌握一些简单易行的防范与自救办法，规避危险与伤害。

上海市出台的《上海市中小学生生命教育指导纲要（试行）》把生命教育作为青少年思想道德教育的重要内容，涵盖生命与性别、生命与安全、生命与尊严、生命与关怀等内容，对学生进行生命起源、性别教育、青春期教育、心理健康教育、生存训练等生命发展指导，帮助他们树立正确生命观。作为国内最早开展生命教育的地区之一，目前上海市中小学校都已设立心理健康辅导室，配备有心理健康教育专职教师。

3.云南的“三生”教育

如果我们把视线转移到西部地区，我们就不得不把目光转向云南省，因为在那片土地上有关生命教育的运动正在轰轰烈烈地开展着。我们更不得不提一直在坚持和贯彻有关生命教育思想的一位人物——云南省教育厅原厅长罗崇敏。这位30岁才上初中，38岁当上副科长，不到50岁就成为厅级干部，被人们称为“奇官”的罗崇敏，他毫不动摇地在云南省落实着一个教育理念——“三生”教育——生命、生存、生活教育。他的决心和毅力有多大，我们来看看“三生”教育的发展历程便可得知：

2008年2月，云南省教育厅在全省教育工作会议上提出在学校实施“三生”教育，并把它作为素质教育基础工程来抓。2008年5月27日，中共云南省委高校工委、云南省教育厅在全省范围内下发了《关于实施生命教育、生存教育、生活教育的决定》。2008年6月24日，中共云南省委高校工委、云南省教育厅再次下发《关于生命教育、生存教育、生活教育的实施意见》。2008年8月，“三生”教育的第一版教材出版。2008年秋季学期起，在试点学校实施了“三生”教育。2009年5月，在人民大会堂举行了主题为“教真育爱”的中国生命生存生活教育论坛。2009年6月，第二版“三生”教育教材出版。2009年秋季学期起，在云南省全省范围内的各级各类学校全面实施“三生”教育。

“三生”教育是由作为前提和根本的生命教育，作为基础和关键的生存教育和作为方向和目标的生活教育三者共同构成的教育体系。生命教育作为其中的前提和根本，也是一切教育的基础，由此可见生命教育的重要地位和作用。“三生”教育中生命教育的内容和目标是帮助学生掌握生命基本知识，教育学生敬畏生命、尊重生命、珍爱生命，促进学生主动、积极、安全、健康地发展生命，实现生命的意义和价值，提升生命质量。它的主要任务是：通过生命教育，使学生认识人类自然生命、社会生命和精神生命的存在和发展规律，认识个体的自我生命和他人的生命，认识生命的生老病死等过程，认识自然界其他物种的生命存在和发展规律，最终树立正确的生命观，领悟生命的价值和意义；要以个体的生命为着眼点，在与自我、他人、自然建立和谐关系的过程中，促进生命的和谐发展①。

三、生命教育的理论

（一）生命教育的原则

生命教育作为一种教育范式，适用于其他教育模式下的教学原则，如直观性原则、系统性原则、启发性原则等必然也适用于生命教育教学之中。当然，作为当今一种新的教育思潮，生命教育也有属于它的独特原则。

1.科学性原则

教育是一门科学，那么在它的贯彻和实施时就一定要符合科学性原

① 罗崇敏. 全面实施“三生教育”，建设现代教育价值体系[J]. 昆明学院学报，2009，31(1)：1-5.

则，生命教育也不例外。生命教育的实施一定要符合学生身体和心理成长的规律，教育学家认为人的身心发展具有阶段性、互补性和差异性。生命教育的开展就要以此为依据，选择的生命教育知识要考虑学生的接受能力，不同阶段要设计不同的内容和要求。同时活动内容和要求也应符合各阶段学生的认识水平，根据学生需求和兴趣，不能盲目拔高，不能随意安排。

2.主体性原则

现在都提倡以学生为主体的教育观，在生命教育中更是如此。不仅把学生——一个活生生、富有生气的生命作为生命教育的主体，也把教师作为具有生命的主体。这样一来，尊重、关心、理解、信任主体生命是双向的，即学生也要以同样的态度与心情，尊重富有主体生命的每一位教师。既然师生都是生命的主体或主体的生命，所以，生命教育的过程，就是生命与生命的沟通和交流。这样的生命教育才富有活力和动感[①]。

3.体验性原则

体验性原则是生命教育中必须倡导的一项独特性原则。它是指注重对学生的人文关怀，强调学生的切身体验，改变单一的接受性学习方式，把生命教育有机地融入到学生的生活之中，努力使学生在探究实践中获得积极的情感体验，培养学生的创新精神和实践能力。其实在生命教育中我们时时刻刻都在感觉着生命的成长和变化，所以体验也无处不在。生命教育的开展可以通过在教育生活世界中适当创设有意义的情境，诱发学生的生命直觉，唤醒他们的生命体验，使他人、它物融入我“心”，浸染生命，感动人生。只有这样一种强烈的情感，才能使人心灵撼动，达到生命教育的初衷[②]。

（二）生命教育的内容

不同的研究者从不同的角度阐述了不同的生命教育内容。如前文所述，台湾学者从四个向度即人与自己、人与他人、人与环境、人与宇宙这四个方面，列举了认识自己、尊重他人、爱护自然和环境等教育内容。也有

① 燕国材. 生命教育的原则[J]. 中学教育，2003（10）：3–6.

② 林丽华. 中小学生命教育研究[D]. 上海：上海师范大学，2009：40.

学者从生存意识教育、生存技能教育和生命价值教育三个层次概括了生命教育内容。当然，由于生命教育是囊括了诸多教育子系统在内的一种生态教育体系，所以包含的内容必然丰富多样。根据中小学生的身心发展特点，在基础教育阶段，生命教育的内容可以总结为人与自然、人与自我和人与社会三大领域。详细内容可见表1.3。

表1.3 中小学生命教育的内容①

领 域	模 块	主题(活动)
人与自然	了解自然	人类的起源；人类性别之谜；人与其他生物；生物与环境；环境问题与可持续发展……
	体验自然	亲临自然灾害；寻找身边的绿色世界；人类对环境的破坏……
	利用自然	珍惜水资源；矿产资源；家乡的能源；森林资源……
	保护自然	生活中的环保；环境保护与人口增长；都市农业；绿色食品……
人与自我	认识自我	我的诞生；我眼中的我；我的爱好；我的情绪；我的习惯……
	完善自我	无常人生；快乐的源泉；学会自我保护；疾病与健康；美与我同在……
	挑战自我	今天我当家；小小工程师；一日校长；面对痛苦和困难……
	发展自我	独一无二的我；说说我的志向；我的生涯设计；生命典范；超越自已……
人与社会	亲情人生	我的亲情：父母、朋友；我的校园：学校、师长；我的家庭：恋爱、婚姻、两性；我与他人：宽容、诚实；我的气质：美育、教养……
	道德人生	偏见与谬误；道德与法律；良心的培养；孝心、爱心与诚心；性爱与婚姻伦理；网络道德；生态与环境伦理……
	信仰人生	我的理想信念；我了解的宗教和文化；信仰与迷信；多样的生死观；我的人生观、价值观……
	智慧人生	哲学的范畴；宇宙与个体生命；天人合一；走进太空；人性的弱点……

① 谭广峰. 中小学生命教育的实施及其管理研究[D]. 昆明：云南师范大学，2011：12-13.

（三）生命教育的课程设置

根据表1.3不难发现，由于生命教育所包含的内容繁多，课程的设置无疑成为了教育家们的大难题。要想用一门课程、一本教材将所有内容包含在内，这是不可能的，于是有的地方实行生命教育专业课、多学科渗透整合课和生命实践体验活动课三种类型的课程相配合的模式。笔者认为，由于生命教育不像正统的课堂上的学科知识教育，它更多的是让学生去体验、去感受，所以课程设置可以参照“生命教育之父”——华特士所创立的阿南达学校课程模型来设计。

在阿南达学校里，根据生命教育的原则，整合之前学校开设的课程，设计出了以下五门学科课程①：

1. 我们的地球——我们的宇宙

这门课程将引领学生与宇宙产生和谐的关系，感觉到自己是万物的一部分，会鼓励学生以整体的观点来思考宇宙，发现相互之间独特以及普遍之处。该门课程下包含的特定学科有：物理学、天文学、化学、生物学、普及科学、植物学、地质学和解剖学。

2. 个人发展

个人发展囊括了生理发展、心智发展和心灵发展。生理发展包括卫生、饮食、性教育、运动和一般的体育；心智发展包括专注的课程与柔软体操、解决问题、如何培养记忆力、平衡生活的诀窍、如何获得并且维持内在的凝聚意识、自我控制、令人喜悦的自律；心灵发展包括快乐的秘诀、心灵与心智的开发、真诚、情感的冷静、自动自发、服务精神、心灵的修炼等。

3. 自我表达与沟通

该门课程囊括的主题有如何培养创造力、如何在各个不同领域里展现不同的创意、如何培养更多应用且有用的技艺，包含的学科有数学、文法、艺术、舞蹈、音乐、创意写作、电脑科技、公众演讲等。

4. 了解人

该门课程的范畴包括历史、地理、心理学、不同文化习俗与信仰的研

① 杰·唐纳·华特士. 生命教育——与孩子一同迎向人生挑战[M].林莺，译. 成都：四川大学出版社，2006：151-158.

究，以及参照世界各地人们内心对人生最深刻的向往来评价这些文化的风俗。

5. 合　作

把“合作”作为最后一门学科列出来是为了要积极强调“合作”在以上科目中的重要意义。在该课程下包括的主题可以是：如何赢得朋友，如何影响他人，如何与人相处，如何找到合适的伴侣及幸福、婚姻的秘诀，如何培养孩子，如何找工作，如何培养个人魅力等。

华特士还提出，对于这五门学科，需要以“整体意识”来看待，每门学科都应该放在“人性需求”和“我们自己的了解能力”这两条脉络中考察。学校在学习每一门学科时，也应该研究其与其他学科的相关性，以便学生能立足于人道关怀的轴心去关照其他所有学问。

（四）生命教育的开展途径

生命教育正是与常规的学科知识教育有众多不同之处，所以它的开展途径也不局限于死板的形式。必须将课堂上、家庭里、社会中三者形式结合起来，通过丰富多彩的真实场景，做到生命教育的真实有效性[①]。

1. 通过学科教学实施生命教育

学校里的课程丰富多样，有语文、数学、英语、生物、历史、地理、化学、物理、体育、音乐和美术等。有的课程，诸如体育、历史、生物、思想品德、政治等可以作为生命教育的显性课程，这些课程拥有有关生命教育的丰富资源，教师要充分利用其中所包含的生命教育资源并不断丰富生命教育内涵，通过传授系统全面的科学知识和方法，增强生命意识的教育。而对于语文、地理、音乐和美术，它们是生命教育的隐性课程，这就有赖于教师的巧妙深入挖掘，富有艺术性地对学生进行热爱生命、尊重生命的渗透教育。

2. 通过生命教育专题课实施生命教育

专题教育的开展具有很强的针对性，也是生命教育开展的较好途径。根据不同的学校、不同的学生特征，可以适当地选择专题课程，比如对孤僻人群开展心理健康教育，对处于青春期的青少年开展性心理、

① 谭广峰. 中小学生命教育的实施及其管理研究[D]. 昆明：云南师范大学，2011：14-16.

性道德、生理卫生等青春期教育，对汶川震后地区的儿童开展安全教育，对失足少年加强法制教育，还有毒品预防教育、艾滋病预防教育、环境教育等。

3. 通过综合实践活动实施生命教育

综合实践活动目前已受到越来越多的学校重视。它是学生走出校园、体验社会、锻炼技能的最佳途径。在生命教育的实施里，学校也可以通过班团队活动，节日、纪念日教育、十八岁成人仪式教育、社团活动以及参观实践基地等实践活动进行生命教育，使得多方联动，生命教育的光芒处处都能绽放。

（五）生命教育的实施方法

不同的内容体系、不同的开展途径所构成的生命教育，其教学方法也有比一般学科教学独特之处。除了我们司空见惯的教师传授提问法、学生讨论分析法、兴趣习惯培养法等，生命教育还可以尝试以下四种方法：

1. 生命叙事法

每个人在成长路上都有自己的与众不同的经历，从而拥有了属于自己的真实故事。生命叙事法就是将自己的生命故事叙述出来。这种故事可以是自己的生命经历、生活体验，也可以是对他人的生命经历、体验、经验与追求的感悟等。生命叙事就是以其所特有的故事结构与内容，通过与个体生命本身的经验、体验、情感、理性、追求等的某种“契合”与“互作”来发挥生命教育功能的。

2. 阅读讨论法

无论在什么情境下，阅读总是充实人生的最佳途径之一。在生命教育中的阅读讨论法就是选出一些与生命教育题材相关的图书、教材、故事或者诗歌等，指导学生阅读，然后公开讨论、分享心得，通过这样一个过程让学生发起对生命的思考、认识生命的可贵、了解生命的内涵。

3. 体验教学法

生命的成长总是在经历了一次又一次实践中形成的，生命教育中更要让学生去真实的场景意境中去体验、去感受。教师可以带领学生进入真正的生活场景中，比如参观森林公园、医院、工厂等，也可以是创设某种情境，比如戏剧表演、模拟法庭等，让学生融入到情境中的角色里。通过这样的一种角色互换，换位思考，学生更容易去体谅别人、了解别人的需要、更会与他人友好和谐相处。

4. 随机教学法

因为在教学中具有很多不确定性，这就考验教师把握机会的能力。尤其是在诸如语文、地理、美术等这些生命教育隐性课程中，教师更要学会适时地抓住机会，对学生进行生命教育，把握有效情境和事件，注重正面引导，激起学生思考、探讨生命的价值和意义。

小　结

生态教育是人类为了实现可持续发展和创建生态文明社会的需要，而将生态学思想、理念、原理、原则与方法融入现代全民性教育的生态学过程。本章从引领生态教育的理论——生态学出发，层层递进，逐一介绍了生态学、教育生态学、生态教育和生命教育理论，并详细阐述了当前具有代表性的观点，列举了具有典型性的教育案例。

由于生态教育有着极为丰富的内涵，其涵盖的对象和领域从不同层面上看也多种多样。教育方式包括课堂教育、实验证明、媒介宣传、野外体验、典型示范、公众参与等；教育内容包括生态理论、生态知识、生态技术、生态文化、生态健康、生态安全、生态价值、生态哲学、生态伦理、生态工艺、生态标识、生态美学、生态文明等。生态教育的行动主体包括政府、企事业、学校、家庭、宣传出版部门、群众团体等。所以生态教育的研究将永无止境，其理论也必将日趋丰富和成熟。无论是发达国家，还是发展中国家，不同地区结合当地特色所形成的新理论新实践，其宗旨都是为了实现人类、社会、自然的和谐发展，构建一个可持续发展的和谐社会。

参考文献

[1] 百度百科. 刘东生：从事研究[EB/OL]. [2012-08-15].http://baike.baidu.com/view/53989.htm.

[2] 陈玉琨. 教育评价学[M]. 北京：人民教育出版社，1999.

[3] 范国瑞. 教育生态学[M]. 北京：人民教育出版社，2000.

[4] 胡焕庸，张善余. 世界人口地理[M]. 上海：华东师范大学出版社，1982.

[5] 杰·唐纳·华特士. 生命教育——与孩子一同迎向人生挑战[M].林莺，译. 成都：四川大学出版社，2006.

[6] 雷静，谢光勇. 近十年来我国生命教育研究综述[J]. 教育探索，2005（5）：92–94.

[7] 林丽华. 中小学生命教育研究[D]. 上海：上海师范大学，2009.

[8] 罗崇敏. 全面实施"三生教育"，建设现代教育价值体系[J]. 昆明学院学报，2009，31（1）：1–5.

[9] 马和民. "教育浪费"论析[J]. 社会科学研究，1994（6）：123–127.

[10] 马克思，恩格斯. 马克思恩格斯选集：第2卷[M]. 北京：人民教育出版社，1990.

[11] 马歆静. 生态化与可持续发展——现代教育发展的必然[J].教育理论与实践，1998（5）：1–6.

[12] 欧阳志远. 生态化——第三次产业革命的实质与方向[M].北京：中国人民大学出版社，1994.

[13] 彭爱波. 台湾地区学校的生命教育及对我们的启示[J]. 中小学管理，2003（7）：53–54.

[14] 谭广峰. 中小学生命教育的实施及其管理研究[D]. 昆明：云南师范大学，2011.

[15] 瞿葆奎. 教育学文集·教育与社会发展[M]. 北京：人民教育出版社，1989.

[16] 王如松. 现代生态学的热点问题研究（中国科学院系统生态开发实验室1992—1995年部分论文汇编）：上册[M]. 北京：中国科学技术出版社，1996.

[17] 温光远.世界生态教育趋势与中国生态教育理念[J]. 高教论坛，2004（2）：52–55，59.

[18] 吴鼎福，诸文蔚. 教育生态学[M]. 南京：江苏教育出版社，1990.

[19] 吴郁葱. 一个应令人警觉的问题——从乐清师范招生男女生比

例看教育生态环境的平衡[J]. 教学与管理,2000(11):42–43.

[20] 许惠英. 重视家庭生态 改善人格教育——正确把握家长与儿童亲和的限制因子和局部生境[J]. 学期教育研究,2004 (11):34–36.

[21] 徐湘荷. 生态教育思想研究[D]. 济南:山东师范大学,2012.

[22] 闫蒙钢.高等教育生态系统建设研究[D]. 芜湖:安徽师范大学,2009.

[23] 燕国材. 生命教育的原则[J]. 中学教育,2003 (10):3–6.

[24] 叶澜. 让课堂焕发出生命活力——论中小学教学改革的深化[J]. 教育研究,1997 (9):3–8.

[25] 张美云. 生命教育的理论与实践研究[D]. 上海:华东师范大学,2006.

[26] 郑葳,王大为. 生态学习观及其教育实践启示[J]. 教育研究与实验,2006 (1):53–57.

[27] 周建平. 生态式教育视野中的教材观[J]. 当代教育科学,2004 (9):19–21.

[28] ASHBT E. Clniversities: British, Indian, African: A Study in the Ecology of Higher Education[M]. Cambridge: Harvard University Press, 1966.

[29] BLAUG M. Economics and Educational. Planning in Developing Countries[M]. Prospects: Quarterly Review of Education 1972, 4:431.

[30] WALLER W. The Sociology of Teaching[M]. Hoboken: John Wiley &. Sons Inc. 1932:161.

拓展阅读文献

[1] 程利,解希静. 生态式教育观下的教师角色探析[J]. 思想政治课教学,2009(10).

[2] 杜惟玮,张宏伟,钟定胜. 生态校园建设的现状与发展趋势[J]. 四川环境,2005(3).

[3] 梁仁君,林振山. 高校生态教育的现状及体系构建的思考[J]. 黑龙江高教研究,2006(3).

[4] 罗崇敏. 生命,生存,生活[M]. 昆明:云南教育出版社,2009.

[5] 罗崇敏. 教育的价值[M]. 北京:人民出版社,2012.

[6] 叶澜. 生命·实践:教育学丛书第一辑——回望[M]. 桂林: 广西师范大学出版社,2007.

[7] 张华,张宗新. 台湾学校生命教育及其对大陆高校生命教育的启示[J]. 山东省青年管理干部学院学报,2009(6).

[8] 郑晓江,张名源. 生命教育公民读本[M]. 北京: 人民出版社,2010.

第二章　构建生态课堂

生态学是研究生物之间及生物与非生物之间相互关系的科学。课堂是教与学的双边活动，既存在教师与学生、学生与学生之间的互动，也蕴含着教师、学生与教学环境的关系，二者之间都存在生物与生物、生物与非生物之间的互动与联系，因而运用生态学理论来分析和指导课堂教学是可行的。课堂作为一个微观生态系统，需要从生态学的视角理解生态课堂的概念，深入探讨生态课堂的内涵，分析生态课堂的构成要素，把握生态课堂的基本特征，提出构建生态课堂的基本原则和途径，在此基础上总结生态课堂与生态教育之间的内在联系，为生态课堂的构建奠定理论支撑。

第一节　生态课堂

一、生态课堂的内涵与理念

(一)生态课堂的内涵

随着环境问题的日益严峻，生态化已成为人类生存和发展的一种趋势。生态学已经渗透到各个领域，“生态”一词涉及的范畴也越来越广，人们常常用“生态”来定义许多美好的事物，如健康的、美的、和谐的等事物均可冠以“生态”修饰。当然，不同文化背景的人对“生态”的定义会有所不同，多元的世界需要多元的文化，正如自然界的“生态”所追求的物种多样性一样，以此来维持生态系统的平衡发展。

所谓“课堂”，商务印书馆第5版《现代汉语词典》将其定义为：“教室在用来进行教学活动时叫课堂,泛指进行各种教学活动的场所。"课堂是教师、学生及环境之间形成的多种功能的综合体,是一个充满生机和意义的整体,是焕发出师生生命活力的复杂有机生态系统。

生态课堂是基于生态学视角的一种生态状态下的新型课堂,强调教师、学生、教学信息、教学组织形式、教学环境、教学评价等环节的和谐统一,将课程结构、师生关系、实践形式等进行重新构造,是一种正视"人"和"生命"、倾听作为生态因子的教师和学生的"生命"呼唤的课堂,在其各个环节中充斥的是联系、发展、和谐与共生等理念,摆脱了传统课堂教学中重视技术控制的模式,是一种更具有生命活力和生态属性的课堂教学形态。

生态课堂观念:第一要义是可持续发展,核心是以育人为本,教学以学生为主体、以教师为主导,基本要求是使学生德智体美等全面发展,基本方法是保持教育诸因素间的动态平衡。生态课堂的本质是焕发生命活力,激发生命潜能,提升生命品质,实现生命价值。

生态课堂教学:创设课堂生态,营造适合学生生命发展的良好环境;坚持以生为本,面向全体学生,把课堂还给学生,让课堂充满生命活力;充分体现课堂的生活性、生命性和发展性,促进生命智慧与价值的生成,提升整体人的生命质量;重视个性和生成性,以有效开发学生潜能为重点,以理解、互动生成为教学过程,关注学生的人格及差异,因材施教、人人发展;谋求课堂效益,正确处理好课堂中各种生态关系,通过优化课堂教学设计和有效的课堂教学活动,以减轻负担、提高成效,使每个学生的需求得到满足。

(二)生态课堂的基本理念

生态课堂与传统的课堂的区别在于它是一种在生态学哲学思想指导下进行教学的课堂,生态系统内各因子间物质、能量和信息的交换趋于平衡、稳定。生态课堂是和谐共生的课堂,是提升生命质量的课堂,也是关注师生可持续发展的课堂。

1. 生态课堂是和谐共生的课堂

生态课堂中既有教师的宽容和学生的自主,又有教师的引导和学生的自律,教学追求主体与主导、导与放、静与动、人与文、知与情、预设与生成等方面和谐共振;课堂始终处于民主、宽松、愉快的氛围,使学生产生自觉参与的欲望,学生真正成为学习的主体;课堂营造一种自然、开放、和谐的环境,构建和谐的学习共同体,激励每一个学生主动参与,多元共生,协同努力;课堂中尊重每一个学生的尊严和价值,尊重学生的见解,尊重他们独特的个性和学习行为;课堂真实的对话,自主、合作、探究的学习,每个学生都有自己的收获,不同层次的学生各自都得到良好发展。和谐共生的课堂,师生平等对话是核心,知情统一是关键,和而不同是特征,活跃生成是现象,人人发展是根本。

2. 生态课堂是提升生命质量的课堂

生态课堂依据生态学的原理和教育教学规律进行教学,关注学生的生存能力和发展潜力。生态课堂教学贴近学生的内心世界、贴近学生的生活世界,丰润学生的内涵,提升生命的价值,使学生形成高尚的情操、健全的人格和良好的素养。生态课堂中的教学不仅要为学生今后的学习与发展打下基础,还应当体现自己的生命价值,关注学生当前的生命状态。生态课堂让接受教育不仅是为了升学和谋生,更是为了人格的完整,为了个人的终身学习以及社会的和谐发展。

3. 生态课堂是关注持续发展的课堂

生态课堂坚持以可持续发展的生态观引领教学,让学生获得可持续发展的知识、技能与情感,正确处理好人与人、人与自然、人与社会的关系。让青少年建立起顺乎自然、敬畏生命、遵循自然规律等基本生态伦理,获得终生学习的能力。在生态课堂上,学生追求的是自然的、和谐的、可持续的发展。在小组学习、合作学习、探究学习的过程中,让学生学会学习、学会交往、学会合作、学会思考,培养终生发展能力。因此,生态课堂对促进师生的可持续发展具有重要的作用。

从以上表述可以看出:生态课堂应当建立以实践生命为价值追求,以民主效率为管理前提的良好的课堂生态环境,让师生富有个性地、自主地实现课程、师生、知识、社会多元多向多层次的互动,不断开发潜能,开启智慧,创造自我,改善和发展生命,取得科学素养和生命质量的整体提升。

二、生态课堂的构成要素

生态系统（ecosystem）是"一定区域（或空间）生存的生物与环境相互作用的、具有能量转换、物质循环代谢和信息传递的统一体，其基本点在于强调系统中各因子之前的相互关系、相互作用以及功能上的统一"[①]。在自然界中，只要在一定空间内存在的生物和非生物两种成分相互作用，达到某种机能上的稳定性，哪怕是短暂的，这个整体都可以视为生态系统[②]。

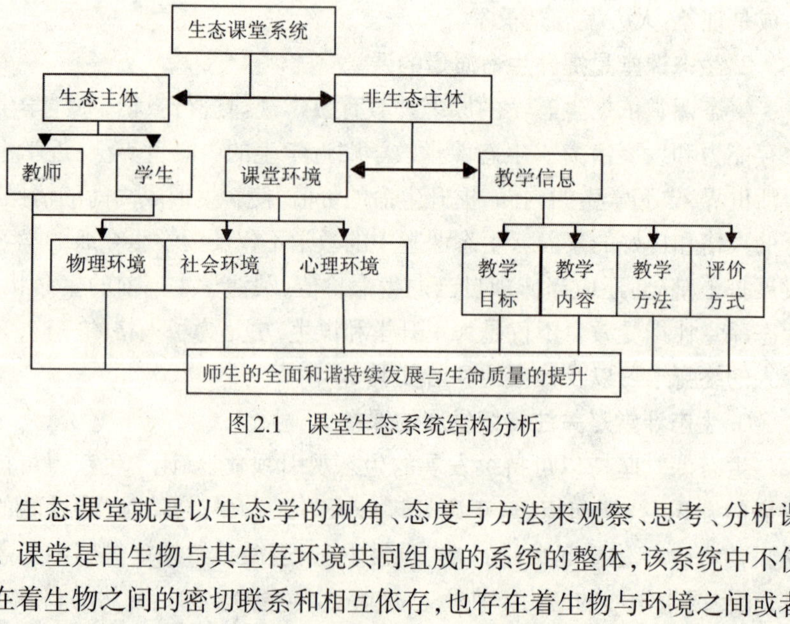

图2.1　课堂生态系统结构分析

生态课堂就是以生态学的视角、态度与方法来观察、思考、分析课堂。课堂是由生物与其生存环境共同组成的系统的整体，该系统中不仅存在着生物之间的密切联系和相互依存，也存在着生物与环境之间或者说与环境的其他非生物要素之间的相互联系和相互作用，它们在共生与合作中结成生命共同体。课堂就生态系统的构成要素而言主要包括课堂生态主体、教学信息和课堂生态环境等[③]。

课堂生态主体：包括教师和学生。自然界的生态系统中有三类子要素：生产者、消费者和分解者。在课堂生态系统中，从知识的"授予—接

① 范国睿. 教育生态学[M].北京：人民教育出版社，2000：21.
② 尚玉昆. 生态学概论[M].北京：北京大学出版社，2003：194.
③ 杜召凤. 生态课堂的构建[D]. 上海：华东师范大学，2010.

受”角度来看，课堂中的教师和学生是生产者和消费者的关系，教师是信息的加工和积极建构的指导者，学生站在接受知识的角度可以理解为消费者，但学生并不是被动的“消费”知识，而是通过知识与已有经验之间的同化和顺应，积极主动地进行建构的。教师和学生在课堂中通过相互作用形成了师生关系，这种关系总是处于一种动态的形成过程中，遵循生态学的“平衡—不平衡—平衡”的运行机制。

教学信息：即教学内容。教学信息是课堂教学的纽带，也即课堂生态系统中的“食物链”。食物链是使生态系统保持生机和活力的纽带，它规定了在某个特定的生态系统中各个子要素之间的层级关系以及相互作用。在课堂生态系统中，教师和学生是以“食物链”联系在一起的，信息的加工和传递不断发生在师生之间、生生之间以及师生与环境之间，从而使课堂生态系统得以维持平衡。如果没有教学信息的传递，没有建立在此基础上的互动，整个课堂便成为无本之木、无水之源。在这条“食物链”中，教师和学生的地位是民主平等的，绝不存在孰优孰劣的问题，他们通过链条紧密地联系在一起，有着共同的长远利益。

课堂生态环境：是在课堂生态圈内与教学活动有关的各种因素的总和，主要包括课堂物理环境、课堂社会环境、课堂心理环境三个方面因素。

(1)课堂物理环境。课堂物理环境包含课堂自然环境和课堂教学设备。课堂自然环境指课堂生态主体赖以生存的自然生态条件，如教室大小，室内各物体颜色，教室的采光、空气、温度等，这些生态因子是课堂生态主体进行教学活动的生态基础，对人的身心健康发展有着直接或间接的影响；课堂教学设备包括教学多媒体、教具、学具、图书材料、实验仪器设备等教学硬件设施，这些设备包含了大量的知识信息，作为知识信息的载体，它们直接影响教学的效率。

(2)课堂社会环境。课堂社会环境指课堂生态主体所处的具体环境或课堂生态主体之间的各种关系及其网络，包括文化、观念、价值取向、规范环境、舆论和人际关系等。

(3)课堂心理环境。课堂心理环境是指在课堂时空内由课堂生态主体之间或课堂生态主体与课堂生态环境之间相互作用所形成的心理气氛。课堂心理环境具有内隐性、动态性和主观性，它并不直接参与课堂教学活动,却以潜隐的方式影响着课堂教学的过程和效果。

在课堂生态系统中,课堂生态主体与课堂生态环境之间、课堂生态主体与课堂生态主体之间存在各种联系,它们以教学信息为载体,通过彼此之间的信息流通,有机联系并相互作用,使课堂形成一个有机的整体。它们各自在维护课堂生态系统的平衡中都起到举足轻重的作用,相互之间存在着内在统一性。

三、生态课堂的基本特征

研究者基于生态系统的特征来分析生态课堂的基本特征,可从单一角度和关联角度分析,如生态课堂具有开放有序、互利共生、多样性和可持续发展性等[①];从关联角度则认为生态课堂是整体相关与动态平衡的统一,多元共存与和谐共生的统一,开放性与交互性的统一,有限性与无限性的统一,差异性与标准性的统一[②]。

生态课堂作为一种新的课堂范式,对其基本特征的论述观点也各有不同,但这些生态课堂特征的归纳却有共通之处,主要表现在课堂的开放性、多样性、整体性、共生性和可持续发展性。

(一)开放性

开放性是生态系统的主要特征之一,生态课堂也具有开放性的特点。课堂的开放性是指课堂在发展的过程中必须不断与外部环境进行物质、信息和能力的交换以达到自身的不断更新与发展,而课堂内部各因子之间也相互作用、相互调适以实现课堂整体最优化。

课堂的开放性强调课堂自身不是自足孤立的,而是与外部环境是相互依存联系的。具体地说,生态课堂的开放性主要包括环境的开放性、生态主体的开放性和课程的开放性。①环境的开放性,既指课堂生态主体所处的具体环境的敞亮与开放,也指课堂环境与课堂外各系统保持着密切的联系,使课堂不仅仅局限于教室。②生态主体的开放性,主要是指作为课堂生态主体的教师和学生在课堂保持精神世界都是向他人和外界开

① 闫蒙钢,马旭明. 构建化学生态课堂的思考[J]. 中国教育学刊,2007(10).

② 杜亚丽,陈旭远. 透视生态课堂的基本要素及特征[J]. 教育理论与实践,2009(7).

放的，以实现彼此间的理解和视域融合。③课程的开放性。主要包括课程内容和课程实施的开放性等。所谓课程内容的开放性，就是说课程应该包含教材文本、观念文本和生活文本等诸多方面，体现课程内容的多样化。所谓课程实施的开放性，实质上可以理解为教学的开放性，主要体现在教学目标、教学过程和教学结果的开放性等①。

（二）多样性

多样性既是维持课堂生态系统平衡的一个关键因素，也是生态课堂的一个重要特征。生态课堂系统的多样性主要体现在：课堂中学生的多样性、文化的多样性、教学方法和评价方式的多样性等。

1.学生的多样性

在现实生活中，我们不可能找到两个具有完全相同个性心理的学生。由于每个个体的生理及其境遇的不同，他们也养成了不同的个性心理，譬如性格内外向之分、情绪稳定程度不同等。课堂由不同个性特征的人组成，在信息交流和传递的过程中，他们的行为也有各自不同的指向，譬如有的学生活泼好动、有的学生沉默寡言等。

2.文化的多样性

生态课堂中的学生文化、教师文化、课本文化以及非课本文化等，共同构成一个多元文化空间。学生文化主要体现在其本身都具有个体独特的“个人知识”和“个人文化”。课堂中的教师文化也占有着比较重要的位置，它凭借对课本文化的“标准化”解读而拥有权威性。除此之外，还有课桌文化、墙壁文化等。课堂中的不同文化之间既存在着相互沟通的一面，也存在着相互矛盾的一面。

3.课堂教学的多样性

生态课堂在教学目标上，既重视三维目标，又重视预设目标，也重视可能出现的非预设性目标；在教学内容上，加强课程内容与现代社会科学技术及学生生活的联系，关注学生学习的兴趣和经验，精选终身学习必备的基础知识和技能，培养学生搜集和处理信息的能力、获取知识的能力、分析和解决问题的能力以及交流与合作的能力；教学方法上，注意多种方

① 管月飞. 论生态课堂及其构建[D]. 芜湖：安徽师范大学，2007.

法在课堂中使用,多角度地引导学生思维;在教学呈现上,注意创设多样情境,运用现代教育技术,引发学生思考;在教学方式上,重视学生自主学习、合作学习、探究学习;在教学组织上,尽可能地利用师生、生生互动,合作交流;在评价上,采用多元、发展、综合性评价标准。

(三)整体性

系统的整体性,是指具有不同性能的各要素构成的系统,通过综合、统一、形成的整体具备了新的特定功能。作为一个微观生态系统,生态课堂也具有明显的整体性特征。课堂生态系统运行变化的过程是由多主体、多环节等共同构成的复杂的有机整体;教学过程中运用多种教学方法相互作用而构成一个整体;教学效果也是课堂生态系统中众多生态因子共同交互作用的结果。生态课堂中的生态因子在其每一个互动的过程中,都必须以其整体的和谐与发展为目标,在此基础上进一步追求学生——“整体”的人的全面、和谐、可持续发展。

(四)共生性

共生性是进化过程中生命体所具有的共同特征。互利共生是指双方的共生关系有利于彼此的存在和发展。生态课堂中的互利共生性主要表现为构成生态课堂系统的教师和学生以及学生与学生之间互相促进、共同成长:教师的教学推动学生的发展,学生之间的互动促进彼此发展,学生的发展也促进教师的专业成长。生态主体之间是相互促进、密不可分的关系。

(五)可持续发展性

可持续发展是和谐生态环境的重要特征,也是当今人才发展的核心素质之一。生态课堂一方面担负着培养学生可持续发展意识的重任,另一方面还是培养学生可持续发展能力的重要途径。生态课堂中不仅要传递给学生知识,更要让学生掌握学习的方法和技能,使之学会终身学习,增强每一个学生的自学能力和生存能力,形成可持续发展的观念,培养学生立足社会所必备的能力和素养。

第二节　生态课堂的构建

课堂是教育教学的重要阵地，有效构建生态课堂将是师生生命得以提升和发展的主要途径。教育教学管理者应该明确课堂生态系统的教育生态规律，才能进一步从课堂环境、课程开发、师生关系、课堂互动、评价机制等方面深入探讨生态课堂的有效构建。

一、生态课堂的生态规律

课堂是一个微观生态系统，其内部教育生态规律客观存在，生态课堂的构建也必须遵循教育生态规律，合理安排教学活动，才会有利于教学质量的提高，才会促进学生生态主体的全面和谐发展。

(一)限制因子定律

生态课堂中的限制因子是达到或超过生物耐受限度的环境因子。1965年，莱特指出：当生物因素缺乏时，或低于临界线，或超过最大忍受度的情况下，就会起限制因子的作用①。课堂生态系统中的生态因子主要有物理性生态因子和人为性生态因子两大类。

1. 物理性生态因子

某种固定的物理性因素，如各种教学设施因量不够或过度时，就会造成课堂教学的限制因子，影响教学活动的有效展开。学习空间如教室、实验室等空间不足造成拥挤，形成一定的心理压力；学习设备如学习资料、药品仪器的数量达不到学生的需求也会造成学生精神上的饥渴，影响学生的学习兴趣以及学习能力的培养；教学媒体的度也会影响学习效率，教学过程中可通过视觉、听觉、嗅觉、动作等多通道来促进学生学习，若只有单调的教学媒体如一块黑板和几支粉笔，则课堂自然会显得沉闷，但若使用教学媒体过度，也会造成教学资源的浪费，学生也只会停留在表面的感觉冲击，而无法进行深入的思考。

---

① 吴鼎福，诸文蔚. 教育生态学[M]. 南京：江苏教育出版社，2000：158.

2. 人为性生态因子

课堂生态系统中除了非生命的物理性因素以外,对教学产生影响的其他一切因素都统称人为性生态因子。这些人为性生态因子主要包括三个方面:第一,与课堂教学不直接相关的师生活动,如学生的课外活动、社会调查等。教师布置的作业太多占用了学生的活动时间或家长不支持学生进行课外活动,则会影响学生课外活动的进行,成为课堂教学的限定因子。其次,课堂上学生、教师或教学管理者的个体或群体活动,如课堂上教师的演示实验和学生的合作学习等。教师在课堂中不应只关注到少数学生,否则处在活跃地带之外的学生则会因为得到较少关注而对学习失去兴趣。最后是教材和课程制定、各类教育法规、管理规章及其实施等。如教学内容应密切联系学生真实的生活,关注学生最近发展区,若脱离了学生的生活世界,学习则变得抽象,那么教学内容就成为了课堂教学的限制因子。

课堂生态系统中,限制因子有其特殊性,即所有的生态因子都可以成为限制因子。教师和学生不仅能够适应限制因子的作用,也能主动地创造条件、积极调解,将限制因子转化为非限制因子。这就要求教师在进行教学设计时应尽可能地明确限制因子,并积极寻求合理的方法将其转换为非限制因子,促进课堂教学的生态化。

(二)耐度定律和最适度原则

课堂生态系统中的群体、个体对每一种环境因素均有一定的承受能力和耐受度,达不到或过度就会对课堂教学产生不利甚至相反的影响。课堂教学中应该要从以下几个方面来考虑是否达到最适度原则。

1. 教学资源的量

教学资源要考虑教室、实验室物质条件是否充足、教学和学习的工具是否被合理使用、教学媒体的使用是否控制得当等。

2. 学生作业的量

对同一教学内容,不同类型的学生适合的作业量耐度范围是不同的。教师在布置作业时应当控制在大多数学生能忍受的范围内,同时又要对学习能力强作业量不足的学生适当加量,保证他们得到充分的学习。

3. 教学内容的难度

学生的学习能力存在个体差异，教师要充分把握好知识点的深浅度，针对不同学生的特点采取不同的教学要求，设计不同层次的问题教学，使学生都得到适合自己的知识。

4. 教学节奏

教学节奏有快慢张弛，必须掌握得当，如果学生长期紧张则不利于身心健康，长时间松弛怠慢又不利于学习积极性的发挥和潜能的开发。

（三）生态位原理

生态位是指每一个物种在群落中的时间、空间位置及其机能关系。任何物种在生物群落中都占有特定的位置，每一物种都有其特定的功能，维持系统整体的完整和稳定①。在课堂教学中，每一位学生也占据着各自的"生态位"，在不同的教学活动中，学生往往处于不同的生态位，分别扮演着优胜者、参与者、跟随者、旁观者、落后者等角色。

学生自身的知识、能力、性格、自我效能感以及教师或他人的评价对这种生态位的形成有重要影响。其中教师对学生的期望和评价直接影响着学生的自我效能感，进而影响着学生的学习成绩的提高和心理的成长。因此，在教学过程中，教师应当平等地对待不同生态位的学生，帮助学生找准自己的生态位，根据学生不同的特点选择教学方法和教学内容，使不同生态位的学生都得到充分的发展。

二、生态课堂的构建

生态课堂是一种全新的教育理念，需要每一个热爱教育事业的人努力追求，精心经营。构建生态课堂是一项艰难的系统工程，它包括优化课堂环境、整合课程资源、改善师生关系、加强课堂互动和完善评价机制等。

（一）创设和谐生态课堂环境

课堂是师生共同演绎生命意义的舞台，一个和谐共生的课堂环境是

① 雷毅. 生态伦理学[M].西安：陕西人民教育出版社，2000：259.

师生完整生命得以自由成长的前提和基础。生态课堂的环境创设包括课堂中的自然环境创设,也包括文化环境和心理环境创设。

1. 生态课堂中的物理环境创设

生态课堂中的物理环境由课堂自然环境与教学设备仪器等物质共同组成,其中包括光线、照明、噪音、座位编排与教室布置等。这些因素在课堂的教学互动过程中发挥着各自不同的生态功能和意义。

(1)适当的光线和照明。课堂中保持适当的光线和照明将对学生的学习心理和健康成长都产生一定的影响,如光线太弱易导致学习视觉疲劳而产生心理厌倦,光线太强则过度刺激视觉而影响健康等。研究表明,综合我国教育经费与学校教学的特点以及视力的保护等因素来考虑,专家建议以60~100勒克斯为中小学普通教室自然光课桌面的必须照度,180勒克斯为最优照度;教室人工照明课桌面的平均照度,白炽灯可定位60~70勒克斯,荧光灯可定位90~100勒克斯。此外黑板面上的照度要求为白炽灯照明不低于150勒克斯,荧光灯照明不低于300勒克斯①。同时,应该保持教室里各个角度光线和照明的均衡。

(2)降低噪音。噪音不仅影响人的正常生理机能而使人感到不舒服,也会对学习者的心理产生一定的负面作用,如使人焦虑、思维迟钝、记忆力下降等。在教室环境中,噪音的大小与教室所在地理位置和班级学生密集程度有关,离城市中心和工业区越近的学校教室噪音应该越大,班级人数越多所产生的噪音也越大。此外,学生对噪音的承受度会因为性别与个性特征等因素的不同而存在较大的差异性。所以要构建生态课堂,首先在学校位置的布局上要远离喧嚣的马路和城市中心,其次还应该控制班级规模,一般以20人左右小班为宜。在以偏大班教学的教室里,能根据具体情境有效安排不同形式的教学活动,也可尽量减少噪音所产生的消极影响。

(3)布置教室。教室作为课堂教学活动的空间场所,其内部构架和教学设备的合理布置与安排是要精心设计的。教室中课桌的合理摆放,以及教室墙壁的巧妙布置是教室布置的重要内容,干净、整洁、漂亮的教室将能使师生感到愉悦、舒适和享受。不同形状的教室也各有优

---

① 范国睿. 教育生态学[M]. 北京:人民教育出版社,2000:236-237.

点，梯形教室一般适用于讲座、定向活动的展示；长方形的教室便于行列式座位编排，以供课堂讲授；圆形的教室适合布置圆形的座位，以便于小组的交流和讨论。此外，教师的位置与学生的座位编排也直接影响师生之间的课堂互动效果。因此，教室的布置应该根据具体的课堂活动内容和要求而定，一般要考虑是否有利于师生的课堂互动，是否有利于生生之间的交流和讨论，是否有利于自主学习与小组合作学习的有效开展等。

（4）编排座位。传统课堂中的学生座位一般是采用“秧田式”的编排方式，即横成行、纵成列，学生面对向教师讲台。此外，还有“圆桌式”、“半圆形”、“马蹄形”和“客厅式”等座位编排方式。

座位编排是课堂环境中的一个重要因素，它对学生的情感、态度、课堂互动行为乃至学习效率等都有着重要的影响。研究表明，对教师依赖性过强者与学习积极性高者通常习惯前排座位，喜欢开小差者往往倾向于后排座位，希望引起教师注意者一般坐于中排，胆怯者更喜欢贴墙而坐。由于教学活动本身具有多种类型与形式，学生也是个性特征鲜明的个体，显然没有一种固定的教室布置与座位编排方式适合于每一个教室、每一堂课、每一个学生。因而生态课堂中的座位编排方式应该既考虑到教学活动的顺利开展，也要兼顾到学生的健康、自由和发展，保证学生有一个安全、舒适的自然环境。

2. 生态课堂中的文化环境创设

课堂中的文化环境包括物质文化和精神文化两个范畴。物质文化是指物化和符号化的文化成果，这是一种表层文化环境；精神文化指的是情感、态度、价值观等，这是一种深层文化环境。

课堂中的物质文化包括教室、课本、教育设施等“显性文化”或“硬文化”，它们在不知不觉中影响着人的行为。所以在创设生态课堂文化环境时应尽可能地调动各种物质文化的积极作用，如创办班报、墙报、班训，将教室布置得有生活气息等。

生态课堂中的精神文化环境包括学生个体的个性发展和思想境界，学生群体的相互关系和精神风貌，以及师生之间的融洽度等，这种文化属于“隐性文化”或“软文化”。创设生态课堂中的精神文化环境就是要凝聚课堂中的各种力量，形成既有个体特性，又有集体观念的一种生动活泼局面。

3. 生态课堂中的心理环境创设

在传统课堂环境中，多数学生均在学业和升学的外部重压下承受着一定的心理压力。因此，为减轻学生心理压力，立足学生生命的健康发展，就必须为学生创设一个轻松、自由、安全的心理环境。

首先，家长要转变教育观念。家长对孩子的期待要把握好一个度，更不要施加过大的压力，应该要注重把孩子培养成一个心理健全的人，而不仅仅是成绩好的"好学生"。其次，教师要在教学过程中努力做到以知教人、以德育人、以情动人、以理服人，与学生平等相待、和谐共处。最后学校还应该设立专门的学生心理咨询室，开设心理辅导课程，及时发现和解决学生遇到的各种心理问题。

（二）搭建开放多元课程平台

课程是学校为实现培养目标而选择的教育内容及其进程的总和，它包括学校老师所教授的各门学科和有目的、有计划的教育活动。我国基础教育课程尚存在内容和结构缺乏弹性与选择性、偏重智力开发、各学科之间缺少联系等诸多问题，直接影响学生的全面和谐可持续发展，因此，搭建开放多元课程是构建和实施生态课堂的重要环节。

学校在校本课程开发和设置上应该遵循生态教育与生态课堂的理念，以尊重学生兴趣为原则，以激活学生潜能为导向，以拓展学生视野为目的，以发展学生个性为宗旨，构筑开放多元的课程。课程的类型可分为文化课程、活动课程、实践课程、隐性课程。文化课程包括国家课程、地方课程、校本课程，活动课程包括阳光体育、大型活动、兴趣小组等，实践课程包括社会调查、自主活动、综合实践活动。隐性课程包括除了上述三类课程，一切有利于学生发展的资源、环境、学校的文化建设、家校社会一体化等。

课程是为学生的成长服务的，课程多元化是促进师生成长与发展的重要平台。校本课程系统必须是开放的：在课程素材的遴选和使用上，注重对中学学段所涉及的知识领域的延伸、拓展与融会，注重对学科前沿的展望，注重对新兴交叉科学的推介；在课程运作上，实施动态管理；在课程评价上，实施多元评价。课程设计应面向人类社会、历史、文化、科技发展的全貌与全程；实现中学各学科思想和内容的前备、发散、拓展和延伸；回应师生作为生命人、文化人、社会人、职业人的全方位需求。

表2.1　学校多元化校本课程类型设计示例

课程类型	课程名称	基本界定	课程宗旨
学科前备课程	趣味物理 趣味化学	国家课程正式开课之前开设的起学习前备作用的学科课程	呈现学科和生活的联系，体现学科的特性和社会功能，追踪学科发展前沿，从而激发学生学习该学科的兴趣，为"正式"进入学科学习打下相应基础
学科延伸课程	英语口语课 文学欣赏课 化学与人类生活	对国家课程起拓展延伸作用的学科课程	延伸学科知识，拓展学科视野，关注学科前沿，呈现学科思想，强化学科技能，培养学习信念，提高学习兴趣
综合拓展课程	科学发现史话 高中文化专题课 环境能源与可持续发展课程	跨学科的研究型、拓展型课程	体现学科融会、大文化精神、世界视野与现代意识
综合实践活动课程	趣味化学活动 环境保护系列活动 研究性学习课等	开发、调动学校教育教学资源，从实践中培养学生动手和解决问题的能力	对学生进行全方位的知识拓展、兴趣发挥、技能培训、学科培优、文化熏陶

在开放多元的课程中实施生态课堂，不仅可以培养学生多样化的兴趣，满足学生多样化的发展需求，提升学生可持续发展意识和能力，也将极大地丰富师生的生命体验和社会视野。生态课堂观认为课程只有表现出多样性、开放性和发展性，才能真正帮助学生走上个性健康、全面的、自由的发展之路。

（三）确立民主平等师生关系

民主平等的师生关系是开展有效教学的前提。生态课堂中的民主和平等，主要指师生关系的民主和师生地位的平等。生态课堂中每一个学生都有要求被尊重的权利和表达自己思想观点不受压制的自由；每一个学生都有获得与其他学生同样参与和发展的机会；另外，教师应该成为与学生处于平等关系中的引导者、激励者、合作者。

新课程强调民主、平等、和谐的师生关系。要构建和谐的师生关系，从教师角度应该转变思想，充分考虑学生的学习需要，认真对待每一个学生的问题，发挥学生学习的主动性，尊重学生的人格，关注学生的个性发展，平等地对待每一位学生，增加与学生的交流；从学生角度看，要尊敬教师，虚心接受教师的正确指导，尊重教师的劳动成果，在日常学习中积极配合教师的教学。在师生之间建立平等对话关系，使课堂的活力得以显现；师生之间在没有专制、压力、戒备、怀疑甚至阻抗的情绪中交往和沟通，可以共同探究、合作讨论、彼此争辩、畅所欲言，使课堂呈现一种生态和谐之美。

（四）构建师生互动课堂交往

教与学是课堂活动的中心，师生之间的良好互动是课堂活动的重要形式。生态课堂中，教与学依然是师生（尤其是学生）获得发展的主要途径。与传统课堂相比，生态课堂中的教学实质上是在师生平等地位关系下的一种交往教学。这种交往教学强调师生的有效互动与对话，而不是知识的授与受。平等的师生互动必然会产生有效的动态生成，这种“动态生成”体现了学生的主体性，也展现了课堂的真实性。师生互动理念下的课堂教学中，教师和学生都是一种教学资源，尽管他们的内涵不同，但他们在课堂教学中的地位是平等的，共同处于课堂双向互动的流变状态之中，共同实现来自教师、学生、教材等多种知识信息的共享和互动。这些信息还包括学科知识以外的兴趣、情感等要素，在交流和互动的过程中，师生共同努力达成课堂教学目标，促进师生人格的发展和完善。

（五）建立动态多元评价机制

评价教育教学成效也是构建生态课堂中的一个重要环节，因为课程评价对课程的实施具有导向和质量监控作用。在以升学为目标的教育体制中的课程评价主要表现为甄别和选拔功能,这种课程评价关注的是学生所掌握的知识和技能,而很少顾及学生的情感、态度和价值观。从某种程度上来说,这样的课程评价观是一种量的评价、甄别性评价、终极性评价,也是单一性评价。因此,生态课堂观认为,生态课堂的有效构建必须以生态学的思想为指导,重新审视传统课程评价,并努力构建一种动态的、多元化和发展性的课程评价机制。

1. 动态的评价

生态课程的评价是动态的,而非静态和一劳永逸的,应该贯穿课程实施的全过程,关注学生的发展过程。就学生个人而言,其发展是一个动态生成的过程,所以必须以发展的眼光来看待每一个学生;就学生群体而言,其发展又是一个相互联系、相互影响的过程,所以还需要以关系的角度来评价学生的发展。

2. 多元化评价

生态课堂的评价的目的是为了真正实现学生的自由、健康和发展,其评价方式应该是多样化的,而非是单一性的。评价的主体、手段、目的均由单一向多元化转变,注重结果评价与过程评价相结合,量的评价与质的评价相结合,外部评价与自我评价相结合,尽可能地给学生全面客观的评价,从而避免由评价单一性造成的片面性和主观性。

3. 发展性评价

与传统的终结性评价相比,生态课堂观认为评价的发展性功能主要在于促进学生的健康、自由和发展。传统的课程评价只重视学生掌握了多少知识,智力达到何种程度,是以知识为中心的评价;而生态课程评价则强调学生的整体发展、身心的和谐状态,是以学生发展为中心的评价。这种发展性评价不仅关注学生的知识和技能的获得情况,更关注学生学习的过程、方法以及相应的情感态度价值观和生活适应能力等方面的发展。

小　结

我国新课程改革迫切需要革新传统的以知识传授为追求、以考试为主要评价手段的课堂,用新课程倡导的课程价值观指导课堂实践。新的课程价值观要求改变课程过于注重知识传授的倾向,强调形成积极主动的学习态度,使获得基础知识和基本技能的过程同时成为学会学习和形成正确价值观的过程,关注学生的整体人格和个体差异,使每个学生都能得到充分的发展。

"生态课堂"是从生态学及系统论的观点出发,用生态的眼光审视教学,使课堂教学走上可持续发展的道路。这种课堂其理想状态是构成课堂的诸要素彼此和谐协调,生成最大效能。它强调以人为本,突出人的全面发展,重视学生的认识、情感、兴趣、动机和潜能的发挥,重视学生的主体地位;它能让师生感受到生命的勃发、思想的碰撞。这种课堂以环境和谐相处为基础,以生命活动为本质,以情感意志为动力,让我们切切实实感到生态的和谐美。生态课堂提倡"自主、合作、探究"——倡导学生主动参与、乐于探究、勤于动手,培养学生搜集和处理信息的能力、获取新知识的能力、分析和解决问题的能力以及合作与交流的能力。打造"生态课堂"的目的,是引导学生自主构建可持续发展的素质,为学生的终身学习奠定坚实的基础。教师不可能把所有知识都教给学生,培养他们的学习能力,尤其是可持续发展的能力是教学的根本所在。我们必须站在可持续发展的角度思考问题,使学生在今后得到持续发展。

参考文献

[1] 刁成海. 构建高校生态课堂 促进师生和谐发展[J].现代教育科学,2009(4):91-92.

[2] 杜亚丽. 中小学生态课堂的理论与实践研究[D]. 吉林:东北师范大学,2007.

[3] 杜亚丽,陈旭远. 透视生态课堂的基本因素及特征[J]. 教育理论及实践,2009(7):52-56.

[4] 杜召凤. 生态课堂的构建[D]. 上海:华东师范大学,2010.

[5] 范国睿. 教育生态学[M]. 北京:人民教育出版社,2000.

[6] 管月飞. 论生态课堂及其构建[D]. 芜湖:安徽师范大学:2007.

[7] 金建生，王嘉毅. 构建生命发展生态课堂[J]. 教育科学论坛，2005（12）：5-9.

[8] 李广华. 化学生态课堂研究[D]. 桂林：广西师范大学，2008.

[9] 刘贵华，杨清. 从标签式趋同到内涵式多样——生态课堂研究的回顾与前瞻[J]. 教育研究，2011（12）：54-58.

[10] 申学峰，周均光. 构建彰显生命的生态课堂[J]. 教学与管理，2006（8）：49-50.

[11] 施传柱，代芳芳. 浅议中学科学课程的生态课堂构建[J]. 教育探索，2011（1）：57-59.

[12] 王加强. 生态课堂：价值、特质与建构[J]. 天津师范大学学报，2010（4）：5-8.

[13] 吴鼎福，诸文蔚. 教育生态学[M] . 南京：江苏教育出版社，2000.

[14] 信全. “生态化课堂”的实践与思考[J]. 当代教育科学，2011（8）：25-27.

[15] 谢倩倩. 生态课堂教学质性评价研究[D]. 重庆：西南大学，2009.

[16] 闫蒙钢，马旭明. 构建化学生态课堂的思考[J]. 中国教育学刊，2007（10）：64-65，78.

[17] 叶澜. 教育概论[M]. 北京：人民教育出版社，2006.

[18] 杨雪. 生态哲学视域下课堂教学环境的内涵[J]. 教学与管理，2012（3）：7-9.

[19] 张向葵. 教育生态：课堂教学监控的鲜活生命[J]. 教育科学研究，2003（Z1）：31-34.

[20] 赵奇一. 生态课堂是教育发展的必然——关于构建生态课堂的思考[J]. 2008（9）：34-37.

[21] 祝水华. 从课堂教学的构成要素谈生态课堂的构建[J]. 小学教学参考，2009（6）：31-34.

拓展阅读文献

[1] 华剑. 生态课堂新视野[M]. 济南：济南出版社，2000.

[2] 胡涛. 拿什么调动学生——名师生态课堂的情绪管理[M]. 重庆：西南师范大学出版社，2008.

[3] 李森，王牧华，张家军. 课堂生态论：和谐与创造[M]. 北京：人民教育出版社，2010.

[4]《行走在生态教育的路上》编写组. 行走在生态教育的路上[M]. 广州：世界图书出版广东有限公司，2011.

[5] 詹明道. 走向数学生态课堂[M]. 南京：东南大学出版社，2008.

第二篇

海纳百川:生态教育成果

第三章　国外生态教育掠影

20世纪八九十年代,生态教育思想作为一种新型教育思潮在西方国家出现。在生态教育思想的引领下,生态教育开始在世界各国蓬勃展开。研究世界生态教育的发展脉络和先进案例有利于更好地开展我国的生态教育,本章主要包括两部分内容,一是介绍世界生态教育的发展历史和现状,二是以美国为例鸟瞰发达国家的生态教育开展概况。

第一节　世界生态教育的发展脉络

从生态教育思想的萌芽到生态教育的出现,经历了漫长的发展过程。本节主要概述世界生态教育产生的历史背景,发展历程和现状,旨在厘清世界生态教育的发展脉络,明确未来的努力方向,从而更好地开展生态教育。

一、世界生态教育产生的历史背景

学校教育的历史大体上可以概括为古代教育阶段和现代教育阶段。在漫长的远古时代和农业文明时代,人类与自然环境的关系基本上是和谐的,地球上并没有出现严重的以至于令人担忧的生态危机。当然,这是由以手工业小生产和自然经济为标志的原始人类和古代人类的生产生活方式决定的。地球上相对较少的人口,尚不发达的生产力和崇尚自然的经济方式,使得人类与自然环境的关系处于原始和谐的状态。古代教育以手工业生产和自然经济为基础,其教育体系也和农业文明时代相一致。

19世纪的工业革命开创了人类历史的新纪元,世界教育也开始了超越古代阶段的历史性大变革，形成了和工业文明相一致的现代教育体系[1]。诚然，伴随着人口的爆炸性增长和人类对地球影响规模的空前扩大，在以大工业生产和市场经济为标志的现代人类的生产生活方式下，大工业生产对科学技术的运用和市场经济对人们物质需求及欲望的强大刺激和驱动，推动了现代人类对自然资源与环境的破坏性开发和不合理的利用。特别是从20世纪中叶以来，伴随着第三次工业技术革命的发展和世界经济工业化、市场化进程的加快，造成了从局部到整体、从区域到全球的生态危机，如全球性的气候变化，臭氧层耗竭与破坏，生物多样性锐减等。这些生态灾难不同于历史上曾发生的各种自然灾害，如洪水、地震、火山爆发等，它是大工业生产和市场经济为基础的现代历史的产物，是由于人类不合理的生产生活方式，而对自然资源与环境破坏性开发和利用产生的人类与身外自然关系恶化的结果。生态学研究认为，人类和其他生物一样，生活在特定的生态环境之中，地球生物圈就是人类赖以生存和繁衍的最基本、最重要的生态系统。人类在地球生态系统中扮演着双重角色，即人既是自然的组成部分，受到自然的制约，同时，它又是自然的主宰，对自然生态系统产生巨大的影响。人类虽然无时无刻不在改造和影响着地球的生态系统，但是却又不能脱离地球的生态系统。一旦地球的生态系统遭到严重的破坏以至于不能通过自我调节而修复，人类将像其他生物物种那样从地球上消失，最终陷于灭顶之灾。生态学家呼吁，地球的生态系统正在遭到空前的破坏，生态危机已经超越局部区域而具有全球的性质，威胁着全人类的生存和发展。

生态危机的产生引起了人们的普遍忧虑和不安。20世纪60年代初，美国海洋生物学家蕾切尔·卡逊发表了《寂静的春天》这部具有划时代意义的绿色经典著作，被列为“改变美国的书”名录，成为人类生态意识觉醒的重要标志[2]。1972年，联合国人类环境大会在斯德哥尔摩召开，发表了《人类环境宣言》与《世界环境行动计划》，并提出了可持续发展这一术语。1980年发表的世界保护大纲中明确提出了可持续发展的概念。

① 邢永富. 世界教育的生态化趋势与中国教育的战略选择[J]. 北京师范大学学报：社会科学版，1997(4)：70–77.

② 段昌群.生态学教学理论探索与实践——21世纪大学生态学教学内容优化及课程体系建设[M]. 北京：高等教育出版社，2001：212.

1987年联合国环境与发展委员会在向联合国提交的《我们共同的未来》的报告中，又给出了可持续发展明晰而简洁的定义。1992年在巴西里约热内卢召开的由183个国家和70多个国际组织参加的联合国环境与发展大会通过的一系列决议文件，特别是《21世纪议程》使可持续发展逐步由概念的规范走向实际的操作。可持续发展已成为世界发展的潮流和趋势，为全球所关注，为越来越多的人所接受并逐渐成为世界各国的共识，上升为全人类共同的发展战略。在全球生态危机日益加剧和可持续发展理念日益成为全人类共识的背景下，生态教育应运而生。

二、世界生态教育的发展历程与现状

世界生态教育的兴起归因于全球范围的生态觉醒。世界生态教育始于20世纪70年代。自1972年以来，联合国环境规划署和教科文组织在生态及环境保护、教育方面召开了一系列国际会议，从而为全球生态教育起到极大的推动作用。近几十年来，国际上兴起的生态经济、生态科学、生态政治、生态法律、生态文化、生态伦理等，就是这种努力的具体形式和实际措施。与此同时，伴随着生态危机的蔓延和加深，世界上也兴起了一场生态教育运动，又称绿色教育运动。

1972年6月5—16日"联合人类环境大会"在瑞典斯德哥尔摩召开，有114个年国家和地区的代表参加。这次会议提出了"只有一个地球（Only One Earth）"的口号，发表了《人类环境宣言》和《人类环境行为计划》，认为"教育是环境发展过程的核心"，这次会议的一个重要贡献是加大了对环境教育重要性的认识和提升了环境教育在国际中的地位。因此，可以说联合国人类环境大会既是国际环保事业的出发点，也是国际环境教育事业的出发点。

这次大会还促成了1975年联合国环境规划署的成立，它与联合国教科文组织一起于同年设立了国际环境教育计划。确立于1975年联合国教科文组织和环境规划署国际环境教育规划司在贝尔格莱德召开会议。

1975年10月13—22日，联合国环境规划署和联合国教科文组织在原南斯拉夫首都贝尔格莱德共同主持召开了来自60个国家96位教育专家参加的“国际环境教育研讨会”(又称贝尔格莱德会议)。该会议原本是预定于1977年在苏联第比利斯召开的“政府间环境教育会议”的准备会议。在会上制定了《贝尔格莱德宪章——为了环境教育的全球规模框架》。该宪章由环境的状况、环境教育的状况、环境教育的目的、环境教育的目标、环境教育的对象和环境教育的指导原理六部分构成。在国际环境教育史上,该宪章首次提出了全球规模的环境教育基本理念和框架,并达成了共识。因此,它是一个具有深远历史意义的重要原典性文献。

1977年10月14—26日,在苏联格鲁吉亚共和国首都第比利斯,由联合国教科文组织和联合国环境规划署共同主持召开了来自66个国家参加的“政府间环境教育会议”(又称第比利斯会议)。这是历史上第一次政府层次的国际环境教育会议。联合国教科文组织将会议成果总结为《最终报告》,并于1978年4月在巴黎发表。

报告中最引人注目的可以说是“会议宣言及建议”。其中,会议宣言明确指出了环境教育的作用、性质和特征等。会议建议由环境教育的任务和目标及指导原理(建议1–5)、国家水平的环境教育发展战略(建议6–21)、国际协作与地区协作(建议22–41)三大部分构成。其中,建议1指出了环境教育的基本目的及实现措施等。建议2指出了环境教育的目的、目标(意识、知识、态度、技能和参与)和指导原理。建议3指出了将环境教育融合在一般政策中应采取的措施等。概言之,该建议明确规定了环境教育的任务、目的、目标、指导原理以及国家水平的环境教育发展战略等,确立了国际环境教育的基本理念和体系。

尽管这个基本理念和体系继承和沿袭了贝尔格莱德宪章的基本思想,但因这次会议是政府层次的专门性国际环境教育会议,与贝尔格莱德会议只是专家水平的准备会议不同,所以,会议宣言和建议中所确立的国际环境教育的基本理念和体系也是政府水平的。换言之,在国际上一般认为,第比利斯的会议宣言和建议是国际环境教育基本理念和体系的基准。也正因如此,该宣言和建议受到了各国高度评价,并成为许多国家推进环境教育事业发展的基本方针。

甚至直到今天,第比利斯会议和以此为基础的一系列出版物仍在为许多国家环境教育的发展提供蓝图和框架。

1980年由国际自然与自然资源保护联合会(总部在瑞士)、联合国环境规划署和世界野生动物基金合作发表了著名的报告书《世界自然保护大纲》(World Conservation Strategy,略称WCS)。该报告书强调指出了环境和发展相互依存的关系。1987年4月,“环境和发展世界委员会”向联合国提交了报告书《我们共同的未来》(Our Common Future)。该报告书最引人注目的观点是明确提出了环境和发展两立的新方法论,提出可持续发展的概念。“可持续发展”强调既不损害满足后代人要求的可能性和能力而又满足当代人需要的发展,着重指出了要重视和加强全球性相互依存关系以及发展经济和保护环境之间的相互协调关系。自此,“可持续发展”概念便问世并逐渐传播开来。

综上,国际会议和环保运动推动了环境教育思想和可持续发展思想,而这正是生态教育思想的前身。由此,我们也可以推断,以上的这些会议间接地推动了生态教育思想的发展。而里约热内卢的联合国环发大会和《21世纪议程》则直接推动了生态教育思想的产生。

为纪念联合国人类环境会议召开20周年,1992年6月3—14日,在巴西首都里约热内卢召开了由180个国家代表参加的“联合国环境与发展大会”(又称地球高峰会议或全球首脑高级会晤),这是人类历史上空前的关于可持续发展的国际环境会议。会议采纳了著名的“里约宣言”(27项原则)及其行动计划《21世纪议程——为了可持续发展的行动计划》,以及《气候变化框架公约》、《生物多样性公约》和“关于森林保护的原则声明”。可以说,《21世纪议程》为人类奔向可持续发展的光明大道指明了方向和措施。它由40章构成,其中,第36章“促进教育、公众认识和培训”提出了三项行动计划:“面向可持续发展而重建教育”、“增进公众认识”和“促进培训”。也就是说,《21世纪议程》第36章为教育(包括环境教育)提出了新目标、新课题和新任务——构筑和推进可持续发展教育。为明确、普及和推进可持续发展教育之理念,落实《21世纪议程》第36章的各项规定,作为任务主管机关的联合国教科文组织承担着特殊的责任和使命。

1994年,为推动《21世纪议程》的落实,“地球议会”(Earth Council)成立。1995年,地球议会在海牙举办并在哥斯达黎加的圣荷西市筹组了“地球宪章计划”秘书处,以便开展地球宪章运动,开始收集各地区、各个领域的建议，以制定“地球宪章”。

《地球宪章》在1997、1999年分别公布不同草案，以广泛收集意见。教育领域也深受影响。为推广地球宪章的基本理念，地球宪章有四大基本理念：“其一，尊重生命，看守大地；其二，维护生态系统的完整性；其三，社会正义与经济公平；其四，民主、非暴力和和平。”

位于巴西的“保罗弗莱雷中心”接受地球宪章与联合国教科文组织的支持，进行生态教育学项目（Ecopedagogy Progamme）的研究，并在1999年8月举办“从教育视角看地球宪章的国际会议”（International Meeting of the Earth Charter in the Educational Vision）。与会不少人士提出和生态教育理念与实践的相关的探索，虽然未有定论，但是基本上一致肯定生态教育思想目标旨在发展“地球公民素质”和“生态素养”，因此，生态教育思想的雏形在20世纪末已然浮现①。

《贝尔格莱德宪章》和《第比利斯宣言》两个文件是世界生态教育的重要纲领性文件，后者对生态教育的目的、任务、对象、内容甚至教材、教具、教学原则和教学方法等均作了一定规范。欧洲各国、美国、苏联以及其他发达国家对生态教育十分重视，在综合性大学中的本科教育中普遍开设了有关生态学方面的普及课程，在中小学、中专技术学校、高等本专科院校中，展开了一场广泛深入的生态教育热潮。有些国家还颁布了环境教育法，使生态教育成为法定的教育。

1987年联合国教科文组织在莫斯科召开了国际环境教育培训大会，讨论并制定了国际生态教育和培训计划，这项计划从经济、社会、文化、生态、美学等不同角度，全面阐述了生态教育的内涵，倡议将20世纪最后的10年定为“国际环境教育的十年”。1992年召开的联合国环境与发展大会上通过的《21世纪议程》中有一章专门论述环境及生态教育问题，生态教育首次登上世界政府首脑会议，这标志着生态教育在国际上已进入大发展的重要时期。世界生态教育正朝着全民教育、全程教育和终身教育发展，教育生态化的新时代已见端倪②。

① 徐湘荷. 生态教育思想研究[D]. 济南：山东师范大学，2012.

② 温远光. 世界生态教育趋势与中国生态教育理念[J].高教论坛，2004(2)：52-55.

第二节 国外生态教育的研究成果——美国案例

美国人非常重视在校园进行生态教育，他们设计了特色鲜明、形式多样的活动使教育生活化、生活课题化。他们认为这样做的益处是很多的。首先，学生无论是在了解自然界还是在追求、探索知识方面，这些活动都能引导、激励学生严肃地思考他们周边的世界，了解各部分的联系。其次，生态教育生活化和生活课题化能培养学生积极发现问题、解决问题的能力，引导学生尊重解决问题时出现的不同观点。第三，生态教育生活化能让学生发现许多概念是真实和具体的，有助于激发学生的好奇心和科研兴趣。解决真实的问题，管理、观察和研究真实的生态，这些都能扩张学生学习和参与探索研究的欲望和内需。这一切都有利于培养学生的创新精神、提高学生的实践能力和生态环保意识。

一、探究性学习活动生态教育案例

下面将通过十一个典型的生态探究性学习活动详细介绍美国校园探究性学习活动生态教育是如何开展的。

（一）了解自己周围环境的活动

早期矿工进矿、下井时常常带上金丝雀。这种鸟对毒气反应很快。在矿工中毒之前，金丝雀就能做出反应，对于危险情况能及早发出警报。大自然也不时地给我们发出一些预警信号。如过度放牧之后出现的土地沙化、生态系统的崩溃，水污染后水生植物、动物群落的变化。然而经常的情形是，生态系统的恶化不易被人们觉察到。美国学校让学生就地取材，收集一些生态系统类型的图片，编制介绍当地树木或者其他植物或动物的目录，了解并反映当地的环境问题，并经常与生活在其他环境中的学生进行资料交流，对比各地环境差异和各自探索的结果。

（二）监测、预测和橱窗展览

生态系统虽然在不断地循环变化，良好生态系统中的动植物和其他成分却能进行自我调节，以适应各种变化和危机。正如放掉了气的篮球一样，受到破坏的或行将毁灭的生态系统往往就失去恢复活力的能力。人类极大地改变了自己的生存环境，深刻影响了生态系统的自身适应能力和自我恢复能力。人类面临的挑战就是要找到一种办法，这种办法既能满足人类的需要，又能不逾越生态系统所承受的自然极限。

美国很多中小学让学生把学校附近地区生物与非生物的图片陈列在橱窗里。让学生经常去观察学校附近地区的情况，找出生态系统中的其他构成成分，不断丰富、增补陈列内容。他们让学生调查古人使用动植物的方式。与几千年或几百年前的人相比，我们今天还是不是使用同样的动植物?现代人是不是更多地依赖动植物?为什么?调查当地过去和现在的动植物，“监测和预测”这个生态系统将来的前景。

毫无疑问，这种对生态系统的“监控和测评”不仅为资源管理者或社会发展决策者不断提供了反馈信息，而且它让学生了解了有关管理行为产生的效果，了解了管理行为与生态系统长期稳定之间的关联。这有利于改进生态系统管理，使管理有适应性，更有利于对管理进行修正，从而避免“环境列车失事”(“environmental trainwrecks”)。

(三)研讨并写出自己在食物网络(Food Web)中的地位

教师让学生记录自己二十四小时之内吃的一切食物，研讨这些食物的产地。研究并明确生产者(producers)、消费者(consumers)和分解者(decomposers)。生产者指通过光合作用，利用光能生产食物的生物；消费者是以食物生产者或其他消费者为食物的生物；分解者是指通过分解死亡的有机物为营养物来获取食物的有机物。以分析一餐饭为例，这顿饭由莴苣、金枪鱼、三明治、一杯蘑菇汤、一块巧克力面包和一杯苹果汁组成。研讨后学生认为：金枪鱼，来自海洋，是消费者;面包中的谷物、莴苣及苹果生长在世界各肥沃地区，是生产者;蘑菇既是经济作物又能生长在野外，是分解者；巧克力，由热带地区的可可种子制成，也是生产者。

(四)观察、描述群落变化的活动

生态系统就像一个个群落(communities)一样，存在着不同的层级

(scales)。有小的“群落”如一个池塘里相互影响的生物和非生物,也有如流域(watersheds)一类的较大的“群落”。从大范围来看,整个地球上的生物和非生物都在相互作用。在自然环境中,在植物、动物和人们相互依存的地方,到处都有生态系统。一个层级里各要素生态的变化会不同程度地影响另一层级的生态状况,发生连锁反应。

下面活动的目的是让学生观察并描述一段时期某个群落的系列变化。首先,在坛中放入5厘米厚的泥土,注水到7.5厘米的深度。把坛子放在窗台上,敞开坛口,让坛中的东西沉淀一晚上。其次,在坛中种植一水生植物。不要补充或更换坛中的水,任其蒸发。第三,每周两次向坛中加入三至四粒种子。只要坛中有水,这些种子就会发芽,然后死亡。第四,坛中的水蒸发完之后,继续加入种子,随着水分的蒸发,坛中会形成温暖、干燥的“气候”,最后坛中的水生植物就会死亡,这时的环境非常适合种子的生长发育。第五,像下小雨一样,给坛加水。学生观察、描述他们“小水池”所发生的一切,分析植物生存和死亡的原因,写出通过观察群落变化而获得的生态知识。

(五)设计方案

生物多样性(biodiversity)是形成良好生态系统的重要组成部分。多样性指一个特种内植物或动物的多种多样,指生物物种本身的多种多样,指生态系统的多种多样。多样性能提高物种适应、应变不断变化着的环境的潜能。因为动、植物资源给我们提供产品和服务,尤其是遗传基因库,生物多样性对农业、医药、工业、人类健康、科学等非常重要。因此,动植物的多样性直接关系到人类自身的幸福。

于是美国学校就让学生自主设计一个促进校园生物多样性的方案。让学生研究本地区特有植物,研究这些植物怎样为当地动物提供栖息地(habitats)。让学生通过种植本地植物来改善校园生态系统。

(六)熟悉微生物环境、讨论食肉与被食肉者(Predator-prey)的关系

有些学校因时因地,让学生采用合适的研究办法,考察不同的微生物

环境。如考察一片林区，一块青草坪，或者考察学校附近常有人去的地方。考察这一地区的微生物，记录下这一地区学生遇见的所有生命形式，分小组讨论考察研究的结果。讨论：哪些因素影响植物的繁盛？哪些因素使生态缺乏多样性？最后让学生做出结论，写出研究报告。

有些学校让学生思考一种生物没有天敌时，生态系统所受到的影响。如有学生查阅文献了解到20世纪初，澳洲引进兔子，由于没有天敌，兔子繁殖极快，取代了当地的一些动物物种。

（七）模拟生态系统（Making a Model of An Ecosystem）

让学生准备活动材料：小植物，如羊齿植物（ferns）或有蔓植物（vines），砂砾（gravel），泥土，水，蟋蟀（crickets），麦片，木炭，小石子，小蜥蜴，取暖灯，小水杯，有盖的玻璃水缸。让学生参与活动过程：把水缸放在明亮处，但不要放在阳光直射的地方。在水缸底部铺上2.5厘米厚的砂砾和木炭，盖上三四厘米厚的一层泥土。加入一些石子。种上植物，喷上一点水保持潮湿，放入小水杯和小蜥蜴。每周在玻璃缸中放入四只蟋蟀，分两次投入。放进两块麦片，每周一次。根据需要，可洒点水。打开取暖灯，给小蜥蜴保暖。让学生记录这个生态系统中每天所发生的一切。观察一学年，让学生写好活动总结：让学生根据自己的观察记录，描述生态系统的级别、联系、循环变化，描述生态系统的多样性和生态平衡。

（八）模拟“酸雨”的活动、体验清理“石油污染”工作的艰辛

把同一种类的阔叶植物分成甲乙两组。让学生用清水（plain water）浇洒甲组三棵植株，用浓度分别为5%、25%和50%的醋酸溶液浇洒乙组三棵植株，每天一次。坚持一到两个月，学生每天定时观察、记录植株所产生的变化。最后学生记述酸雨（acid rain）对阔叶植物（broad-leafed plants）的影响。

在一个煎锅里放上小石头，组成海岸线。倒入半锅有颜色的水，然后加入10毫升色拉油。轻轻拍打锅中的水，让石头变湿。让学生使用各种不同的材料，如棉球、洗涤剂、纸巾等来清除油污。让学生描述清污工作的困难和自己所付出的劳动。

(九)探　源

人类是地球生态系统中不可分割的部分。人类社会的生存与生态系统的良性发展密切相关。像所有的生物一样,人类必须利用资源。从我们呼吸的空气到吃的食物、喝的水、穿的衣服和住的房子,我们进行物质资料的生产,如建立通讯网络,我们都得消费资源来维持生存。美国教师让学生思考自己家中有没有不是从地里长出来的东西,有没有不是从地里采掘出来的东西。自然资源通常是一个国家经济的支柱。而这一事实却常常被人们忽视。生态系统管理的目标就是合理地、有智慧地运用资源,确保人类未来有可利用的资源。

在美国,许多学校让学生把某一天他们所利用和消耗的资源全部列出。让他们追根究源,找出这些资源在生态系统中的起源地。

(十)"预防"(Prevention)课题系列

采取预防措施(preventive measures)可以在出现不良后果之前避免灾害、危险或者潜伏的冲突。学生开展的探究课题有:工程学的手段种植遮阳树;使用太阳能与环境保护;徒步行走小路与减慢水土流失的设计;破坏古迹的行为、危害及阻止方法;生物防治有害杂草的蔓延和病虫害;动、植物的天敌的保护;适合于当地自然、社会条件的栽培管理技术的确立;休耕、轮作的推广;超载放牧、掠夺地力的状态的改变;土地得以休养生息和恢复系统功能的研究;等等。

(十一)"改良治理行动"主导课题及子课题

"改良治理行动(remediation)"课题组主要探究被称为"重建行动"的内容和方法。课题组认为,改良治理行动它能减少有害活动的影响,能修复和改善被破坏的地方。这一主导课题下又有许多子课题。如文献调查:藻类新技术治理原油溢出(使用藻类新技术减少原油溢出对生态系统和野生动植物的危害),微生物或植物恢复矿区土壤的生产能力(微生物或植物能浓缩或分离重金属,依靠它们就可以恢复矿区土壤的生产能力);行动研究:牲畜的饲养喂食方式与草地生态(改变牲畜的饲养喂食方式能让遭受破坏的草地生态得到休养生息，能让固定河岸的植被得到培育和优化）；与科学家对话：开发增强植物的光合效率，重建森林生态系统研究（引进对当地适应性强的树种，确立多样化的生物生产体系）；等等[①]。

二、“2011全民绿色周”生态教育活动案例

环境教育是生态教育不可或缺的一部分，美国中小学的环境教育一直走在世界前列。2011年初，美国绿色教育基金会（Green Education Foundation，简称GEF）发起了“2011全民绿色周”活动（National Green Week 2011，简称NGW）。这是一个免费的教育活动，它从2011年2月7日起，一直持续到2011年4月22日（世界地球日）。全美的各中小学可在这个时间段内选择任何一周参加。该活动的主要目的是：①通过鼓励教师和学生讨论环境问题，让学生思考自己能在保护宝贵资源上做出什么与众不同的事情；②让学生知道一些简单的行为，如及时关灯、调整室内恒温器、拧紧水龙头等，最后能节约一大笔资源；③让学生通过亲身实践对全球环境问题及解决措施进行全面的、批判性的思考。“2011全民绿色周”活动还为不同年级的教师开展环境教育提供了具体的活动专题，它们包含在基于国家课程标准的科学、数学、语言艺术、社会研究和创作艺术课程之内[②]。

（一）“2011全民绿色周”活动的背景

工业革命以来，随着科学技术的进步，美国经济突飞猛进。美国人在享受经济发展带来的高物质水平的生活时，由于对自然资源及生态环境不合理地开发和利用，导致美国的自然生态环境遭受了前所未有的打击，产生了一系列的环境问题。美国人口只占世界的7%，却消费掉全世界50%～70%的资源，而且美国是世界上第一垃圾生产国，平均每人每年产

① 王少君，张雅林．“教育生活化、生活课题化”的实践——美国校园生态探究性学习活动简介[J]．全球教育展望，2002(3)：41-43.

② Green Education Foundation Announces National GreenWeek2011［EB/OL］. [2011-02-09]. http://www.naesp.org/green-education-foundation-announces-national-green-week-2011.

生1 609磅垃圾[①]。除了资源消耗严重、废弃物垃圾多等问题以外,美国的空气污染、水污染、酸雨等环境问题也相当突出,严重危害了美国人的身心健康。为此,美国政府积极寻求解决问题的途径,其中最重要的就是开展环境教育。为了有效地解决环境污染问题,教育国民保护环境,美国在1970年10月通过了世界上最早的《环境教育法》,试图以法律的手段保障并促进环境教育课程在各级各类教育中的开发、实施、评价与普及。这部法律颁布后,美国环境教育盛行一时,各中小学积极开设专门的环境教育课程或在原有的课程内容中渗透环境教育。经过不断的努力,环境教育在中小学课程体系中得到认可。为了更进一步开展环境教育,美国国会在1990年11月颁布了《国家环境教育法》,对环境教育的实施方案、管理及资助等方面做了详细的规定,此法案的颁布使美国环境教育进入了新的发展阶段。《国家环境教育法》实施后,为有效推动美国中小学环境教育的开展,提高环境教育的质量,美国各环境保护协会、基金会及一些非盈利性社会组织等相继制定和推广了一系列的环境教育发展计划,取得了良好的效果。在美国政府的积极倡导及社会各方力量的共同努力下,目前美国中小学的环境教育体系已非常完备。

奥巴马上台执政后,对美国的环境教育也非常重视。在2011年1月的国情咨文演讲中奥巴马指出:"在推进绿色能源战略上,美国要争取到2035年时,国家80%的电力来源于干净的能源渠道;要实现美国对风能、太阳能、核能及天然气等资源的综合运用;要赢取未来的胜利,就必须在教育方面先发制人。"[②]可见,美国政府对环境保护和教育极其重视。为响应总统的号召,也为了迎接2011年世界地球日的到来,GEF发动了以中小学为主要参与对象的"2011全民绿色周"活动。各学校在参与该活动的时间、方式及内容等方面都有较大的自主权,这为活动取得较好的环境教育效果奠定了一定的基础。

① Green Education Foundation. National Grid&Green Education Foundation Present Green Energy Challenge[EB/OL]. [2011-02-17]. http://www.greeneducationfoundation.org/index.php?option=com_content&view=category&layout=blog&id=159&Itemid=509.

② Green Education Foundation. Green Education Foundation Announces National Green-Week2011 [EB/OL]. [2011-02-09]. http://www.naesp.org/green-education-foundation-announces-national-green-week-2011.

(二)“2011全民绿色周”活动的具体内容

GEF要求,凡参加“2011全民绿色周”的中小学首先要在指定的网站上报名,注册成功后方可参与此次活动。为了便于各学校之间交流环境教育经验,GEF开办了“网络社区”(Online Community),各参加学校可以上传本校参与环保的图片、视频、诗歌、文学作品等,使参与学校可以相互学习、取长补短。此外,为了增加活动的吸引力,GEF还创设了“绿色行动奖”(Green-in-Action Award)来激励那些有创意、有环保教育价值的个人或团体。“2011全民绿色周”活动的内容是相当丰富的,主要包括:“校园无浪费快餐项目”、“绿色能源项目”、“园艺能手项目”、“绿色建筑项目”、“回收利用项目”、“绿色运动项目”等。学校可从中选取任何一个感兴趣的内容参加[①]。鉴于篇幅,本书只就前三个活动项目进行说明。

1.校园无浪费快餐项目(Waste-Free Lunches&Snacks Program)

如今,美国平均每人每天产生3.5磅垃圾,如此惊人的数字,使GEF启动了美国历史上最大的以中小学为主体的垃圾减排项目。在此活动中,GEF强烈提倡广大中小学生把带到学校的快餐或饮料放在可以保鲜的容器内,以减少校园中不必要的快餐垃圾。该活动的目标是通过全美中小学的共同努力,在仅仅五天的时间内要减少50万磅的垃圾。GEF为学校提供的具体操作程序如下:首先,在活动开展前,各班要指定一名“绿色环卫工”(Green Keeper),主要负责收集班级的快餐垃圾,然后把从教室回收到的垃圾放到学校指定的垃圾回收处,校方负责称出全校快餐垃圾的总重量,以此推断出学校一周快餐垃圾的平均量;其次,用“致家长的一封环保信”通知家长此项活动,并告知他们在此项目中的角色及作用,以便家长能提前为学生准备一些不易产生垃圾的快餐;再次,要求学生带到学校的是能放在保鲜盒子里且不易产生浪费的快餐。因此,不提倡学生使用有外包装盒的快餐、一次性杯子或饮料瓶;最后,用活动开展前测量快餐垃圾相同的程序,测出活动结束后全校的垃圾总数,并把测量结果通

① Green Education Foundation. National Green Week Overview[EB/OL]. [2011-02-12]. http://www.greeneducationfoundation.org/index.php?option=com_content&view=article&id=127:national-green-week-overview&catid=57:overview&Itemid=233.

知给学生及家长，让他们反思活动取得的效果。活动结束后，各学校将节约的快餐垃圾数量反馈给GEF。4月22日，GEF在网站上公布全美中小学活动期间所减少的快餐垃圾总数。

2.绿色能源项目（Green Energy Program）

"绿色能源项目"主要是教给学生审查学校或家庭能源浪费情况所需要的知识和技能，让学生知道平时注意一些简单的行为举止就能提高学校能源利用效率，减少能源浪费。按照美国能源部的估算，学校仅仅通过采取简单的能源节约措施或更新校园设备就能在能源花费上节约50%，如果只减少25%的能源消费，那么也将节省15亿美元，这是一个非常令人震惊的数字。这些节约下来的钱可用来支付3万名新教师的工资，买4 000万本教科书或几十万台电脑[①]。为此，GEF鼓励广大中小学积极参与此项目，目的就是在教师的指导下，学生通过检查教室、走廊、食堂、机房、停车场、洗手间等地方能源的浪费情况，找到相应的解决措施，争取使学校的物业账单减少5%[②]。学校参与项目的方式是多样的，如可以组织学生检查校园内各设施的水电浪费情况；开展一个关于绿色能源的游戏；给同学们读一本关于能源节约的书；使用GEF提供的基于标准的绿色能源专题[③]。GEF为此项目提供了31个专题，其中幼儿园至2年级、3—5年级及初中分别为10个、12个和9个[④]。这些专题的实施程序都非常详细、具体且操作性很强。下面以GEF为3—5年级提供的"什么时候我们在浪费水"的专题为例，简要说明此专题的教案设计[⑤]。

① Green Education Foundation. National Grid&Green Education Foundation Present Green Energy Challenge [EB/OL]. [2011-02-17]. http://www.greeneducationfoundation.org/index.php? option=com_content&view=category&layout=blog&id=159&Itemid=509.

② Green Education Foundation. Green School Audits: Overview[EB/OL]. [2011-02-14]. http://www.greeneducationfoundation.org/index.php?option=com_content&view=article&id=588:green-school-audits-overview&catid=49:green-energy-challenge&Itemid=61.

③ Green Education Foundation. Welcome to the Green Energy Challenge[EB/OL]. [2011-02-28]. http://www.greeneducationfoundation.org/index.php?option=com_content&view=article&id=873&Itemid=368.

④ Green Education Foundation. Green Energy Challenge: All Lessons[EB/OL]. [2011-03-06]. http://www.greeneducationfoundation.org/index.php?option=com_fjrelated&view=fjrelated&id=116&Itemid=96.

⑤ Green Education Foundation. When Are We Wasting Water[EB/OL]. [2011-03-03]. http://www.greeneducationfoundation.org/index.php?option=com_content&view=article&id=428:when-are-we-wasting-water&catid=85:grades-3-5&Itemid=61.

第一，课程目标：①学生能养成节约用水的习惯，知道保护环境；②能辨别有关容积的测量单位及它们之间基本的变换方法；③能说明健康的行为能预防疾病，懂得保护健康。

第二，进行专题实验时所需的材料主要包括：①“正确的洗手方式”的宣传资料；②“我们在浪费水吗？”的专题表格；③水桶；④洗手液；⑤测量杯；⑥毛巾；⑦秒表；⑧铅笔。

第三，实验操作程序：①把全班同学分成两组，在实验的第一阶段，一组学生是洗手的人，另一组是时间记录员及监督人；②在实验的第一阶段，将水桶放在水龙头下面，目的是当学生洗手时，洗手水能全部流到水桶里。洗手组学生洗手时，水一直流着，实验结束时，用测量杯盛出收集在水桶的所有的水，记录测量杯的数量；③第一阶段实验结束后，教师负责分发“正确的洗手方式”的宣传资料，和学生共同阅读，并给学生解释按正确的方式洗手不仅是为了健康，也是为了对比实验前后的结果；④在第二阶段实验开始时，两组学生互换角色，实验操作程序与第一阶段相同，只不过在此阶段，要按正确的洗手方式操作，当搓手时关掉水龙头20秒。实验结束后，再次把水桶的水全部盛在测量杯里，记录此时测量杯的数量；⑤实验全部结束后，每组学生使用实验收集到的数据完成“我们在浪费水吗？”这张表格，对比实验前后测量杯数据的差异。

第四，实验结束后，全班共同完成三项内容：①每组学生将实验结果报告给全班同学，并记录下这些信息；②通过对比实验前后测量杯数据的差异，让学生计算全班同学都在那20秒搓手时间内关掉水龙头，所能节约水资源的数量；③让学生讨论每天平均洗手的次数，如果按正确的方式洗手，计算每天能节约的水资源数量，以此类推，一周、一个月甚至一年所能节约的水资源数量。

第五，教师在讲授该专题时，可以拓展的内容有：①让学生思考刷牙时如果关掉水龙头，每天能节约多少水？（大约3加仑）；②洗澡时，如果每天少洗一到两分钟能节约多少水？（研究显示，每月大约节约700加仑）；③让学生讨论为了健康更好、更干净地洗手重要，还是为了节约用水快速地洗手重要。对于这些拓展的内容，教师可以自由选择，专题的实施具有很大的灵活性。

3.园艺能手项目(Green Thumb Progrom)

"园艺能手项目"是GEF发动的美国历史上最大的以班级为单位的园艺活动,号召全美中小学在2011年春季种植一万株园艺植物[①]。学生可以种水果、种花或种蔬菜;可以在室内种植也可以在室外种植;可以种在花盆里还可以种在罐子里,GEF是想把园艺作为一种教学手段,敦促学生通过亲自实践来探索园艺的奥秘。GEF为"园艺能手项目"提供了39个专题,这些专题是按年级、科目、课程目标、学习标准等设计的,参与学校可参考这些专题开展此项目。

"园艺能手项目"的目的是使学生享受园艺活动带来的健康与快乐。具体目标主要有三点:①促使美国学生在营养与健康上养成良好的习惯;②通过亲自参加园艺活动,使学生与大自然联系起来;③让学生参与到解决国内及国际饥饿问题中去。[②]

参与"园艺能手项目"的具体程序有以下五步:①参与者要确定目标,必要时可组成活动团队;②选择恰当的园艺场所;③检查园艺工具、植物种子等可利用资源的情况;④预算花费;⑤制定出一个从播种、浇灌到收获的持续的计划表。GEF为其中每一个参与步骤都提供了详尽的说明。[③④]

① Green Education Foundation. Green Thumb Challenge [EB/OL]. [2011-03-16]. http://www.greeneducationfoundation.org/index.php?option=com_content&view=category&layout=blog&id=97&Itemid=289.

② Green Education Foundation. Green Thumb Challenge Overview[EB/OL]. [2011-03-12]. http://www.greeneducationfoundation.org/index.php?option=com_content&view=category&layout=blog&id=134&Itemid=290.

③ Green Education Foundation. Green Thumb Challenge-How to Participate[EB/OL]. [2011-03-09]. http://www.greeneducationfoundation.org/index.php?option=com_content&view=category&lay-out=blog&id=113&Itemid=309.

④ 胡林林,蔡敏. "2011全民绿色周"活动:美国中小学环境教育的新举措[J]. 外国教育研究,2012(1):36-42.

小　结

本章按照时间顺序介绍了世界生态教育的产生过程以及目前的发展情况，可以说，从生态教育思想的产生到生态教育的蓬勃发展经历了一个既曲折又漫长的过程，现如今，人们充分意识到生态教育对于可持续发展的重要作用，因此世界各国展开了形式多样、丰富多彩的生态教育活动。本章以美国为例，通过美国的两个详细的生态教育案例向读者展示了生态教育在国外的开展情况，旨在给我国教育工作者一些启示和借鉴，从而更好地开展我国的生态教育工作。

参考文献

[1] 段昌群. 生态学教学理论探索与实践——21世纪大学生态学教学内容优化及课程体系建设[M]. 北京：高等教育出版社，2001.

[2] 冯杰，高继璐. 美、德、日环境教育特点比较[J]. 环境保护，2011(14)：72-73.

[3] 冯星辰. 感悟美国生态保护[J]. 生态经济，2008(1)：68-69.

[4] 胡海建. 日本创价生态教育论[J]. 外国中小学教育，2011(9)：9-12.

[5] 刘继和，赵海涛. 论美国环境教育的价值取向[J]. 比较教育研究，2003(12)：1-5.

[6] 滕海键. 试论20世纪60—70年代的美国环境保护运动[J]. 内蒙古大学学报：人文社会科学版，2006，38(4)：112-117.

[7] 温远光. 世界生态教育趋势与中国生态教育理念[J]. 高教论坛，2004(2)：52-55，59.

[8] 邢永富. 世界教育的生态化趋势与中国教育的战略选择[J]. 北京师范大学学报：社会科学版，1997(4)：70-77.

[9] 徐湘荷. 生态教育思想研究[D]. 济南：山东师范大学，2012.

[10] Green Education Foundation. Welcome to the Green Energy Challenge[EB/OL]. [2011-02-28]. http://www.greeneducationfoundation.org/index.php?option=com_content&view=article&id=873&Itemid=368.

[11] Green Education Foundation. Green Energy Challenge：All Lessons[EB/OL]. [2011-03-06]. http://www.greeneducationfoundation.org/index.php?option=com_fjrelated&view=fjrelated&id=116&Itemid=96.

[12] Green Education Foundation. National Grid&Green Education Foundation Present Green EnergyChallenge[EB/OL]. [2011-02-17]. http：//www.greeneducationfoundation.org/ index.php?option=com_content&view=category&layout=blog&id=159&Itemid=509.

拓展阅读文献

[1] 陈雯兰，邢运凯. 高等教育生态发展的路径分析与设计[J]. 杭州师范大学学报：社会科学版，2012(3)：125-128.

[2] 胡林林，蔡敏. “2011全民绿色周”活动：美国中小学环境教育的新举措[J]. 外国教育研究，2012(1)：36-42.

[3] 季海菊. 生态德育：国外的发展走向与中国的未来趋势[J]. 南京社会科学，2012(3)：130-136.

[4] 李霞. 日本的生态保护教育[J]. 现代日本经济，2000，113(5)：45-47.

[5] 温远光. 世界生态教育趋势与中国生态教育理念[J]. 高教论坛，2004(2)：52-55，59.

[6] 王少君，张雅林. “教育生活化、生活课题化”的实践——美国校园生态探究性学习活动简介[J]. 全球教育展望，2002(3)：41-43.

[7] Green Education Foundation. Green Thumb Challenge [EB/OL]. [2011-03-16]. http://www.greeneducationfoundation.org/index.php?option=com_content&view=category&layout=blog&id=97&Itemid=289.

[8] Green Education Foundation. Green Thumb Challenge Overview [EB/OL]. [2011-03-12]. http://www.greeneducationfoundation.org/index.php?option=com_content&view=category&layout=blog&id=134&Itemid=290.

[9] Green Education Foundation. Green Thumb Challenge-How to Participate[EB/OL]. [2011-03-09]. http://www.greeneducationfoundation.org/index.php?option=com_content&view=category&lay-out=blog&id=113&Itemid=309.

第四章　国内生态教育成果

中国的生态教育几乎与国外同步发展，但发展的广度和深度远不及发达国家。而且我国的生态教育在各地区的发展呈现出不平衡的态势。本章主要从我国的生态教育理念和生态教育的体系建设两大部分介绍我国的生态教育总体发展情况，再通过两个不同地区生态教育的典型案例，俯瞰我国局部地区生态教育的具体展开。

第一节　国内生态教育概述

20世纪70年代开始，我国就开始在北京大学、中山大学等高等院校开办生态学专业和环境保护专业，开始生态教育的专业人才培养。然而，由于传统观念认为生态教育和环境教育仅仅是生物学、生态学工作者的任务，和其他专业，尤其是与文科类大学生无关或关系不大。因此，直到20世纪80年代后期，才在极少数综合性大学中非生物、生态专业学生中开设生态教育选修课。1991年国家教委才开始将“人口、资源、环境”作为高校大学生国情教育的部分内容。至此，我国高等院校才逐渐对大学生的生态教育重视起来。清华大学启动的绿色教育工程，把生态教育列为教学改革的重要环节，这对我国公共生态教育具有里程碑的作用和意义。在生态教育运动的推动下，绿色学校、生态教育基地、绿色网站等像雨后春笋不断涌现，生态教育方兴未艾。和欧洲及美国等发达国家相比，我国生态教育虽然取得了长足的发展，但其发展的广度和深度还相对滞后，全民生态教育还没有受到应有的重视，全社会的生态教育体系尚未形成。

一、中国生态教育理念

在生态危机加剧和人们崇尚生态文明的今天,工业大生产和市场经济条件下孕育的工业文明时代的教育体系已不能完全适应21世纪可持续发展、生态文明时代对教育的全新要求。教育生态化是世界教育发展的必然趋势,代表着人类教育的未来方向。因此,我国的教育必须推行生态化改革,以此推动我国教育事业的生态化发展。

(一)开展全民生态教育

可持续发展和生态文明社会是新世纪人类社会发展的新战略和新目标。这种新战略的健康实施和新目标的最终实现,需要千百万具有生态世界观的生态人的奋斗。而生态人的培养和全社会生态世界观的形成离不开生态教育。生态教育既是全民教育,它关系到全民生态意识的形成,同时又是全程教育和终身教育,它关系到一个国家、一个民族的生态伦理道德和生态行为的培养。生态教育要从娃娃抓起,向全社会普及,重点是政府和企业的决策管理人员以及大中专院校的学生的培养和教育。要像全民普法教育一样,开展全民生态教育。通过实施全民生态教育,提高全社会的生态环境意识。生态环境意识不仅是科学意识和道德意识,也是现代意识和艺术意识的重要内容。全民良好的生态世界观的形成是生态文明的重要标志。缺乏生态环境意识,就不可能揭示和实现人与自然的和谐统一,就不可能正确地实施可持续发展战略,我国正在实施的全面建设小康社会和生态文明社会也只能是一句空话。因此,在全社会广泛开展生态教育迫在眉睫,至关重要。

(二)教育必须适应社会生态化的需要

生态教育是在全球生态危机的背景下产生的,也是社会生态化发展的客观要求。历史证明,教育的发展总是和经济、政治、文化乃至整个社会的发展保持内在一致和历史统一,教育必须适应社会发展的需要。现代社会提出的生态经济、生态政治、生态文化和生态文明正昭示着社会生态化的到来。也就是说人类将把生态学的系统论、协调观、持续性贯彻到未来的经济、政治、文化乃至整个社会的发展过程中，社会的生态化已见端倪。社会的生态化导致了教育的生态化。在未来社会的生态化发展中，不仅为教育的生态化发展提供了现实的社会条件及背景，而且对教育的生态化发展提出了现实的社会需求。在这种情况下，教育必然要适应未来社会生态化发展的需要，致力于自身的生态化改革，并通过自身的生态化为社会生态化发展服务。

（三）加快教育的生态化改革

社会的生态化发展为我国教育事业的改革指出了新的方向，提出了新的要求，而且这个方向和要求更具有根本性、全局性、时代性和前瞻性。教育必须进行生态化改革，以适应社会生态化、可持续发展和生态文明时代的需要。教育生态化改革的重点应该是：教育观念、课程体系、教学体制、教材、教学方法和手段的改革。例如，教育观念的改革就是生态教育不能只局限在生物学、生态学、环境科学专业，在非生物、生态专业中也应开设生态学课程，并作为必修课；生态教育要面向学校教育、社会教育和职业教育；学校的生态教育应该超出本、专科层面，扩展到硕士研究生、博士研究生、中学生、小学生。又如教学体制的改革，我国的高校由于历史的原因，形成了文、理、工、农科，从宏观上导致了学科之间的割裂，影响着学科的交叉渗透，违背了生态上的系统论、整体观。因此，公共生态教育在高校大学生中开展的阻力较大，在全社会普及生态教育更是困难重重。这也是我国生态教育难以形成全民教育、全程教育和终身教育，公民的生态意识也未形成整体意识、全球意识的主要原因。教育的生态化改革任重道远。

（四）建立一支高素质的、生态化的师资队伍

我国的生态教育可以追溯到1937年李继同先生在清华大学生物系首次讲授《植物生态学》。近20年来，我国培养了大批生态、环境专业的专门人才，到2000年为止，全国已有140所高等院校开办了206个本科环境类专业，每年招收环境类本科生5 000多人，在校环境类本科生达2万多人，研究生1 200多人，为中国的环境保护事业做出了应有的贡献。然

而,我国目前的生态学师资力量远不能适应教育生态化发展的要求。因此,必须大力加强高素质的、生态化的师资队伍建设。高等院校固然是我国生态教育型人才培养的重要基地,但是,仅仅如此是不够的。建议从中央到地方、从城市到农村都要建立起生态教育管理培训中心,培训不同层次的生态教育型人才。为把生态教育办成全民教育、全程教育和终身教育提供必要的师资保障,以此加快我国生态教育事业的全面发展。

(五)加强与全民生态教育相适应的新的教材、教学体系建设

生态教育是全民性的教育,教育对象存在广泛的差异性,教育对象在年龄、知识背景、基础、专业、学习时间长短都不尽相同。因此,教育对象的多样性要求生态教育的教材必须是多层次、多样化的。应尽快组织编写、审定、出版发行系列化的生态教材,以满足不同层面人员生态教育的需要。在进行生态教育时,要注意教学内容、形式、方式和手段的层次性和多样性。例如,对在校的各类研究生的生态教育,因其具有较扎实的知识基础和较高的文化素养,生态教育主要以专题、讲座的形式为主;而对于一般公众,则应采取电影、电视、因特网、广播、报纸、墙报、宣传画、音像教材等形式,通过生态教育要求他们掌握基本的生态学常识,树立起基本的生态世界观和较高素养的生态伦理道德观和生态价值观。

(六)建立网络化的生态教育基地

随着教育生态化的发展,我国的生态教育基地建设也取得了较快的发展。在全国各地都建立了形式多样的生态教育基地,为推动全民生态教育,提高公众特别是青少年的生态意识和环境保护意识发挥了积极的作用。然而,我国的生态教育基地建设还存在许多困难和问题,如布局不合理、发展不平衡、典型性和代表性不够强、投入不足、科技含量低、缺乏全面规划和统一有效的管理,生态教育的示范作用和推动作用十分有限。建议对全国的生态教育基地进行统筹规划、合理布局、增加投入、科学管理,使之成为我国生态教育、生态旅游、生态科研、生态产业、生态经

济协调发展的示范基地。高等院校应当成为我国生态教育的重要阵地。

二、我国生态教育的体系建设

(一)生态教育体系建设的基本原则

1.终身教育原则

生态环境是我们周围的客观存在物。作为自然的人,我们的出生、生长、成熟、衰老和死亡的整个生命过程都在客观的生态环境中进行。人的生命离不开生态环境,在生命的过程中人们不断的接触和认识绚丽多彩的自然界。这就需要我们活到老学到老,在生命的过程中探索和总结与自然和谐共处的方法。

2.全民教育原则

生态环境在客观上是联系的、是运动的。一个国家生态环境破坏的后果,将由全世界所有国家一起来承担;一个人对生态环境造成的破坏,也将由所有的人来一起担当。所以,无论你身处何方;不论你是来自农村还是城市,都应该接受生态教育,都应该形成保护地球母亲的生态意识。

3.分阶段实施原则

国民教育是生态教育的主要阵地之一,从农村到城市,从雪山大漠到天涯海角,从白山黑水到彩云之南,全国已经形成了比较完善的国民教育网络体系。针对不同年龄阶段学生的认知能力循序渐进地进行环境保护、绿色生态意识的灌输,不仅符合学生的实际情况,而且能够形成持续的教育效果。

4.区别对待,因势利导原则

区别对待包括两个方面的含义:一是生态教育对不同学历层次的人群应该进行不同的教育,二是生态教育应该针对农村和城镇不同地域采取不同的教学内容和方式。

(二)生态教育体系的基本内容

生态教育是终身教育,又是一项全民教育,根据我国的实际情况,为实现生态教育的全面性目标，应该从学校生态教育和社会生态教育两个方面来构建具有我国特色的生态教育体系。

1. 学校生态教育

（1）幼教阶段：在幼儿阶段进行生态启蒙教育，教育者应利用喜闻乐见的形式让孩子感受花草树木、鸟兽鱼虫的可亲可爱，使他们从小养成亲近自然、热爱自然的良好习惯，为日后进一步认识自然打下基础。

（2）学校教育阶段：少儿阶段（初等教育）实施普遍性生态教育，可在自然、地理、化学、生物、政治等课程中加进与保护生态环境相关的内容，让他们了解自然界形成和演化的一些常识性知识，把握自然的基本规律。结合乡土教育，适当地让学生到大自然中去，体会大自然的意蕴和力量。例如，江苏省无锡市第九中学在生物课的教学中，通过野外观察和采风，引导学生全面的、历史的、发展的看待家乡生态状况，激发同学们通过自己的实际行动来保护家乡的生态环境，收到了较好的效果。

（3）高等教育阶段因其直接承担着向社会输送人才的重任，受教育者的生态意识状况将影响到他们走出校门后对待生态环境的态度。因此，这一阶段的生态教育应具有理论性、系统性，要从哲学、伦理、美学等多学科角度，阐述生态环境与人生存和发展的内在联系，从而使受过高等教育的人能够深刻理解尊重自然，保护自然的意义和价值。应加强在校本科学生生态教育类课程的设置，《生态学》、《人类生态学》等基础课程应该作为公共基础课开设。针对不同背景、不同层次的在校学生提供丰富多彩的生态教育[①]。

鼓励各级学校成立生态学习小组、绿色论坛和绿色社团等学生团体组织，组织专家、学者指导各团体的活动，形成专家带头，学生自我管理、自觉学习的生态教育模式。

2. 社会生态教育

（1）家庭生态教育：家庭是社会的基本细胞，也是个人形成生态意识重要的微环境。家庭是实施生态教育的理想场所，从节水、节能、养花种草、关心家庭环境等身边小事入手，通过家长的示范和引导，形成孩子最初的生态意识。

---

① 文传浩，郭涛，常学秀，等.论我国高校公共基础生态教育[J].生态经济，2001(5)：17-19.

(2)岗位生态教育:在市场经济条件下,企业对生产效益的追求和对环境的保护往往是一对矛盾。通过国家有关法律法规,强化生态环境保护意识在企业主、企业骨干管理人员心目中的地位,通过他们的守法行动影响、教育企业在岗职工。对违反有关法规、无视环境破坏的行为给予严肃处理,同时大力宣传、鼓励在环境保护、维护生态平衡等方面做出突出贡献的企业和个人,给予他们更好的竞争环境和政策倾斜,促进企业、个人的环境保护行为由被动向主动转变。

(3)社区生态教育:社区是现代社会生活的基本单元,是进行生态教育的重要基地。当前,我国的主要城镇、农村都建立了相应的社区网络,应该利用社区在管理、组织方面的有利条件,借助墙报、宣传栏、广播等媒介,通过举行社区主题活动等进行社区居民的生态教育。

(4)大众生态教育:传播媒体具有强大的舆论导向和制约作用,利用这一工具进行广泛的生态意识教育是行之有效的。对危害环境的行为给予揭露、批评;对科学合理利用自然的做法进行宣传;对有效保护生态、利国利民的业绩加以颂扬,最终在全社会形成一种良好的舆论氛围。各级政府及其职能部门,应在生态教育中起到带头作用,利用"植树节"、"地球日"、"爱鸟周"等特殊时段,举办大型知识问答、主题义务劳动等,形成全民动手维护秀美山川的大好局面。利用生态旅游、环保旅游等新兴旅游形式,寓教于游,拓展生态教育的广阔空间。

3.城市生态教育与农村生态教育齐抓共进

城市和农村是社会经济发展形成的两种地域经济综合体。由于所处环境不同,人类利用自然方式不同,人类行为对城市环境和农村环境造成的破坏也是不同的。城市应该以面临的环境问题作为生态教育的生动教科书,充分利用城市"信息中枢"的优势,开展生态教育活动。农村,特别是中西部农村经济条件差,科学技术、信息落后,生存环境较为恶劣。在农村地区进行生态教育,应该结合当地情况,把生态学知识与农民的生产生活结合起来,利用自然界的有关规律和新兴科学技术为农民增收、农村致富和农业发展贡献力量,通过"三农"问题的改善和解决带动农村地区生态教育活动的全面开展。

第二节　国内生态教育的成果展示

生态教育在我国的开展情况呈现地域方面的不平衡。本节将选取我国生态教育蓬勃开展地区的先进案例来展示我国目前取得的生态教育成果,以利于我国其他地区学习借鉴,更好地开展本地的生态教育。

一、浙江省温州市三垟中学"新生态教育"特色纪实案例

浙江省温州市瓯海区三垟中学创办于1972年,是一所公办全日制初级中学。学校坐落于温州生态园核心区域的三垟湿地,毗邻温州大道、瓯海大道,交通便利。学校现有18个教学班,600多名学生,70多名教职工。拥有多媒体教室、阅览室、图书室、舞蹈室、美术室、书法室、劳技室、音乐室、科技室、微机室等专用教室,每个教室都配备了多媒体小平台,其中,4个实验室和3个仪器室均按省I类标准配备。校园环境优美,雕塑别致优雅,是一所集人文景观和自然景观于一体的花园式的现代化学校。

本着"生于斯,长于斯"的本土生态背景,有着"天然氧吧,自然绿肺"之称的三垟湿地,为三垟中学实施生态教育提供了得天独厚的实践平台与协同资源。近年来,学校在生态教育方面开展了一系列教育实践活动,其视角也逐渐从自然的生态转向人文的生态,并试图运用生态学原理、法则思考学校的教育问题。三垟中学的"新生态教育"特色正日益凸显。

(一)新生态教育的追求

2007年,在上海教科所有关专家的指导下,三垟中学采用SWOT分析法,对师生开展问卷调查,梳理了办学思路,提出了"新生态教育"的办学理念,制定了"新生态教育"的实施方案。学校积极实施"雨雾"学校文化行动、"雨滴"教师发展行动、"雨林"课堂教学行动、"雨露"课程开发行动、"雨伞"管理服务行动、"雨丝"德育熏陶行动、"雨声"家校共进行动等六大行动。践行"让每一位学生在这里自由呼吸,让每一个教师在这里诗意栖居"的理想愿景;确立"创造适合学生发展的教育,创造适合教师发展的管理,创造适合学校发展的文化"的办学目标。

为了给学生和教师的发展创设良好的生态环境，促进学校整个生态系统的和谐发展。三垟中学还实施了“三步走”策略：第一步，建设学校文化示范校，形成信誉度。即确立生态教育办学理念，改造生态环境文化，建立健全学校管理制度，培育生态教育文化。第二步，建设特色学校，形成知名度。即研究生态课堂，构建生态教育课程文化，实施生态德育工程，形成生态教育办学特色。第三步，建设品牌学校，形成美誉度。即进一步彰显生态教育办学特色，突出示范性和辐射力，造就一批知名教师，培养一批个性化发展的学生。

（二）六大行动打造生态校园

1.校园环境：绿色生态，体现人文

在创设校园物质环境中，三垟中学的主要措施有：一方面，创建绿色校园环境，打造绿色生态的自然校园。学校根据实际情况，校园绿化实施立体化和园艺化，通过科学规划和合理配置，做到每每见绿，处处显绿，打造一个绿意盎然的生态校园。另一方面，改善学校“生态”设施，积极营造人文的生态校园环境。学校开设的教师书吧和学生自由阅览厅，成为学校“两道最亮丽的风景线”。

2.生态课堂：两线展开，和谐互动

着力构建自主探索、交往互动、开放灵活、多向发展的生态课堂，让课堂焕发出生命的活力，把课堂变成生命交往互动的场所，让学生充分思考、合作、探究、交流、体验、生成，让他们每堂课都有收获。学校从相互沟通的两条线展开，构建生态课堂教学模式：一条是教师主导线，即“精心设计教学活动—启发引导—调控—达成教学目标”；一条是学生主体线，即“参与学习活动的愿望—主动建构—反馈—实现学习目标”。

3.教师发展：自主发展，注重过程

在教师专业发展方面，学校不仅注重外部激励，更注重内部驱动，将重点逐步转移到教师内部动机的激发、维持与巩固之中；不仅注重结果，更注重过程，将重点逐步转移到对过程的关注之中。只有不同层次的教师都有了符合自身最近发展区的专业发展愿景，激活了内心潜藏的自我发展愿望，才有可能打造和谐的教师团队。为此，学校探索出“分层互动，

梯级发展”的校本培训模式。

4.生态德育:整体育人,务求实效

三垟中学认为,把学生培养成为“最好的自己”才是学生最大的成功,这才是对生命最大的尊重。学校按照“整体育人、务求实效”的德育思路:以塑造健全人格为目标,着力培育以礼仪教育、环境教育、心理教育三大德育生态圈构成的德育生态系统。其中,礼仪教育生态圈强调关注人与社会的和谐;环境教育生态圈强调关注人与自然的和谐;心理教育生态圈强调关注人与自我的和谐。

5.课程开发:凸显主题,整体规划

学校整合校内外各种教育资源,立足本土,以建构生态教育课程文化为课程功能的价值取向,形成了基础性课程、拓展性课程、探究性课程和校本课程有机整合的课程结构。可分为两类:一类是关于生态的课程,它涉及生态环境价值伦理、生态环境保护、生态环境活动等方面的整合实施,应该以课程统整的方式实施;一类是生态化课程,将“新生态教育”的理念渗透到学生的学习生活中,培养学生现代文明素质。目前,学校教师编写的《新生态课堂》一书已正式出版。

6.制度文化:以人为本,和谐发展

为促进学生的持续发展和教师的专业成长,学校对原有制度进行了梳理,改进了不符合“生态教育”理念的制度,着力构建“生态”的学校制度文化。不仅制定和完善了《三垟中学章程》、《学生成长服务指南》等一系列规章制度,还借助每年一次的教代会制度,充分征求广大师生的意见和建议,全面调动师生的主人翁意识,努力构筑“和谐发展”的生态支持系统。三垟中学的管理制度不称“条例”,而是称“服务指南”,这不仅仅体现了名称的变化,更重要的是体现出一种观念的改变,体现的是一种生态的理念,真正实现“让每个学生在这里自由呼吸,让每一个教师在这里诗意栖居”的价值追求。

近几年来,随着“新生态教育”办学特色的凸显,校园生态文化逐步形成,教学质量不断提高,学校的知名度和社会美誉度也不断提升,已在当地产生了较大的影响。同时,也吸引了许多兄弟学校来校参观交流;在省、市、区的各种相关会议上,学校领导应邀作经验交流和典型介绍;《温州教育》、《温州日报》等多家媒体予以关注和报道。学校也因此荣获全国新课程改革实验学校、浙江省标准化学校、浙江省书法教育基地、温州市示范初中、温州市绿色学校、温州市教学规范达标学校、温州市中小学生日常行为规范达标学校等多项称号①。

二、浙江省杭州市下城区促进区域教育现代化发展的实践案例

杭州市下城区在以教育生态理论引领和促进区域教育现代化发展的过程中，经历了“生态直觉—生态觉醒—生态自觉”三个阶段的转变。经过不同阶段坚持不懈地研究、探索与思考，逐渐发现：随着教育生态理论内涵的不断丰富与充盈，它所蕴涵着的教育本质性内容也愈加凸显，即一种对“好的教育”的孜孜以求。因此，可以认为“好的教育”实质上是教育发展的共性追求，是教育生态理论的内在价值归依，也是区域教育现代化发展的必然现实。那么，“好的教育”的价值追求如何实现，进而达到一种好的人和好的社会的教育呢？

（一）区域教育发展的理论塑形

“好的教育”的实现首先需要有科学的理念作为区域教育现代化发展的精神指引和价值信仰，这是实现“好的教育”的重要前提。因此，以“好的教育”为宗旨的下城区教育生态理论内涵的塑形就成为必须面对的一项重大课题。

在对下城区坚持十余年的教育生态实践探索进行反思与提炼之后，这一理论在实践中逐渐孕育出五个方面的核心要义：“敬畏生命”——下城区教育生态理论的基本立场；“教育以人为目的”——下城区教育生态理论的根本追求；“生态智慧”——下城区教育生态理论的主要策略与方法；“教育基因”——下城区教育生态理论在教育管理和组织建设中的基本特质；“生态课堂的教学伦理”——下城区教育生态理论在教学质量提升上的基本出发点。

① 让学生在这里自由呼吸让教师在这里诗意栖居——浙江省温州市三垟中学“新生态教育”特色纪实[N].中国教育报，2011-12-02(4).

上述五方面的要义，基本勾勒出了下城区教育生态从理论内核到教育实践形态的轮廓，奠定了引领区域教育现代化发展的理论基石，并成为下城区教育现代化发展的重要思想框架和改革方向。

（二）区域教育发展的顶层设计

"好的教育"的实现离不开好的教育顶层设计，这是奠定区域教育整体格局与基本特质的重要环节。因而，下城区根据区位特点，坚持将"高位均衡"作为区域教育发展的政策取向，将"轻负高质"作为区域教育发展的核心任务，并结合"高位均衡"与"轻负高质"的实践，积极推进制度创新，形成了具有下城区特色的区域教育制度的体系构架。

1. "高位均衡"的区域教育制度框架设计

区域教育制度是实现区域教育有序发展的重要支撑。下城区在区域教育制度框架设计与规划中，明确了"高覆盖"、"高水平"、"高均衡"的基调，力争为实现区域教育优质均衡发展奠定制度基础。为此，下城区一方面重点探索"学前教育、义务教育、终身教育"三类教育的协调均衡发展的制度保障问题，通过一系列相关教育制度的建立与完善，使得下城教育"金三角"模式初具成形，其合力效应不断彰显，形成了各级各类教育协调发展、共生共长的格局，极大地满足了人民群众日益增长的优质化、多样化教育需求。同时，下城区还对"新杭州儿童"给予了特别的关注，建立了"新杭州儿童"受教育制度。"新杭州儿童成长指导热线"的开通，"关注每一个新杭州儿童"家庭教育指导工程的启动，"外来创业者亲子工作坊"及"家庭心理咨询师"公益行动等活动的开展，极大地优化了进城务工人员子女的成长环境，解决了辖区内所有符合条件的进城务工人员子女的就学问题。

2. 再生性的区域教育资源共享机制设计

区域教育资源的配置问题是一个复杂且值得重点关注的问题。资源配置的合理与否将影响到区域教育能否均衡、公平的发展，以及应对社会转型升级的适应能力。为此，下城区以教育生态理论为指导，对教育资源配置进行合理设计，以再生性的资源共建、共享来激发教育资源的内在活力。例如：建立区域和教育集团两个层面的教师流动机制，通过交流、轮岗、支教、制度激励等多种形式，立足教师自身发展，促使教师有序合理流动；改进与完善区域公共教育资源配置、共享机制，使区域内教育装备水平不断提升，并以推进"国有民办"学校体制调整为契机，实施学校布局调整，科学设计不同区块优质教育资源的共建共享，基本消除薄弱学校；进一步完善名校（园）集团化办学机制，通过"嫁接办学——链式发展"、"移植办学——点式发展"、"联盟办学——块式发展"及"城乡互助——联动发展"等模式的改进与深化，使得优质教育基因得以继承与延续，有效实现了教育的再生发展。区内择校率逐年下降，群众对教育的满意度、认可度不断提高，并先后荣获全国首批推进义务教育均衡发展工作先进地区、浙江省教育均衡发展实验区等荣誉。

（三）区域教育发展的品牌塑造

学校是教育活动的重要内容，所以"好的教育"的实现必然要有"好的学校"来支撑。下城区以区域生态文化为引领，采取"科研引领、搭建平台、共树典型、共享资源"的行动策略，积极开展"区域学校特色品牌建设"行动，以学校特色品牌塑造一批多样化的"好的学校"。

1. 坚守区域教育理想信念

区域教育生态理论所追求的教育多样、公平、优质已成为下城教育人的教育信念与追求。对于任何一所优质品牌学校而言，让更多的儿童享受"公平、优质与多元的教育"则是他们在打造和谐社会、实现教育现代化过程中必须要承担的责任与使命。各学校在教育实践中，都能把区域教育生态理论作为学校必须坚守的教育信念，在这一教育信念影响下，能够理清办学思路、探索办学策略、凝练办学特色、塑造学校品牌。

2. 积极探求学校特色品牌塑造的载体

第一，以校园文化打造为载体。办好每一所学校，就需要形成各自独特的学校文化气质，这是特色学校最本质的标志。第二，以校本课程开发为载体。校本课程是彰显学校特色、提升学校品牌的重要载体，也是学校品牌内化与渗入的重要环节。第三，以学生社团活动为载体。特色品牌建设的受益者是学生，而学生社团是学生第二课堂的重要组成部分，它为每个学生提供了发展特长、锻造自我的平台。社团活动大大丰富了学生的校园文化生活，为学生体验成功乃至终身发展奠定了基础。

3. 建立学校特色品牌督评机制

为有效推进区域教育高位均衡发展，下城区对区内各校园开展发展性综合督导评估，并以学校发展规划为主要评价依据，逐步建立了“创建思想、规划设计、组织实施、目标管理、队伍建设、特色成效”等维度的学校综合办学水平的评估体系，通过监督、检查、指导和评估，认定各学校的特色办学成绩，同时引导学校提炼办学思想、确立先进教育理念、探索有效管理模式，使学校教育教学工作更加趋于科学化、规范化、特色化，促进教学质量的稳步提高。

（四）区域教育发展的课堂建设

“好的教育”的实现，除了要有“好的理念”、“好的制度”、“好的学校”，更需要“好的课堂”，这是“好的教育”的实践形态的终端，是区域教育质量的核心内容。下城区根据教育生态理论的指引，创新教学理念，以生态课堂建设为中心，积极打造“好的课堂”。

1.生态课堂的理念探究

经过理论与实践的反复探索，下城区对生态课堂的教学理念已经达成了初步共识，即生态课堂是指在一定教学时空范围内，教师、学生和环境等因子有机整合与和谐发展的场所。“动态平衡”、“轻负高质”是生态课堂的本质；“尊重生命、联系生活、自然生动、平衡生成”是生态课堂的基本原则；“整体、多样、联系、发展”是生态课堂的基本特性；“师生同情”是生态课堂的伦理基点。有关生态课堂的理念研究与实践，不但有助于引领区域内教师从教育生态学的角度对课堂问题进行全面系统地审视，从而培养、塑造出一批富有开阔视野、尊重生命、尊重教育规律的教学专家和名师，使新课程背景下的教师教学方式、学生学习方式的变革真正成为可能，并真正达成“好的教育”目标的实现。

2.生态课堂的区际平台建设

在教学理念转变基础上，其平台建设对整个区域的教学发展有着极为重要的支撑作用。下城区通过“生态课堂节”等活动，紧扣“关注学生的学习”这一主题，聚集区内外的教学名家与教师，共同探讨如何变革学生的学习方式，为教师提供教学研讨的大舞台，从而促进教师专业化成长，并进一步推进“轻负高质”素质教育。

3.生态课堂的典型案例研究

在生态教育理论的探索和实践中，下城区逐步帮助全区教师建立起“重视教育生态，以学生发展为本”的课堂教学改革思想，努力构建生态课堂教学的新体系，完善生态教学新理论。在此基础上，还积极探索切实可行的教学策略与典型案例，通过生态课堂教学案例的研究，为一线教师提供切实可行的典型范例，促进教学的实际转变。

（五）区域教育发展的质量监测

“好的教育”需要好的质量，好的质量需要有科学的监测。下城区通过教育质量监测体系的构建，一方面建立下城区特色的教育监测指数集合，帮助区域教育行政部门和区域内各个学校依据教育质量监测数据进行科学决策；另一方面引导区域社会形成正确的教育质量观，促进教师教育观念的转化，注重教育评价的科学性，改进教学实践，进一步提升教育教学质量。

1.区域教育质量监测的内涵

参考联合国儿童基金会和欧盟等组织对教育质量核心指标的确定，根据我国国情和下城区特色，下城区从两个维度开展监测，即从区域教育生态系统中选取最主要的生态个体——学生为监测核心，从众多环境因子中选取主要环境因子——课堂教学（生态课堂）、教师队伍、家庭环境、办学条件、经费投入为监测因子进行监测，了解和探明生态个体和主要环境因子的发展状况，监测诊断问题，促进全体学生和教师的共同发展。

2.区域教育质量监测的技术和路线

区域教育质量监测的技术采用多种测量方法，包括纸笔测量、心理测量、生理测量、行为测量、统计测量，相应的工具有问卷、量表、测量仪器和设备、教学行为记录、测量模型。其中，针对学生主要采用纸笔测量、心理测量；针对教师、管理和教学环境主要采用行为测量、统计测量。在对学生学业成就和综合素质评估时，采取包括表现性评价在内的多种评价方式。根据区域教育质量监测实践和国家基础教育质量监测试点经验，区域监测的路线为:形成监测标准和指标体系—研发监测工具—进行数据采集(包括开展人员培训、数据上报、实施监测等内容)—数据分析处理—报告撰写—监测结果应用(含监测反馈和干预)。

3.区域教育质量监测的保障措施

首先是经费保障。建立区域教育质量监测实施的专项经费,确保区域教育信息数据库的硬件投入和软件开发费用,并保证区域教学质量专项监测工具的研制和监测实施过程的经费投入,为区域教育质量监测体系建设奠定良好的基础。其次是组织保障。一方面,完善区域教育质量监测的组织结构。为有力推动区域教育质量监测各项建设工作的深入开展,下城区形成了以区长、副区长分别担任区教育质量监测工作领导小组正、副组长,由教育、财政、人事、卫生、行政执法、统计、司法、公安等10个部门主要负责人组成领导小组成员,并在区教育局下设区教育质量监测中心,由下城区教育局主要领导兼任监测中心主任,监测中心日常工作有专职副主任主持。另一方面,建立一支专业的监测队伍。为满足区域教育质量监测体系建设的工作需要,下城区区域教育质量监测中心面向全区各校园和直属单位聘任了50余名兼职研究员,涵盖各个校园和各个学科,便于工作的顺利开展。再次是制度保障。根据区域教育质量监测体系建设工作的需要,建立相应的监测制度,科学规范各项监测工作,尤其是设立定期的区域教育质量监测公示与反馈制度,确保区域教育质量监测的公开、公平、透明,并及时调整、改进监测工作,正确引导区域教育发展的方向。建立相应的检测制度、报告制度、问责制度等。

(六)区域教育发展的开放办学格局构建

“好的教育”不仅是一种好的学校教育,它更是一种惠及社会全体的教育,是成全人与社会良性发展的教育。因此,“好的教育”的实现离不开区域教育的开放性与全员性。打造区域开放办学格局是诠释“好的教育”的重要一环。下城区在教育生态理论的指导下,积极构建了促进区域开放办学的政府、学校和社会三方支持系统,有效地保证了开放办学的可持续发展。

1.构建区域开放办学政府支持系统

区域开放办学政府支持系统是区域开放办学得以有效开展的重要前提。下城区根据区域发展实情，提出建设区域开放办学的"大教育"格局，并在全区牢固树立"人人是学习之人、处处是学习之处、时时注重求知好学、事事注重以学求进"的教育理念。同时，区政府建立了目标责任制度、评估激励制度及督导制度等予以保障，并在保证经费正常运转的情况下，力求使开放办学的经费投入呈逐年递增趋势，对开放办学的深入发展提供了有力的支持。

2.构建区域开放办学学校支持系统

学校开放办学能为学生发展提供一个更为真实和生态的环境，有利于学生的全面发展。同时，开放也能为学校发展提供更多的教育资源，成为学校发展的助推器。在构建学校支持系统中，首先树立学校的大教育观。大教育观下的学校教育活动，内容不再仅仅是基础学科知识，还有更多来自自然、社会及社区的影响。这种影响的达成既需要相关教育资源的开放与利用，也需要有相应教育空间的开放与充实。例如，下城区积极拓展空间，建立了"青少年空间"和"青少年科技劳技中心"，就近为社区内3～25周岁的儿童、青少年和在校学生提供公益性服务。

3.构建区域开放办学社会支持系统

区域开放办学的社会支持系统首先需要家庭支持。家庭是社会的细胞，积极开展"家长学校"、"智慧家校直通车"等家庭教育培训活动，既拉近了与家庭的距离，也赢得了家长的大力支持。其次，需要社区支持。社区能为区域开放办学提供相应的教育资源，在学校—社区—社会互动机制中起着重要的作用，比如，下城区充分利用社区相关历史文化教育场馆，如马寅初纪念馆、陆游纪念馆等，为学生提供接受第二课堂的教育空间，为市民提供历史文化、爱国主义熏陶的教育资源等。再次，需要社会支持。开放办学不是一个部门的事情，需要全社会的积极参与，社会各种力量包括企事业单位、社会团体以及个人等更好地为区域开放办学做出自己的贡献和努力。下城区利用社区教育委员会，组织各单位成员积极组织市民开展面向青少年的校外教育、成人的职业技能提升、市民科学素养、外来务工人员城市融入、老年休闲娱乐等教育教学活动。在政府、学校和社会三类开放办学支持系统的努力下，下城区稳步推进面对各类人群的开放办学工作，极大地满足了社区居民的教育需求。

植根于下城区的“好的教育”及其实践路径则深深地镌刻着下城区教育的痕迹，渗透着下城区教育的独特基因，这既是区域教育生态理论在下城区开花结果的产物，也是下城区在开展教育实践过程中主动进行理论诉求的体现。这种理论与实践的有机结合正是我国区域教育综合改革开展的“教育实验”所期待和追求的。期望下城区所开展的“好的教育”的价值探讨和路径探索能够起到抛砖引玉的作用，能够更好地带动我国区域教育现代化发展①。

小 结

在积极吸收借鉴国外生态教育丰硕成果的基础上，我国教育工作者提出了具有中国特色的生态教育理念和生态教育的体系建设原则及具体内容。在此先进理论基础的积极推动下，我国的生态教育工作在不同地区以不同形式蓬勃展开。本章主要选取浙江省温州市三垟中学的“新生态教育”特色纪实案例和杭州市下城区以教育生态理论促进区域教育现代化发展的实践案例，旨在向读者展示了生态教育在我国的开展情况，以期给我国各地的教育工作者启示和借鉴，从而更好地开展我国的生态教育工作，逐步扭转生态教育开展的地域不平衡状态。

参考文献

[1] 陈水平. 对幼儿园实施生态教育的几点思考[J]. 教育探索，2011（10）：23–24.

[2] 陈显平. 构建生态教育乐园——广东省深圳市南油小学创建绿色校园[J]. 人民教育，2008（18）：57–58.

[3] 李承先. 自然人·社会人·自然人——关于“教育回归自然”的哲学人类学分析[J]. 中国教育学刊，2002（6）：5–6.

① 周培植. “好的教育”的实现路径探索——杭州市下城区以教育生态理论促进区域教育现代化发展的实践反思[J]. 教育研究，2012(3): 146–150.

[4] 骆方金,李鸣. 生态人格教育及其构建——以桂林为例证[J]. 教育评论,2009(1): 99–101.

[5] 蒙睿,周鸿. 我国生态教育体系建设[J]. 城市环境与城市生态,2003,16(4): 76–78.

[6] 彭蝶飞. 幼儿园生态环境教育探析[J]. 学前教育研究,2007(Z1): 73–75.

[7] 让学生在这里自由呼吸让教师在这里诗意栖居——浙江省温州市三垟中学"新生态教育"特色纪实[N]. 中国教育报,2011–12–02(04).

[8] 唐新华. 生态伦理视域中的德育新思维及生态德育体系建构[J]. 南京社会科学,2011(12): 134–138,143.

[9] 文传浩,郭涛,常学秀,等. 论我国高校公共基础生态教育[J]. 生态经济,2001(5): 17–19.

[10] 王静爱,史培军,郝路,等. 区域可持续发展中的生态教育移民[J]. 北京师范大学学报:社会科学版,2008(4): 139–145.

[11] 王愉,周鸿. 大学生生态教育现状调查研究[J]. 云南环境科学,2002,21(2): 61–64.

[12] 周培植."好的教育"的实现路径探索——杭州市下城区以教育生态理论促进区域教育现代化发展的实践反思[J]. 教育研究,2012(3): 146–150.

拓展阅读文献

[1] 段昌群.生态学教学理论探索与实践——21世纪大学生态学教学内容优化及课程体系建设[M]. 北京: 高等教育出版社,2001.

[2] 黄大龙. 一朵体验与智慧浇灌的生态之花——江苏省张家港市阳光体育运动掠影[J]. 人民教育,2008(7): 56–59.

[3] 胡林林,蔡敏."2011全民绿色周"活动: 美国中小学环境教育的新举措[J]. 外国教育研究,2012(1): 36–42.

[4] 温远光. 世界生态教育趋势与中国生态教育理念[J]. 高教论坛,2004(2): 52–55.

[5] 王少君,张雅林."教育生活化、生活课题化"的实践——美国校园生态探究性学习活动简介[J]. 全球教育展望,2002(3): 41–43.

[6] 邢永富.世界教育的生态化趋势与中国教育的战略选择[J]. 北京师范大学学报:社会科学版,1997(4): 70–77.

[7] 徐湘荷. 生态教育思想研究[D]. 济南: 山东师范大学,2012.

[8] 周鸿,吕汇慧. 乡村旅游地生态文化传统与生态环境建设的互动效应——以云南石林县彝族阿着底村为例[J]. 生态学杂志,2006,25(9): 1114–1118.

第三篇

探索之旅:生态教育案例

第五章　生命教育：敬畏生命的开端

敬畏生命[1]

那是一个夏天的长得不能再长的下午，在印第安纳州的一个湖边，我起先是不经意地坐着看书，忽然发现湖边有几棵树正在飘散一些白色的纤维，大团大团的，像棉花似的，有些飘到草地上，有些飘入湖水里。我当时没有十分注意，只当是偶然风起所带来的。

可是，渐渐地，我发现情况简直令人吃惊。好几个小时过去了，那些树仍旧浑然不觉地，在飘送那些小型的云朵，倒好像是一座无限的云库似的。整个下午，整个晚上，漫天都是那种东西。第二天情形完全一样，我感到诧异和震撼。

其实，小学的时候就知道有一类种子是靠风力吹动纤维播送的。但也只是知道一道测验题的答案而已。那几天真的看到了，满心所感到的是一种折服，一种无以名之的敬畏。我几乎是第一次遇见生命——虽然是植物的。

我感到那云状的种子在我心底强烈地碰撞上什么东西，我不能不被生命豪华的、奢侈的、不计成本的投资所感动。也许在不分昼夜的飘散之余，只有一颗种子足以成树，但造物者乐于做这样惊心动魄的壮举。

我至今仍然在沉思之际想起那一片柔媚的湖水，不知湖畔那群种子中有哪一颗成了小树，至少，我知道有一颗已经成长。那颗种子曾遇见了一片土地，在一个过客的心之峡谷里，蔚然成荫，教会她怎样敬畏生命。

---

① 张晓风.敬畏生命[M]//精美散文：哲理·文化卷.武汉：长江文艺出版社，1995.

第一节　课堂教学中的生命教育案例

课堂是生命教育的重要阵地。每一个学生都是一个鲜活的生命，班级又组成了相互联系、相互影响的生命群体。课堂教学的本质应该是生命与生命的交流，思想与思想的碰撞。在课堂的教学中渗透生命教育的理念，构建生态课堂，完成“知识与技能”、“过程与方法”的目标同时，达成“情感态度与价值观”的更高精神层面目标。建构生命教育的课堂，奠基生命教育的文化底蕴，结合学科内容，从而让学生认识生命、珍惜生命、尊重生命，最终更加热爱生命。

案例1　生物科学中的生命教育——“红鞋”①

（一）教学目标

1.知识与技能

了解不同浓度的酒精对水蚤心率的影响；通过学习，对酒精危害人体器官、系统有了更深的认识。

2.过程与方法

初步学会生物科学探究的一般方法，发展学生提出问题、做出假设、制订计划、实施计划、得出结论、表达和交流的科学探究能力；在科学探究实验中发展合作能力、实践能力和创新能力。

3.情感态度与价值观

参与小组讨论式学习，激发求知欲望，养成团队合作意识；通过实验探究和师生的讨论、交流，使学生进一步认识了酗酒这一不良生活方式的危害，从而自觉养成健康的生活态度和良好的行为习惯，逐步形成科学的健康观。

① 本案例节选自：邵洪宇. 九年一贯制学校梯进式生命教育的实践研究——以古美为个案[D]. 上海：华东师范大学，2009：63-65.

(二)教学重点、难点

重点:通过探究性实验,认识到酗酒对人体健康的影响,明确应该选择什么样的生活方式才是健康的。

难点:能利用所学知识来解释实验现象和原理。

(三)教学过程

1.营造情境,导入新课

教师将情境通过多媒体动画的生动呈现,视觉、听觉的双重刺激,引发学生浓厚的兴趣和探究动机,从而很自然的引入课题:《脱不掉的红舞鞋》。

其实,在生活中"红鞋"无处不在。醉鬼的"红鞋"是老酒;赌棍的"红鞋"是麻将;瘾君子的"红鞋"是毒品……他们最终都将为自己对"红鞋"的迷恋而付出惨重的代价。

2.即兴游戏,突出课题研究的必要性

即兴表演:三人为一组,假设三人去参加一个庆祝PARTY。为了尽兴,其中两位买来了许多瓶酒,并极力劝说另外一位同学喝。同学们根据自己所选角色,提出接受或反对的理由。同时,教师也公布了学生的课前调查结果,通过学生情景游戏和课题调查,使学生共同关注"青少年与饮酒"这个话题,教师进一步提出:"怎么正确客观的看待这个问题,酒精究竟会对生物产生怎样的影响?"从而引入下一环节的学习活动——《探究不同浓度酒精对水蚤的影响》。

3.实验探究,了解酒精对非人类生物体的影响

教师首先对实验中的关键词:"水蚤"和"酒精"做了简单的介绍。同时,教师实物演示平时饮用的酒精度为2%~8%的啤酒,酒精饮料和酒精浓度高达58%的二锅头(白酒)。并提出"可以设置2种不同浓度的酒精溶液:5%低浓度,30%高浓度酒精进行实验。"在进行实验之前,教师可以有针对性地提出自己的要求:①酒精对水蚤心率有影响吗?你们假设实验会出现什么现象?②哪种浓度的酒精对水蚤有致死作用?③根据实验现象,请你谈谈酒精对生物体危害。并指导学生进行探究活动:强调学生在探究活动中制定实验步骤和具体操作时需要注意的一些细节。

4.借助视频网络,进行信息互动,交流和讨论

全班学生在实验过程中通过视频网络展示仪,交流彼此观察到的实验现象;分析、解释实验现象。由于有了多媒体视频网络系统的协助,极大地调动了师生及同学间信息的互动,促进了小组成员的团队合作精神。

教师也认真听取学生汇报探究活动的过程、结果;并引导学生对实验现象进行分析讨论。

5.佳片欣赏,探索酒精对人体的影响

教师以影片呈现酗酒对人体一些主要内脏器官的影响,并组织小组之间进行互动:请每个小组派代表在人体模型上挑选出易被酒精伤害的器官,并在白板纸上用最精练的语言概括出该器官受到何种伤害。同时借助于多媒体课件,师生分别探讨了酒精对脑、肝、循环系统、排泄系统、消化系统、生殖系统、皮肤的影响。

6.设计公益广告词,告诫青少年远离酒精

请每个小组课后设计一条30秒的公益广告词来告诫青少年远离酒精,从而使课堂教学得到了进一步延伸……

【案例评析】

本课以同学们所熟悉的安徒生童话《红鞋》为引子,导入新课——《脱不掉的红舞鞋》,探讨酒精对生物体的影响。可以说,引入部分很有吸引力和冲击力。在《探究酒精对水蚤心率的影响》的实验中,强调学生的合作学习,激发学生探究生命奥秘的热情和主动性,使学生领悟科学道理,同时也培养了学生的实验技能。由安徒生童话《红鞋》作为生物课的新课的导入,很新颖。而且课程实现了科学精神与人文精神的渗透与融合。生命科学教育倡导有科学精神的人文理想、赋予科学实验以人文关怀。所有与生命有关的科学内容,都应该有利于提高学生对生命意义的认识,避免作纯理性知识的传授。所有与生命有关的人文内容,都应有科学和理性依据,不能作伪科学的传播。这样既能培养学生的科学理性,也使学生的人性境界得以提升。在生物教学中设计多样化的探究活动,从各方面营造真实、生动的生物情境,使学生在探究活动中学会发现问题,分析问题,解决问题,最终使每一个学生都能真正体验到探究的乐趣。

案例2 要坚强地活着——我与地坛[①]

(一)教学目标

(1)熟读课文,体验作者内心深处的痛苦及对母亲的理解和痛悔。

(2)结合课文内容对学生进行生命与亲情教育的渗透。

(3)揣摩恳切、深沉的语言,学习作者运用语言的技巧。

(二)教学设想

《我与地坛》不是一篇通常意义上的写景状物的文章,它融合了作者由于视角的独到而对人生、对情感独特的感悟。本文节选部分既写自己又写母亲,可以由此让学生结合自己的感受进行相关的道德教育。课前布置预习,结合《语文读本》理解作者的特殊背景和情感思路,写一篇两三百字的感想。

教学时数:一课时(自读课文)

(三)教学过程

【新课】放音乐《命运交响曲》

导语:同学们一定知道这首音乐——贝多芬的《命运交响曲》。这当中洋溢着一种抗争命运的激情。我们今天就来学一篇也是抗争命运的文章。(打课题和作者幻灯片)

问:本文标题是《我与地坛》,但是作者仅仅是写了我和地坛吗?

答:还写了母亲。

问:现在请同学们迅速找出第一句能把"我"、"地坛"、"母亲"三者联系在一起的句子。

答:当年我总是独自跑到地坛去,曾经给母亲出了一个怎样的难题。

【朗读、分析、评价】

第一部分

---

① 本案例节选自:赵梦影. 生命教育视阈中中学语文教学的研究[D]. 上海:华东师范大学,2006:21-23.

(1)问：他是“跑”到地坛去的吗？不是。那又是如何去的？他怎么了？(用课文的原句来回答)“我摇着轮椅进入园中”。

(2)问：“独自”跑到地坛去。为什么“独自”去？那是一种什么样的心境？找出课文的句子来分析。

“在满园弥漫的沉静光芒中，一个人更容易看到时间，并看见自己的身影。”写出了作者那时的孤独、颓废、残废自伤的心境。

(3)问：“总是”到地坛去。为什么“总是”到地坛去？这是一个环境怎样的地坛？它是不是与作者有什么灵犀相通之处？这样的环境特点使作者的思想有了什么样的启示？(用课文原句来回答)

特点：荒芜但并不衰败。

朗读写“荒芜”的句子；分析作者对这种环境的情感。朗读写“不衰败”的句子；分析此处景物的特点。

启示：生是一个不可辩驳的问题；死是一件不必急于求成的事。

这个启示使作者的命运起到了什么样的变化？摆脱了那颓废、消极、残废自伤的心境，走出了人生的低谷。“眼前的一切变得不再那么可怕了”。他“决定”活下来了。(古园的形体“幸好有些东西是任谁也不能改变的。譬如……”这些环境的永恒特点又给作者思考“怎样活”提供了一种氛围。)

所以说我与地坛的关系十分密切，用课文的词语来说是有一种“宿命”的“缘分”。甚至可以说是作者的救命恩人，所以他“总是”要跑到地坛去。

第二部分

导语：作者说他“总是独自跑到地坛去，曾经给母亲出了一个怎样的难题。”那么就有几个问题要问同学们：

(1)作者以前的行为给母亲到底出了一个什么“难题”？

“难题”是一个难以解决的矛盾，儿子的行为给母亲出了一个什么难以解决的矛盾？五个“知道”，“担心”，不仅仅是“担心”，还有“痛苦”、“惊恐”。

(2)母亲又是怎样对待这个“难题”的？

母亲没有退缩、没有消极的对待，更没有放弃，而是“承担”这“苦难”，坚毅地走下去，母亲希望儿子找到一条通向自己幸福的道路。

(3)可见他的“母亲”是一位怎样的“母亲”?

母亲是一位“疼爱”而且能够“理解”儿子的母亲。是一位注定“活得最苦”的母亲,而且是一位“意志坚忍”的母亲。

(4)这样的母亲,母亲这种对待“难题”的方式又给了作者什么样的启示?(个别学生朗读1~3段,其他同学画出回答前三个问题的关键语句。)

母亲对待“苦难”的态度给了生存的启示:要坚强地承受苦难,要坚忍地生活下去。而这正给作者“怎样活”递了一把钥匙。(速读课文,找出下文中写出母亲给我“影响”的一句。)

“母亲生前没给我留下过什么隽永的誓言,或要我恪守的教诲,只是在她去世之后,她艰难的命运,坚忍的意志和毫不张扬的爱,光阴的流逝,在我的印象中愈鲜明深刻。”

(5)作者知道这一点是在什么时候?又是怎样知道的?

“在她猝然去世之后”是通过“设想”而知道的。其中蕴涵着对母亲的深深的怀念。可见,这里不仅写出了母亲这一辈子给了我生存的启示,同时也是一首献给母亲的赞歌。(个别学生朗读,评点,老师范读,再学生齐读。可配乐《懂你》。)

【借鉴、吸收】

导语:地坛的特殊环境给了作者这样的生死观的启示。母亲的生命历程也给了作者那样的生存启示,那么我想问同学们:你对生死观有无别的看法?对生命怎样感悟的?对母爱如何理解、回报?

为理想而活,为爱我的人而活,也为母亲的骄傲而活,爱母亲,学会回报等。(结合课前读后感习作)

结语:作者经历了深重的苦难,经历了这般近乎致命的打击后,才悟出这样一个非常深刻的对待生命的道理,才更深刻地理解母爱。所以我又想问同学们:你又如何看待“苦难”?有句话这么说“只有经历痛苦,人才能变得深刻;只有经历痛苦,人生才变得辉煌;只有经历痛苦的人生,才是真正的人生”。又说“苦难是人生最好的老师”。当然我们不必要刻意制造苦难,但当苦难来临时,要学会勇敢面对,不要屈服。

【案例评析】

《我与地坛》这一课是中学语文课本里比较典型的生命教育素材,借助于类似这样的课文教学，利用好给学生进行生命教育的契机，在培养学生语文思维、训练学生听说读写能力的同时，强化学生的生命意识，从情感态度与价值观这个维度达成我们教育的目标，是一件十分有益的事。

案例3　自然之美——枫叶如丹①

（一）教学目的

（1）理解关键句子在文章结构中起到的作用。

（2）学会如何领悟作者思想感情发展的脉络。

（3）通过学习使学生明白，只有经历了长大、挫折，人才能认识真正的美，感受生命的力量。

（二）教学重点

（1）借物喻理的写作手法。

（2）通过学习这篇文章会分析此类文章。

（三）教学难点

引导学生理解“丹是孕育着生命的颜色”。

（四）教学过程

【导语】

设置情境：同学们，这几天校园的景物特点发生了怎样的变化？（夏天怎样秋天又是怎样的状况？）秋天给你们的感觉是怎样的？

看来同学们对秋天的感悟还是比较丰富的，有的同学还和诗人有着相同或相似的感悟。接下来我们来看看诗人眼中笔下的秋天是怎样的。

请看这首诗：杜牧《山行》

提问：这首诗为我们描绘了一幅怎样的景物画？

教师小节：这首诗为我们描绘了一幅夕阳夕照、枫叶流丹、层林尽染

① 本案例节选自：谭广峰. 中小学生命教育的实施及其管理研究——鞍山市铁东区生命教育的个案研究[D]. 昆明：云南师范大学，2007：34–35.

的秋天美景。同学们刚才描绘的很好。诗人傍晚驻足枫林,被这红红火火的画面所陶醉。

提问:同学们思考一下作者为何认为“霜叶红于二月花”,仅仅是因为颜色上的差别吗?

教师小节:秋之霜叶经历了夏秋连续两季风霜的捶打考验,因而它的生命力更加饱满而茁壮,所以才比二月花红。

欣赏完诗人笔下的深秋美景,接下来我们解读一下作家袁鹰笔下秋景美情美意。

理解课文:

熟悉课文内容,体会文章意境:

下面放一遍课文的配乐诗朗诵,同学们有感情地跟读,体会散文的优美意境。

指名朗诵第二部分。

讨论:

昨天同学们已经预习过这篇文章了,对这篇文章的内容已经非常熟悉了。下面给大家留一点时间分组讨论一下预习结果。(围绕文章主题进行,观点要有根据。)

讨论结果:

学生:本文主题是歌颂了一种生命的美,生命的意义。

学生:本文是赞扬成熟的顽强生命力。

学生:通过新老两种生命的对比告诉人们要珍惜生命。

教师归纳:那一刹那指哪个时刻?

学生:上一段“这一刹那”是同一时刻,具体是小女孩莉贝卡蹦出来。(第十一小节)

思考:当莉贝卡蹦出来时作者灵感突发,迅速按下快门?

学生回答:使画面有了活力,有了生命的色彩。

教师小节:小莉贝卡的出现为景物增添了不少生机。

进入作者照相机镜头的事物有哪些?(静憩的青山,孤独的枫树,朝阳等等。)

同学们想象一下这样的画面缺少什么呢?(缺少生命力,缺少活动的事物。)

莉贝卡的出现打破了画面清冷的状况,使画面有了动感。这个八九岁的小姑娘就像一片初生的绿叶,她一出现,一股鲜活的生命气息扑面而来,作者心灵深处陡然一震,灵感如泉水汩汩涌出,所以迅速按下快门,拍下一张很具有艺术气息的照片,并命名为"秋之生命"。

思考:这张照片为何命名为"秋之生命"? 如果给你这样一张照片,你会取怎样的名字呢?

学生回答:秋之枫叶、生命之树、生命之秋(略)

教师分析:"生命之秋"和作者的命名似乎很像,能代替吗?这两种命名看似相像,但意义却相差甚远。"生命之秋"这个词组重心在"秋";而"秋之生命"重心却在于"生命",二者侧重点有所不同。

我们再来回顾一下这幅画面的内容:

静憩的青山——枫树(披满一身红叶)——满地的红叶

还缺少些什么呢?(缺少生命的色彩)

因此在作者眼中,这株枫树就像一位凄苦的老人在晨风中垂头无语。

考虑:为何要将枫树比作老人,有好多事物都可作为"凄苦"的代名词,为何要以老人作比?

教师归纳:作者将枫树比做老人,是将枫树人格化。

看着这株披满一身将要凋零的树叶的枫树,作者联想到了人至暮年,如果没有了生命的活力,就丧失了生活的勇气,生命的价值和意义就会变的单薄,没有力量,就好像眼前这株枫树一般孤独凄苦。

小女孩莉贝卡出现后这幅画才有了活力的内涵,令人不得不联想到孕育于秋的新鲜的生命——张满意的照片诞生了。

【比较阅读】

(1)下发课外阅读材料《落叶》,让学生自读材料,并且和本文进行比较。

(2)讨论:两篇文章的相同之处和不同之处分别是什么?

【案例评析】

一篇包含哲理的文章是进行生命教育的天然好素材。本案例以杜牧的《山行》中"霜叶红于二月花"导入课文,激发学生学习兴趣。在理解春、夏、秋一年中自然界生命过程时，让学生结合自己的生活体验，引导学生对自然、对生活独特的感悟和理解。引导学生理解“自然与人世，处处相通”时，让学生结合自己的生活体验谈自己的感受。引领学生从文章的字里行间体会人与自然和谐相处的美，珍爱自然生命，热爱自然，热爱生命。

案例4 “我还有一只脚”，可以脚踏实地①

先让学生读周大观的诗：《我还有一只脚》。

贝多芬双耳失聪
郑龙水双眼失明
我还有一只脚
我要站在地球上
海伦·凯勒双眼失明
郑丰喜双脚畸形
我还有一只脚
我要走遍美丽的世界

再通过讨论明确作者周大观其人其事。周大观写这首诗的时候，是台湾一个9岁的小女孩，小小年纪却罹患软组织恶性肿瘤，在与癌症抗争的过程中，在截去了一条腿的情况下，她创作了四十首童诗，内容灵巧聪慧，真诚感人，其中就有这首《我还有一只脚》。然后让学生谈对此诗感受最深的句子，再告诉学生：不畏挫折、愈挫愈勇的周大观最终还是离世界而去。在她过世后，他的父母凭着她坚毅、勇敢与慈悲心的感念，化小爱为大爱，成立了“周大观关怀生命文教基金会”，积极从事公益事业，帮助癌症病童，使周大观短暂的生命拥有了永恒的影响。让学生拿出纸和笔，在纸上画一条线，左边写上零，代表出生，这条线一直延长，到它的终点代表死亡。先在终点写出自己打算活多少岁，然后找到现在的坐标（中学生

① 本案例节选自：赵梦影. 生命教育视阈中中学语文教学的研究[D]. 上海：华东师范大学，2006：27-28.

应该在12~18岁之间)，画一个点，之后在已经活过的岁月中，0~17岁之间，将自己做得最出色的事情写出来，最后在线段剩下的部分写出打算要做的事情。(这是一个心理测试，教师可以把自己的生命计划拿出来和学生共享)

在学生发言后，进行鼓励。让学生都相信自己是一个会成功、有优点、有个性的独特个体。最后，请大家造句：一、我是……二、我有……三、我想……第一个句子写自己与众不同之处，第二个句子写出自己的骄傲和自豪，第三个句子写出人生方向、追求的目标。

她的学生写出了这样的句子："我是一个快乐的人，虽然人生中有许多不如意，但我总能以笑来面对，并不是不在乎，而是认为生命的大道上，只有快乐伴随才能不知疲倦；我有自信，虽然我没有过人的智商、灵巧的双手，但我有一双勤劳的手，有一步一个脚印的前行；我想拥有我生命的充实每一天！""我是一个坚强又脆弱，自尊心、好胜心很强的女孩儿；我有世界上最疼我的父母，最帮我的老师，最懂我的伙伴；我想有一天父亲能对我说：'孩子，你能把握自己的前途，我放心了！'"

课后，以"珍爱生命"为话题写一篇作文。

【案例评析】

语言是思维的工具，语言的相互碰撞可以加速个体的思考，创造出更多的理性认识。在班级内，让学生就某一和生命主题相关的事件或观点展开讨论，并让他们进行口头作文的表达，不仅能训练学生的思维和表达能力，还能让学生在积极地参与中对生命及生命的价值进行深入而理性的思考。在整个过程中，教师适时地给以正确的引导，对于学生形成正确的生命观也是非常有帮助的。在现实社会中实际存在着很多可以进行生命教育的社会现象，语文教师可以根据学生的年龄和感受能力，选取一些适合中学生进行讨论的话题让他们以主人翁的姿态展开讨论。首先这种把学生完全放在主体地位的做法更容易调动起学生的积极主动性，教师仅仅是一个引导者，而学生才是面对生命问题最主要的探讨者，在他们主动参与讨论的过程中培养他们正确的生命意识。

案例5　笑对人生——读《活着》有感①

“以笑的方式哭，在死亡的伴随下活着。”这是本书作者对这部作品的评价。这句话是我在读序的时候遇到的，开始时我并不明白这其中蕴藏着怎样的道理，直至我通读全篇，了解了徐福贵（本书的中心人物）一生的种种磨难，以及他所经历的屡次生离死别，才明白，人的一生随时都会面临着死亡的威胁，而当有爱我们的人离开时，留下伤心的眼泪只会让他们不安，只有展示出那能使别人感到欣慰的微笑，才能使爱我们的以及我们爱的人此生无憾吧！

作者余华是在一首美国民歌《老黑奴》中那位老黑奴的痛苦经历的启发下写成了荣获意大利格林扎纳卡佛文学奖最高奖项《活着》，同时《活着》又入选百位批评家和文学编辑评选的“九十年代最有影响的十部作品”等诸多殊荣。这一切无疑是靠作者所刻画主人公徐福贵的一生的经历来博得重赏的。他是一个经历了许多磨难的人。家人都先他而去，而他依然友好地对待这个世界，没有一句抱怨的话。这使我不禁对他那对苦难的极高承受能力，以及对世界的乐观态度产生了由衷的敬佩之意。福贵先生从一位富家阔少爷变成了一个只能和老牛朝夕相处的孤寡老人。这中间经历着怎样平凡而又感人的经历呀！

文章中有许多感人的情节，譬如说，福贵的母亲扭着小脚，可怜巴巴地跟在被人抬走的轿子后面，一心希望轿子能停下。那痴痴等待的眼神和弱不禁风的身子让每一位读者都为之感到心酸。除此之外，当读到他的儿子因为给校长（也就是当时的县长夫人）输血过多而葬送了自己幼小而富有活力的生命时，我不禁为这个小生命的夭折感到深深地惋惜；与此同时，也为那些为了奉承高官而不惜做出丧尽天良事的人感到羞愧。他们明明知道有庆已经嘴唇变白，就应该停止抽血，可他们为了巴结、讨好既有权又有势的县长夫人，不惜让这个幼小的生命成为他们高攀的牺牲品。当福贵得知自己的儿子是这样死的，感到整个天都塌了下来，有庆的音容笑貌全部涌现在他的眼前。这是一种怎样难以抹去的悲哀呀！但这

① 本案例节选自：胡欣. 生命教育思想下的初中语文课堂的构建[D]. 上海：华东师范大学，2010：13-14.

并没有摧垮他的意志,他必须为了活着的人好好活下去……在他儿子与女儿先后去世之后,和他朝夕相伴的妻子生命也处于危险之中,不久也离他而去了。这使得原本生活很困难的家庭只剩下祖孙三代。可祸不单行,几年之后兢兢业业工作的女婿和天真烂漫的孙子也去世了。可出乎人意料的是福贵并没有就此轻生,而是买了一头老黄牛陪他度过后半生,有人知道那牛不久也会死去……

这是关于一个人一生的故事,因此它也表达了时间的漫长和时间的短暂,同时也展现出那段时局的动荡和百姓的平凡而艰苦的生活。其实,"人生是跋涉,也是旅行;是等待,也是相逢;是探险,也是寻宝;是眼泪,也是歌声。"在漫长的人生旅途中,有时会遇上呼啸的狂风或者倾盆的大雨;有时候会领略到壮丽的青山和奇美的秀水。无论是喜是忧,是笑是泪。请都相信"人是为了活着本身而活着,而不是为了活着之外的人和事物而活着"。

【案例评析】

余华的作品《活着》,是一部有着深刻现实意义的小说,主题是关于人生的根本问题——生与死,学生能对这样的作品有自己的理解,实属不易,"人是为了活着本身而活着,而不是为了活着之外的人和事物而活着。"类似这样富有哲理的话,会让学生受益匪浅,对形成正确的人生观和价值观有很大的帮助。生和死的问题是一个大问题,学生读懂了这个问题,便会珍惜自己的生命,创造自己的人生。

案例6 可可西里,信仰与生存①

影片《可可西里》播放完之后,同学们开始了对生死的思考。当被问及同学们对那群巡山队员们如此追寻"生命之意义"怎么看时,不同的同学有不同的看法:

"刚看完《可可西里》之后,有两个词浮现在了我的脑海中,'信仰'和'生存'……巡山队员的执著可能也是因为在他们的内心有着'保护藏羚羊,保护自己的家园'的这种信仰吧,他们这种追寻生命的意义的方法在我看来是很值得敬佩的,因为他们可以完全不在乎自己能不能够从中获

① 本案例节选自:郑世彦.生如夏花,死如秋叶——生命教育课程对大学生生死观的影响之研究[D].上海:华东师范大学,2009:76-77.

得什么,他们要做的就是去实现自我价值,让生命变得有意义……"

"我看完这部影片后,很受感动。他们一群巡山队员,没有工资,没有任何资助,自发的在可可西里那么艰苦的环境里,默默地保卫着美丽的藏羚羊,用自己的生命来捍卫美丽的可可西里。他们以'坚韧和执著'很好地诠释了生命的意义;他们是伟大的,是可敬的,是可歌可泣的。"

"第一次看这部影片对于巡山队员追求的生命意义一直不能理解,自己是绝对不会那样去做。但是等第二次看时……再来想想他们为什么要这么做,他们追求的到底是什么?我想保护藏羚羊可能只是一个突破口,一个导火线,他们这样做的背后,似乎是要保护他们心中的'可可西里'……"

当问到他们对于巡山队员其中几人的"死亡"又是作何看法,他们的死值得还是不值得?三同学这样说道:

"其实,在我看来,巡山队员的死都是值得的,因为最终政府开始关注这件事了,并且也在可可西里建了自然保护区,巡山队员虽然没能亲眼看到这一天的到来,但是,他们生命的意义已经因此而得到体现了。他们的死并不是没有意义的,他们的价值已经因此得到了体现。这里印证了"儒家生死观":生理上,我们免不了一死,但是,死后我们的精神却可以永垂不朽。巡山队员们虽然死了,但是,他们为后世留下的是一个自然保护区,留下的是对于家园的坚定的爱。"

"队员的死亡我想是必然的吧。既然有斗争就必须付出代价,而这样的残酷的现实逼得这个代价异常昂贵。我觉得生命很可贵,要好好珍惜,但同时生命是属于每一个个体的,所以我觉得如果他自己觉得这样很值得,旁人没有太多的权利说三道四。况且他们的死换来了更多的人去关注,使藏羚羊的保护成为可能,那他们的死就非常值了。"

"只要一个人的死是有价值的,我会觉得这种死是值得的,不要因为生命的逝去而感到悲伤,只要有意义,那么,这种逝去将会得以升华。死亡,我们终究都会面对,它带来的不应该是悲伤和压抑,而应该是希望和未来!"

【案例评析】

本案例是利用影视文学作品开展生命教育。影视作品以其直观性、形象性、生动性对中学生有着独特的冲击力和影响力,内容极其丰富,为我们开展生命教育提供了许多素材,容易引发学生的兴趣,令学生印象深刻。教师应该利用好影视作品,在让学生观看影片的同时,适时引导,激发学生思考,引起共鸣,达到生命教育的效果。

第二节　专题教育中的生命教育案例

专题教育是开展生命教育的重要途径之一,因此在中小学要开设青春期教育、心理健康教育、安全教育、环境教育、毒品预防教育等一系列的专题教育。结合学生的身心发展特点,从学生的兴趣、经验和社会热点等问题出发,有针对地开发生命教育案例。在此同时要注重内容的针对性、时间的灵活性、形式的多样性和学生的年龄特点等,专题教育才能取得预期的效果。

案例1　远离伤害,共创平安校园①

(一)教育背景

校园伤害事故的频繁发生引起了学校的高度重视。为了营造平安校园,重新唤醒大家对集会、课间活动、放学、交通、饮食等以上种种危险事件的认识,强调安全防患意识的重要性,教育学生要"人人讲安全,事事为安全,时时想安全,处处为安全";为了提高学生的自护自救能力,增强学生"防微杜渐,警钟长鸣"的安全防范意识,促使青少年健康成长;为了提高师生的安全意识,创建平安和谐的校园氛围,我们以班级为单位召开了"远离伤害,共创平安校园"主题班会。

(二)教育目标与形式

如何使学生从身边发生的事故引起对自身安全的重视;对自已行为规范的控制;对同班同学的团结友爱,等等。通过主题班会进行深刻的思

① 本案例节选自:邵洪宇. 九年一贯制学校梯进式生命教育的实践研究——以古美为个案[D]. 上海:华东师范大学,2009:66-67.

想教育；让受害人痛述事故的经过，从而引起其他人的深刻反思；让学生亲自排演小品，讲述安全与隐患其实是同时存在的，真正在于如何去防患于未然；让学生从开展自己寻找关于安全知识竞赛的题目，从而增大知识面等各种形式多样的活动中去批评和自我批评。

（三）活动过程

校园安全牵涉亿万家庭，长期以来为社会各界所瞩目，牵动着社会的"神经"。但目前我校及周边安全形势不容乐观，仍然面临着比较严峻的形势。交通事故、溺水、食物中毒、火灾火险、运动损伤、心理疾病、网络交友安全、青少年违法犯罪、毒品危害等，已成为校园安全的主要隐患。为了进一步提高安全意识、杜绝安全事故、共创平安校园，今天就让我们共同为"远离伤害，共创平安校园"而奋斗吧！

(1)情景再现——由当事人叙述伤人事件。

通过当事人讲述自己的亲身经历，让学生感受到校园伤害事件就发生在自己身边，让学生能够感同身受，加强安全防范意识。

(2)小品表演——学生讲"安全与隐患"的故事。

(3)"安全警语"快板表演。

(4)班长准备倡议书。

班长宣读"创建安全、健康、和谐校园"的倡议书，倡议同学们从现在做起，从身边做起，从小事做起全体师生"找出安全隐患、加强自我教育、提高安全意识、杜绝安全事故、共创平安校园"，为创建"安全、健康、和谐"的班集体而努力。

(5)举行"提高安全意识杜绝伤害事故共创平安校园"的签名活动。

【案例评析】

对中小学生进行安全教育是生命教育的重要内容之一，针对本班主体班会"远离伤害，共创平安校园"，学生非常积极投入，就课题内容进行了精彩的讨论，对学生进行安全教育、管理和保护是一个长期的反复的工作，并且教师应当针对学生年龄、认知能力和法律行为能力的不同，采用相应的内容和预防措施。学校也可利用一些资源，如宣传栏、板报等宣传如何防止意外的发生，明确意外发生后的责任界定，加强相关法律的宣传，预防校园伤害事故的发生。

案例2　防空演练，模拟险中求生[①]

（一）指导思想

为了使学生了解防空防震等突发事件的应急疏散知识，掌握应对防空防震时采取的防护措施和方法，最大限度地降低损失，坚持“以人为本”的思想，安全高于一切，安全责任重于泰山；坚持预防为主、安全有备、群防群治的原则；坚持遇事冷静、沉着应对、积极处置的原则，提高学生紧急避险、自救自护和应变的能力。

（二）组织机构

指挥长：校长担任；副指挥长：书记、副校长担任；成员：年级组长；场地负责：体育老师；医疗救护：保健老师；联络员：民防老师。

（三）演练内容与人数

（1）组织学生快速从教学楼疏散到远离悬空物、建筑物的地点（操场）。
（2）师生人数：660人。

（四）演练时间

2008年9月27日下午第四节课（15:50分起）

（五）演练准备

第一，知识准备。利用民防课、班会和校会，进行防空演习重要性的教育；利用学校广播或民防课，介绍防空警报的知识：预先警报：鸣36秒，停24秒，反复三遍为一个周期，时间3分钟；空袭警报：鸣6秒，停6秒，反复15遍为一个周期，时间3分钟；解除警报：连续长鸣3分钟。

① 本案例节选自：林丽华. 中小学生命教育探究——以上海市傅雷中学为例[D]. 上海：华东师范大学，2009：59-61.

第二,物质准备。在校园内张贴防空宣传画、横幅或宣传标语,营造良好的氛围;准备一些急救药品或器具。

(六)演练实施

事先告知:演练当天,通过电子屏幕公示演练计划,请学生做好准备。

演练程序:

15:55,当师生听到预先警报信号,校内广播:"老师们同学们请注意,现在是防空演练,请大家在引导员引导下,有序进行疏散,迅速离开教室到操场集中",学生在引导员带领下开始撤离。

16:00,急救车发出空袭警报信号,学生基本到达指定地点。

16:10,急救车发出空袭警报解除信号,演练结束,学生陆续回到教室。

疏散顺序与线路:

(1)听到信号后,班主任和老师不要慌乱,立即组织、指挥学生有序疏散。原则上按楼层由下到上就近依次撤离,上一层比下一层撤退速度稍慢,防止下楼梯口、转弯拐角处发生拥挤、踩踏。

(2)警报发出时班主任和任课教师应立即打开教室前门(有人把着门,以防门关闭),靠后门同学迅速打开教室后门。前三排同学从前门,后三(四)排同学从后门,同时向教室外疏散,成两队下楼。楼道安全员一定要协助疏散,监控疏散速度。

(3)线路图略。

(七)疏散演练注意事项

第一,要有顺序地疏散,在楼梯下楼时,不准学生在楼梯或走廊互相拥挤,避免跌倒。

第二,教师立即到岗,各就各位,指挥学生有秩序疏散,不得擅离岗位。

第三,疏散过程中,要迅速,要排队有秩序前进,不要慌乱奔跑,不要争先恐后。

第四,各班学生到达集中地后,以班为单位集队,各班应立即清点人数,并向总指挥报告。

【案例评析】

生命教育要让学生珍惜生命,掌握生存的技能。生命教育首先要让学生知道生存的力量和必要,通过创造模拟情景是生存教育、灾难教育实施的有效途径。本案例通过防空演练的实战练习,让学生掌握了解防空防震等特发事件的应急疏散知识,掌握应对防空防震时采取的防护措施和方法,并体验在面对危险和灾难的时候的紧张感,学会冷静面对灾难,掌握求生的技巧和训练在危险之中的镇静心态。

案例3　青春是朵含苞待放的花①

某中学组织学生外出野餐,第一次,老师让男女同学分席而食,结果是男生个个狼吞虎咽,女生则嬉笑吵闹,同样杯盘狼藉。第二次,老师让男女同学合席而餐,情境则大不相同:男生个个彬彬有礼,颇具绅士风度;女生则个个细嚼慢咽,温文尔雅,餐后地面保持得非常整洁。异性交往是人类生活中不可缺少的重要组成部分,中学生萌发的异性吸引是性心理和性生理走向成熟的必然结果,是一种正常的自然表现。这种变化常常表现为开始在意自己在异性同学面前的形象和言谈举止。研究发现,男女中学生的交往有利于增进对异性的理解,丰富自身的情感体验,扩大生活交往的范围,增强与人沟通的社会交往能力,学习上互相取长补短,有利于学生身心健康,促进人格的正常发展。

在日常的学习生活中,异性交往不可避免,并且也是非常必要的。中国有句俗语:男女搭配,干活不累。如何来看待同学间的异性交往呢?

情景假设:班级里的两位异性同学之间经常会讨论问题,这时作为旁观者会怎么想?而如果你是当事人之一,对对方有些好感又会怎么做呢?

同学讨论:可能的结果:作为旁观者可能觉得很正常,就是普通同学之间的学习交流;也可能怀疑他们之间是否有特殊的感情。作为当事人可能认为就只是好朋友的关系或者很希望能和对方有进一步的

① 本案例节选自:徐琳. 在中学开展生命教育的实践研究[D]. 上海:华东师范大学,2010:61-62.

发展。

我们知道,对于中学生而言,异性同学之间的正常交往不仅有利于学习进步,而且也有利于个性的全面发展。一般来讲,既有同性朋友又有异性朋友的中学生,往往性格比较开朗,为人诚恳热情,自制力较强,能坦然面对和恰当处理两性关系。而只有同性朋友的学生,对异性缺乏了解,缺乏健全的情感体验,容易形成社交障碍。

世界有阴阳之分,人有男女之别。只要男女同学以诚相待,互相尊重,互相帮助,就能形成良好的班风和学风,班级凝聚力增强。这一年龄的男女生产生好感是很正常的,是对美的向往。男女生交往不能一概称为"早恋",只要建立自尊、自信、树立远大的理想,我们一定能正确看待男女生交往的!

【案例评析】

生命教育是对健全人格的教育,处于青春期的学生由于生理、心理都在发生着微妙的改变,因此进行生命教育要充分认识学生这一特殊时期的身心特点。尤其学生在青春期会因为对自身的不了解,会出现很多反常的心理现象,所以青春期教育显得格外的重要。要正确看待青春期和异性交往的问题,认识自我和他人的关系,帮助他们形成正确的人与他人和谐相处的观念,也是生命教育的一大任务。

案例4　正确认识失败,勇敢面对挫折①

本主题课程教学目的为:

(1)通过讲述与讨论等方式,使学生懂得挫折是不可避免的,面对挫折,不要害怕,要正确认识失败、勇敢面对挫折。

(2)通过现场讨论及观看课件资料,使学生知道战胜挫折需要迎难而上、坚韧不拔的意志,渗透有挫折才能成功的思想。

(3)介绍减轻心理压力的策略,帮助学生形成能够正确认识失败,勇敢面对挫折的健康心理。

本主题课程教学方法可采用:

---

① 本案例节选自:黄国英.学校心理健康教育课程的教学设计研究[D].南昌:江西师范大学,2006:44-47.

(1)游戏活动。

(2)角色扮演(心理剧表演)。

(3)讲述和讨论。

教学前应做好以下准备:

(1)准备好名人、伟人战胜失败和挫折取得成就的事例并做成课件。

(2)组织学生排演心理剧《从头再来》。

(3)准备好《从头再来》的歌曲录音。

(4)准备好心理剧表演道具(酒瓶、书本及背景音乐磁带)。

(5)了解学生的心理动态,通过个别谈话和座谈、问卷等形式收集学生中一些正确对待失败和挫折的例子,并请这些同学作好介绍的准备。

(6)根据班级人数的多少,可以把班级分成3~4个小组。

教学前可把教室布置为:

(1)打破教室的座位顺序或把教室桌椅布置成V型、O型或U型。

(2)教室的灯光和窗帘尽量显得柔和、温馨。

(一)暖身活动

为活跃气氛,调动同学们的积极性,先请大家来共同作一个"诺亚方舟"的游戏。根据班级人数的多少,可以把班级分成3~4个小组,每个小组分别参加游戏。另外再选出一个游戏活动的主持人。游戏的规则是:先把比每个小组少一个数目的凳子围成一圈,主持人数"一、二、三"后,当他说"洪水来了"!参加游戏活动的这一小组成员必须赶紧找位置坐下,没有座位的那人则被淘汰。之后,抽掉一个凳子,继续游戏,没有座位的人又被淘汰,最后剩下的两人中坐到座位的人为胜者。其他小组依此类推,最后由每小组的胜者参加游戏决出最后的冠军。

(二)教学活动过程

1.导入课程主题

(1)讨论游戏的感受。同学们,通过刚才的游戏,大家有什么感受?请3~4位同学谈谈游戏的感受(含游戏总冠军、小组胜利者、小组活动失败者等)

(2)揭题。事实上,生活中,学习中,人人都希望获得成功。但人生不可能处处顺利,有成功,也有失败,有顺境,也有逆境,也就是说,我们随时都可能遇到失败和挫折,乃至遭遇不幸。你是选择被失败和挫折吓倒,一蹶不振,还是选择“正确认识失败,勇敢面对挫折”呢?

2.创设情境导出问题

教学中,问题的引出应该是自然的,教师应通过适当的形式引导学生思考并发现问题。

(1)导言。失败和挫折对于不同的人有不同的意义,法国大作家巴尔扎克曾经说过苦难对天才是一块垫脚石,对能干的人是一笔财富,对弱者是万丈深渊。如何对待这一问题?或许,下面这个心理剧可以给我们一些启发。

(2)心理剧《从头再来》表演。剧情大致为:高职院校新生李某,由于社会的一些偏见感到学习没有意义,打算破罐子破摔,他整天不是泡在网吧玩游戏、聊天就是呼朋引伴喝酒玩乐,感觉这样的大学生活实在没意思,结果期末考试门门课挂红灯。想到中学时代的自己曾经有过的梦想和愿望,他决心从头再来,于是他重新回到教室、回到学习中来,积极参加学校组织的各项活动,在学习中,在活动中,他重新找回了自己。大学毕业时由于他扎实的专业基础、过硬的技术能力,打败一起应聘的普通高校大学生,应聘为一家公司的高级技术人员,实现了中学时代自己的梦想和愿望。

(3)分析:剧中主人公就是我们班级很多同学的真实写照,我们或许有过一些暂时的失利,我们可能感慨命运的不公,但如果我们一味沉溺其中不能自拔,可能就只能是“白了少年头,空悲切”。这个故事给我们提出了一个问题,那就是当我们面临失败和挫折时,应该怎么办?

3.辨析事例认清问题

教学中,教师应引导学生自己来对问题进行分析,让学生发现问题,而不是“告诉”学生问题在哪。

(1)播放心理课件——名人、伟人战胜失败和挫折取得成就的事例。①出示美国总统林肯的简历:22岁生意失败;23岁竞选州议员失败;24岁再次生意失败;27岁精神崩溃;29岁竞选州议长失败;34岁竞选国会议员失败；35岁当选州议员；39岁竞选国会议员再次失败；46岁竞选参议员失败；47岁竞选副总统失败；49岁竞选参议员再次失败；51岁当上美国总统。②展示邓小平三起三落直至成为“改革开放总设计师”的故事。

(2)引导学生讨论：根据心理课件中的案例，让学生以小组为单位展开讨论，对名人和伟人们成功路途中所遇到的失败挫折及其应对举措进行分析，在此基础上尽可能结合学生自身的心理实践，让那些有切身体会的同学结合自身经验感受现身说法，进而总结出一个人在面对暂时的失败与挫折时应该持的态度。每小组派一位同学总结发言，把该小组讨论的意见向全班同学说明，另外，还可以派一到两位同学对前面同学的发言进行补充或解释。

4.训练策略解决问题

(1)游戏“挑选勇士”。活动规则：由老师挑选登上“挑战者”号轮船的水手，同学们只要回答出下面三个问题中的一个，就可以成为光荣的水手：①请你讲一个自己面对挫折，鼓起勇气克服困难的事例；②讲一个伟人克服挫折，取得成就的事例；③讲一句你最欣赏的名言。老师给踊跃发言的同学戴上水手帽。

(2)师生谈心，解决心理问题。请同学们把最近遇到的困难和挫折写在一张纸上(不必写自己姓名)，交给老师，由同学自愿抽取。之后，可由老师和同学们一起共同讨论解决，也可采取小组讨论形式，寻找解决问题的办法和策略。

(3)角色表演。出示事先准备好的角色表演情景，请同学们按情景需要认真接下去表演，表演中表演者和其他同学一起体会应对这些挫折和失败时的策略，并针对情景中的情况进行讨论。情景如：①考试挂红灯；②失恋；③老师批评；④寝室同学关系不和；⑤学生干部工作受挫；等等。

讨论：情境中表演者的表现如何，如果是我，我又该怎么办？

(4)教师总结：在每一个人的成长过程中，不可能都是一帆风顺，没有人能永远成功。一时的失利不等于永远的失败。所以，不必为暂时的失败而痛苦，上面很多的活动中我们都能体会到，只要“正确认识失败、勇敢面对挫折”，我们一样可以走好人生的路，风雨过后依然还是艳阳天。

(三)教学活动结束阶段

结束阶段应总结课程主题,加深学生对活动的认识和体会。

最后,让我们合着音乐的节拍一起唱《从头再来》,祝愿我们每一位同学都能"正确认识失败、勇敢面对挫折"。

【案例评析】

心理健康教育也是生命教育的一个重要组成部分,本案例主要针对受到一定的社会偏见的高职生的自卑、失落等心理问题,采用主题班会的形式,引导高职生正确认识失败、勇敢面对挫折,帮助他们形成积极的心态,健康的心理。教学设计从一系列活动入手,通过现场讨论及观看课件资料,给学生树立正面效应,使学生知道战胜挫折需要迎难而上、坚忍不拔的意志,渗透有挫折才能成功的思想。训练学生在遇到挫折时解决问题的能力,减轻心理压力,帮助学生逐渐形成能够正确认识失败、勇敢面对挫折的健康心理,触及心灵地进行生命体验教育。

案例5　拒绝毒品,你我同参与①

(一)活动目的

(1)使每个同学积极参与活动,形成活跃的气氛。

(2)了解同学对毒品知识已有的认知状况,以及同学对知识和学习方式的需求。

注意事项:控制好游戏时间和游戏的场面,对内向的同学要适当启发,鼓励表达,对外向的同学要注意限制但是不要打击其积极性。

(二)活动过程

师:各位同学下午好!大家都知道我们开远被称作"毒城",因为开远是个重要的毒品集散地,曾经在1991年初,因为青少年吸毒问题,驻开解化厂的139名吸毒人员家长联名写信给李鹏总理,请求治理解决毒品危

① 本案例节选自:杨利银. 高中生毒品预防校本课程开发的实践研究[D]. 昆明:云南师范大学,2006:22-29.

害问题,当时引起了很大的轰动。虽然在我们的校园里是一片纯净的天空,但是我们可能会面临或者遇到毒品的诱惑,今天就和同学一起做一个有意义的活动:拒绝毒品,你我同参与!

关于毒品,大家了解多少呢?又有些什么样的疑问呢?

生1:什么是毒品?毒品有害但是它有有利的一面吗?

生2:怎么样拒绝毒品?

生3:毒品的起源和历史是怎么样的?

生4:毒品可以彻底戒除吗?

生5:吸一次就会上瘾吗?怎么识别毒品呢?

师:同学们的问题都非常好,把同学们的问题总结一下我们的活动就来认识几个问题。1:毒品的种类;2.毒品的危害;3.拒绝诱惑,拒绝毒品。

1.毒品的种类

教学过程:

教师准备一些卡片,(汽油、吗啡、酒精、氰化钾、砒霜、可卡因、安定、海洛因、哌替啶、啤酒、美沙酮、甲醇、大麻、鸦片、烟草、冰毒、摇头丸等)

判断哪些属于毒品,哪些不是,说出自己的观点。

同学分析:氰化钾、砒霜不是毒品,因为毒品会上瘾,是慢性中毒过程。

师:对,氰化钾、砒霜都属于剧毒物,但不是毒品。

生:烟不是毒品,因为很多人都是吸烟。虽然大家知道吸烟有害健康,但是国家没有明令禁止吸烟,并且烟在公开场所也可以销售,而卖毒品是偷偷进行的。

生:烟是毒品,因为吸烟也会上瘾,并且对身体危害很大。

师:同学们说的都有道理,什么是毒品呢,我们先来明确一下毒品的定义:

《中华人民共和国刑法》第357条规定,毒品是指鸦片、海洛因、甲基苯丙胺(冰毒)、吗啡、大麻、可卡因以及国家规定管制的其他能够使人形成瘾癖的麻醉药品和精神药品。作为毒品来说具有:非法性、依赖性和危害性三个基本特点。所以从狭义的毒品概念来说烟不属于毒品,但是烟具有依赖性,是毒品的一大特点,所以现在也有专家把烟归类为广义的毒品范围。

通过讨论我们认识了形形色色的毒品,我们一直在提倡禁毒,为什么呢?

生:毒品具有危害。

师:对,毒品具有很强的危害性,那么毒品具有什么危害呢?

2.毒品的危害

师:我们已经认识了形形色色的毒品,同学通过对资料的收集也有了一定的知识准备。现在我们小组以画图的方式表示出毒品的危害,并对大家解释。

同学画图。

生:"毒品引发犯罪"、"毒品婴儿"、"从幸福走向深渊"。

生:"我要回家"、"撞电线杆自残"、"毒品与艾滋病"、"妻离子散"、"万贯家产化为零"。

师:同学们所画的图非常形象和有创意,大家都说得非常好,我们总结一下大家的观点,吸毒危害就从三方面来说:个人、家庭、社会。展示吸毒者的图片。

现在我们再做一个活动,请同学角色扮演,模仿吸毒者体验"吸毒后的痛苦经历"。同学表演。

3.拒绝诱惑,拒绝毒品

师:现实中我们会遇见种种压力和诱惑,这就使得我们要做出各种决定去应对而且将对决定所产生的后果负责。作为我们中学生来说多是遇到同伴的压力。现在请同学们说说自己生活学习中曾经碰上的同伴压力(逃学、吸烟、喝酒、网络游戏,考试中的"互相帮助"、吸毒)

现在我们请同学来"角色扮演"朋友劝你吸烟时你怎么办?

学生表演:

有人递烟给同学,同学微笑说:不,谢谢!然后拉着同学的手走开,使对方没有机会继续劝烟。有人递烟给同学,拒绝的同学指着脖子:我最近有点咳嗽,不能吸烟。

有人递烟给同学,拒绝的同学:老师叫我,我得赶紧过去,找借口暂时走开。

有人递烟给同学:拒绝的同学举着杯子:我非常口渴,喝口茶吧。

有人递烟给同学:礼貌拒绝,坚决不伸手接递过来的烟。

有人递烟给同学:采取以守为攻的策略:你怎么还吸烟?吸烟有害健康,赶快扔了吧!

师:拒绝朋友做某件事情很困难,要说“不”很难,因为不想让他们失望,当自己真的不想的时候答应下来会很糟,特别是一些危险的行为会给自己带来伤害性的后果。如果坚持自己的决定,通常过后会感觉较好,同学们的认识和做法非常棒。当我们每个人都坚决拒绝毒品,那么毒品就将在我们这里消失。同学们现在是拒绝毒品的小骨干成员了,为了美好的明天,为了毒品早日消失,我们一起郑重承诺:珍爱生命,拒绝毒品!我们一起签名。

【案例评析】

生命教育是直面生命的教育,是在中学校园自杀事件的频繁发生情况下提出的,认识生命,尊重生命,珍惜生命尤为重要。毒品预防教育对于青少年生命教育具有重要意义。本案例通过设计活动,让学生亲身参与,从毒品的种类,毒品的危害和拒绝诱惑,拒绝毒品三方面让学生深刻感受毒品对青少年的危害,让学生远离毒品,从而更加懂得珍爱生命。

案例6　拟写遗书,感悟生的价值[①]

“如果这是你生命中的最后一天,你最想说的是什么?”在昆明市第一中学高一年级的主题班会上,当看完了一部生命如何从受精到呱呱坠地的影片后,心理辅导老师牟洁给学生们出了一道题:写“遗书”。

结果,学生们写下的“遗书”五花八门:

“妈妈、爸爸,我的压岁钱放在小柜里”;“I love you”;“我不想死”;“本人自感命不长,唯心中有一二事不容,愿余者可尽吾愿:1. 本人非无家之人,上有父母,下有弟妹(堂),自知吾逝乃其痛,望生者无恸,自己珍重;2. 吾无财,但挂念苦寒之人与病痛者,愿献吾脏器以扶斯人”;“生命很重要”;“生命只有一次,请珍惜。人最宝贵的是生命”;“美好的生命,组成了

① 本案例节选自:陈霞. 生命教育论——基于生命教育系统的思考[D]. 上海:华东师范大学,2009:20–21.

美好的世界,好好活下去,创造美好的人生”。

读着这些更像人生励志语言的“临终遗言”,牟洁忍俊不禁。“让学生正确地理解死,是为了让他们更好地生。”她说,“显然,这样的模拟达到了我们的初衷。”

今年10月,昆明市第一中学在高一年级6个班推出了让学生模拟写遗书的教育活动。“在经历了汶川大地震的惨痛之后,我们想让学生认真思考生命的价值,认识生命、尊重生命、让生命更有意义。”该校副校长高富英说。模拟活动取得的效果出乎意料,许多学生都认为这是一个有意思的话题。他们在给老师的字条上说:“这堂课让我经历了‘生与死’,我会更好地活下去”、“决不放弃自己的生命——为了美好的明天”、“得到一个生命比失去一个生命更难”、“即便知道我要死了,我也要认真地度过死前的每一分钟”、“不要因为生活中的小插曲而漠视生命”。一名女学生对记者说:“在重新审视了生死之后,我发现很多东西是需要珍惜的。”

【案例评析】

生命教育包含“死亡教育”,死亡是人生命的终结,是自然发展的必然规律,然而受我国传统的儒家思想的影响,“死亡”大多是被人忌讳的,这就造成了青少年对死亡的错误认识,导致我国每年自杀人数不少。死亡教育是必要的,懂得死的可怕才更懂得生的可贵,才会思考活着的价值,更加爱惜自己和他人的生命。本案例从模拟临死情景,书写遗书的过程,让学生反思生的价值和意义。只有谈及自己的生命终结,学生才会反思到:什么才是生命中最重要的。

第三节　课外活动中的生命教育案例

生命教育渗透于课外活动中是指在课堂教学之外,学校有目的、有计划地组织学生参加各类有关生命教育的活动。课外活动是学生体验生命成长的重要途径,要充分利用班团队活动、节日、纪念日活动、仪式教育、学生社团活动、社会实践活动等多种载体,开展生命教育活动,让学生感悟生命的价值。学生亲身活动于课堂外,参与课外活动,直观感受和接触，避免口头说教，印象深刻，效果甚好。

案例1　十月怀胎，懂“生”之不易①

首先让学生分成几个小组，形成团队组织。

然后，让全体学生以小组为单位制作关于“生命观”的调查问卷，调查对象设定为家长、亲属、老师、邻居等长辈。每个小组内都要对问卷结果进行分析，并且进行组内讨论，要得出本组关于生命观的一些观点，时间为一周。

同时，给学生布置一个任务，每一个同学回家以后听母亲讲述她怀胎十月直至分娩的艰辛过程，并写出一篇听后感。

另外鼓励同学们通过多种途径获得更多人的生命观，比如上网查询，或者通过书刊报纸等进行了解，为课堂讨论积累更多的资料，也为学生形成自己最终的看法积淀一些材料。等这些工作全部完成之后，回归课堂。每个小组由组长作为代表对本组的调查问卷和调查结果对全班同学作以说明，并且将本组就生命观问题的讨论意见进行总结性陈述。各个小组在这个过程中可以吸取别组的优点和长处，并且对别组的生命观和自己本组的生命观进行对比，而每一个人也都可以进行对比，分析有什么异同。

教师在这个过程中依然充当的是引导者，而学生的有些观点也可以激发教师的思考，作为教师则可以和学生进行共同讨论，但是要保证观点的正面化，要明确以下几点：

(1)生命对于每一个人都是非常可贵的，无论是自己的，还是他人的，都要尊重和敬畏。

(2)生命也是有限的，我们要用有限的生命实现自己最大的价值。

(3)树立起一个积极、正确的生命观对于我们人生的指导和未来的发展起着非常重要的作用。

(4)爱惜生命、激扬生命、善待生命，直面生命中的挫折和困难，为生命的发展创造美好的前景。

---

① 本案例节选自：赵梦影. 生命教育视阈中中学语文教学的研究[D]. 上海：华东师范大学，2006：29.

在全部讨论结束之后，布置给学生们一个任务，每个人回去根据这次综合性学习的亲身经历和听母亲讲生命降临的过程之后的感想写一篇报告，可以是讲自己的生命观，也可以是评价调查中的他人的生命观。最终把这些形成深刻的文字，让学生自己从内心明确一个正确的生命观、一个积极的生命观，成功实现这次生命教育。而整个这次综合性学习的过程依然达到了“过程与方法”、“知识与能力”、“情感态度与价值观”三个方面的目标。

【案例评析】

这是生命教育中语文学科综合性学习的一个例子，除了课堂教学以外，课外综合实践活动的设计不仅弥补了课堂教学的时间长度，而且丰富了课堂教学的内容广度，生命教育远远不止于在课堂四十五分钟的渗透和交流，而应该扩大至生活中，每一个生命活动里都应该蕴含着生命教育的理念，作为教师应该充分挖掘综合性学习活动里面的生命教育内涵，拓展学生的视野，锻炼学生的思维并丰富了学生的情感体验。

案例2　游戏推算，增加生命厚度①

游戏步骤：

第一步：假设你能活到一百岁，用一张有0～100的刻度的纸条来代表你一百岁的生命岁月；

第二步：把你已经走过的人生撕下来；

第三步：好好想想你什么时候能够事业有成，找到那个年龄，把以后的人生也撕下来；

第四步：那么在你手上的就是你从现在到成功用来奋斗用来创造自己美好，富有价值的人生的时间了；

第五步：你不能不吃不睡，所以光睡觉至少还要撕掉手中三分之一的时间，此外，还要除去打扮、着装、文娱活动等时间……

也许是受中国人三十而立的传统观念的影响，大部分学生都希望自己在三十岁时事业有成。学生们都爱做游戏，尤其是课堂上，他们总是很兴奋的议论着。但每当学生们看到，拿在他们手上剩下的时间时，课堂上

① 本案例节选自：郑晓江，张名源. 生命教育公民读本[M]. 北京：人民出版社，2010：57-58.

总是有片刻突然的沉寂。是啊，一百年看似漫长，但即便是二十岁的青年，为未来的幸福生活奋斗的时间又有多少呢？

美国生物学家凯恩为人生算了一笔细账：以60岁为标准，共计21915天，睡眠占用20年，吃饭占用6年，娱乐玩耍占用8年，穿衣梳洗占用5年，行路、旅游、堵车占用5年，生病3年，打电话1年，上卫生间1年，闲谈70天，擦鼻涕10天，剪手脚指甲10天……最后剩余的时间只有10年！

生命来之不易，异常珍贵。珍惜生命、敬畏生命是生命教育的基础。而珍惜生命就要珍惜时间，珍惜生活中的分分秒秒。我们不能增加生命的长度，但是可以增加生命的宽度。

【案例评析】

如果不扳开手指去算算生命的长度，没有人会知道真正不被很多事情耽误的生命到底有多长。本案例以一个游戏的形式呈现，学生在老师的指导下给生命算账，让学生通过活动，动手动脑地思考生命的实际意义，除去我们生活中浪费时间的事情，到底会有多少时间是真正用来奋斗的呢？生命的意义是什么呢？为什么而活呢？引发学生思考。把珍惜活着的每一天提到重要位置，从而奠定生命教育的认识基础和情感基础。

案例3　上海市无障碍环境的调查与思考①

（一）项目设计

设想与目标：

无障碍环境是残疾人走出家门、参与社会的基本条件，也是方便老年人、妇女儿童和其他社会成员的重要措施。2007年上海将举办夏季特奥会，2010年将举办世博会，在此，建设无障碍环境，让生活更美好，就尤为重要了。然而上海目前的状况又如何呢？我想通过调查，了解总体情况，联系自身在活动中的感受，指出有待改进之处，并反馈给相关部门，为上海的城市建设出力；同时向同学宣传无障碍环境的相关知识，让大家共同关心社会的弱势群体。

可行性分析：（重点、难点、可完成条件、个人特长等）

① 本案例节选自：林玲. 论学校生命教育的实践取向[D]. 上海：上海师范大学，2007：38–39.

本次活动,旨在了解上海市区无障碍环境的建设情况,使残疾人、老年人出行便捷;重在中期的社会调查,需要亲临实地考察或电话咨询;难在平时学习紧,业余时间有限,而调查范围广,几乎涵盖整个市区;好在我对上海市区的路面较了解;家里有车便于考察;四位合作者居所分散却齐心协力。

项目具体计划:(突出创意点)

(1)联系上海市残疾人委员会,询问情况,告知意向。

(2)购买上海地图,上海黄页,结合因特网搜索,了解无障碍环境的相关信息。

(3)实地考察,电话咨询,做好记录。汇总资料,整理成目录形式,进行小结。

(4)简要地绘制地图(在原来交通图上)标识没有无障碍环境的路面,公共建筑。

(5)向残联借 5~6 块宣传栏,放在门厅宣传相关知识。

(二)实践过程

(1)联系上海市残疾人委员会,告知自己的意向后获得他们的大力支持。

(2)从地图、黄页、因特网上获得相关信息。将调查对象分为 5 类,我负责商场百货的调查;臧淑玲负责宾馆的调查;杨扬负责饭店的调查,张佳妮负责影剧院的调查,陈实玉负责图书馆轨道交通的调查。

(3)我们利用双休日,进行电话咨询,实地考察。由我将调查资料汇总,整理,打印出"公共场所记录"和"总结报告"两份文件。

(4)和残联联系,并亲访残联办事处,提交报告,听取建议。

(5)制作静安区的无障碍环境标识图。在上中校园内摆放"无障碍环境知识"宣传栏,让同学了解关爱社会弱势群体。

(三)自我评价

项目完成情况:

整个项目为期半年之久,共调查了 82 处公共场所,数十条城市路面,范围遍及普陀、长宁、徐汇、卢湾、静安、黄浦、浦东、杨浦、虹口等各个区域。在后期的“公共场所记录”中,所有调查场所按不同种类罗列。“总结报告”中通过文字、表格、地图三重组合,全面展示了上海无障碍环境的建设情况。

【案例评析】

让学生参与社会实践是提升学生生命行为质量的重要途径,通过实践活动,学生能够学会与他人和社会和谐相处,理解生命与自我、他人、社会的紧密联系。本案例就是一个典型案例,介绍学生如何在社会实践中提升生命行为质量。类似的实践活动,可增强学生对生命活动的理解,并付诸外显的行动,参与到社会生活中去,为他人服务。增强社会责任感,学会正确认识生命体之间的社会关系。

案例4　播撒绿色种子——傅雷中学爱绿、护绿环保系列活动[①]

(一)活动目的

通过专题教育及系列活动在学生中传播有关绿色植物的相关知识,让学生在知识层面上对绿色植物有所了解;第二阶段通过指导教育及体验式活动让学生了解护理绿色植物的相关方法,在技能层面有所收益;第三阶段希望能够在必要的知识技能的储备基础上,通过认识——了解——实践的过程,让爱绿、护绿的意识真正在学生脑海里生根发芽,进而可以在学生的日常生活中有所表现,有所反映,让爱绿、护绿的行为成为学生的自觉。在每一个学生心中播撒下绿色的种子,让爱绿、护绿的意识与行为成为我们学生这一代人基本的素养,正是我们学校开展这一系列环境保护教育的初衷与目的。

(二)实施过程

参与对象:初一年级

参与人数:361人

① 本案例节选自:林丽华. 中小学生命教育探究——以上海市傅雷中学为例[D]. 上海:华东师范大学,2009:47-49.

活动时间:2006年9月—2008年6月

活动主要内容:

第一,由生命科学老师组织,学校后勤部门配合,带领学生对校园内的植物挂标识牌,结合学科教学对学生开展认识植物的教育活动。先组织部分学生熟悉校园内植物的分布和主要植物的特征,再由这部分学生发动班里的学生认识周围的绿色植物,分小组开展专题活动。

第二,在环保课上,教师有目的地突出绿色植物在环境中的作用,每一种植物都撑起绿色天空的一角。关爱环境就应该首先从爱护环境"卫士"开始。组织学生讨论如何有效地进行爱护这些环境的"卫士",并形成书面的保护方案或提案。

第三,开展绿色植物认养活动。在整个年级每人养护一盆水仙花,跟踪植物的生长状况,更直观地培养护养植物的能力。

第四,由德育处牵头,年级组具体落实,在初一年级开展以保护环境为主题的班会评比活动。以主题班会的形式,宣传教育爱护绿色、保护绿色的价值与意义,并探讨一些体现班级特色、切实可行的行动办法,提升同学爱护绿色、保护绿色的意识与自觉。

第五,开展自编环境小报的活动,进行评选,并在学校宣传窗口展示。初一年级各班每人自编环境小报一份,有二位老师指导。学生为编好小报大量查找资料,这个过程中还发动了家长帮助查找,无形中使家长对爱护环境重要性有了更深的认识,扩大了爱绿、护绿宣传的普及面。具体要求是:①报纸大小为A3;②内容可以从相关报纸、杂志上摘录环境保护的文章;③自己书写环境方面的文章两篇;④报头、插画力求美观、书写整洁。

第六,组建了校园护绿保洁队,定期开展活动。在学校德育处、团队的组织下,护绿保洁队的活动有序的开展。清除绿地中的枯枝落叶,扶正歪斜的幼苗,发现受病虫害影响的植株,为扩大护绿保洁队的辐射影响作用,护绿保洁队的活动还走出了校门,走进了街道社区,把爱绿护绿的春风吹向了社会,既是向外界的宣传,更是最好的自我教育契机。

第七,倡议学生节约用纸,使用再生纸。通过广播宣传、板报宣传等形式让每个学生都知道,纸张制备需要大量的树木,节约用纸就是在爱护树木、保护绿色。各班通过征集节约用纸小窍门等活动形式开展相关活动,并以年级组的名义向全校师生发出了节约用纸的倡议,同时鼓励大家一起使用再生纸,以自己切实的行动去实践爱绿护绿的诺言。

第八,系列活动的开展带动了学生对环境保护的重视,相关活动如节约用水的宣传、回收废旧电池的行动也都开展了起来。同学们自主与社区联动,把环保理念宣传出去。

(三)活动结果

评比出了校内最佳爱绿班级,评出主题班会等第奖,收到学生自编的环境报300多份,同学们不仅学会了如何制作小报,同时也展示了自己的才华。整个创编小报的过程同学们体验了设计、制作的乐趣。编写的过程中也学到了很多环保的科普知识。征集到了不少爱绿、护绿的好点子、好方法。学生获得了一定的爱绿、护绿的知识技能,环保意识得到了很大提升,爱绿护绿已经成为这批学生中大多数人的自觉行为。播撒下的绿色种子开始在学生心中发芽生长。

(四)收获与体会

傅雷中学的学生通过此次活动的开展,增强了同学们的环保意识,使他们形成了一定的环境意识和环境保护的责任感、义务感。并带动了他们的亲戚朋友,也参与到爱护绿色植物、回收废旧电池等一系列的绿色环保行动中来。由孩子向家长劝说,这比社会舆论有用得多;在编写环境小报时,学生需要查找不少资料,还要调查撰写,这个过程往往需要家长协助,无形之中也提高了家长的环保意识。学校的播绿活动开展至今,已经取得了一系列的成绩,环保类市级奖项3个,区级奖项2个。

【案例评析】

本案例是傅雷中学践行环境教育的案例,通过环境教育与素质教育的相融来引导青少年热爱大自然,热爱生命和生活,引导青少年在学习中发展自己的潜能。在学校教育中积极开展针对青少年的环境保护教育。通过环境教育,让学生在课外活动中建立与环境和谐相处的人类新观念,使学生正确地进行认知,产生符合现代可持续发展理念的认识和行为。

案例5 校园节日中的生命教育活动[①]

(1)体育节上,学校以“增进学生体能、促进合作意识、掌握运动技巧”为主题的举办体育盛会,学生在校园体育节上不仅可以参加“体能赛”,还可以参加“智能赛”。身体得到锻炼的同时,知识也获得增长。在体育节上,学生获得了更多知识,包括如何搭配营养早餐,使自己身体更强壮?意外扭伤怎么处理?团队合作在接力比赛中的重要性,等等。这样,学校通过举办体育节使学生更清醒的认识到“热爱生命、珍惜生命、保护身体、活出健康”的重要性。

(2)校园读书节上,学校以“师生共读书,建书香校园;师生共成长,奏生命乐章”为口号,号召全体师生共读好书,共明道理,享受读书的快乐,奏响生命的乐章。

(3)以“与心灵相约,与健康同行”为主题的校园心理健康节,寻找“校园达人”的活动,使每一位学生的生命得到尊重,亲子活动使家长和孩子一起享受亲情,学会感恩。

(4)以“泼一抹墨色,国风脉脉;调几声弦音,民韵悠悠”为主题的校园艺术节,带领孩子们聆听贝多芬的交响乐、感受施特劳斯的圆舞曲。艺术之美在于对学生性情的陶冶与培养。学校通过举办校园艺术节,有目的的培养学生的审美意识、审美情趣、审美能力。

【案例评析】

以校园节日为主线开展生命教育是个案学校开展生命教育的又一亮点。学校以校园节日为主线,在校园节日中挖掘生命教育资源,改变了以往的校园节日单纯的以活动主题为主线的做法。体育节、读书节、心理节、艺术节——每个校园节日活动内容都与生命教育内容息息相关,因此,学习抓住了校园节日的特点,力求每次活动都能围绕“生命教育”这一主题开展活动,并且,实践也表明活动确有成效。

① 本案例节选自:邵洪宇. 九年一贯制学校梯进式生命教育的实践研究——以古美为个案[D]. 上海:华东师范大学,2009:58-59.

案例6　德育中的生命教育①

(1)两年级的周诗韵小朋友是个曾被同学们遗忘的孩子，因为她从2005年9月入校后，在学校上学的时间不满一个月，其他时间都是在上海市儿童医学中心的病床上度过的。但身患白血病的她仍不放弃学习，坚持在病房里自学，周诗韵小朋友的事迹深深感染了古美师生，学校向全体学生发出《倡议信》，组织《心感动——向周诗韵小朋友献爱心，向周诗韵小朋友学习》的集会，引发古美师生以及家长对生命的思考和对生命的深刻领悟。而周诗韵，一位曾经孤独无助的、被遗忘的二年级女孩，不仅得到了爱，得到了友谊，更得到了尊重。

(2)六(3)班学生耿海林同学的爸爸出了车祸，使得原来就十分拮据的家庭生活雪上加霜。耿海林情绪非常低落，心情很不好，学习也没有心思。了解了事情的原委后，六(3)班班主任和二十多位同学向耿海林同学伸出了热情的援助之手。短短的半天时间就在班级中募得了1 000多元捐款。事后学校老师、其他班级的学生，许多学生家长也纷纷慷慨解囊。

(3)清洁工安万勤因公受伤，全校师生闻讯自发地为外来务工者募捐，刘校长带领学校师生代表前往上海市第八人民医院看望和慰问，少先队代表将凝聚全体学生的爱心捐款8 917.6元人民币交到了安师傅的手中。

(4)当四川汶川地震的消息传来，学校大队部发动"情系灾区小伙伴拳拳爱心送真情"爱心捐款活动，短短的二十四小时，募集捐款高达24 322.3元。各班级紧急召开"心系灾区"的主题班会，班会中同学们表达了对遇难同胞最深切的哀悼，对抗震救灾中英雄们的敬意，用自己稚嫩的语言表达对同胞的关怀和祝福。2008年5月21日上午古美学校举行沉痛哀悼四川汶川大地震遇难同胞仪式。七百多名师生以素装默哀。师生代表分别朗诵诗歌《师魂高德》《在天堂，孩子给妈妈的信》，追悼在抗震救灾中英勇献身的老师和遇难的孩子们，并向遇难者献上白色康乃馨，寄托上海教师的无限哀思。学生们更是亲手制作无数千纸鹤，为地震灾区人民

① 本案例节选自：邵洪宇. 九年一贯制学校梯进式生命教育的实践研究——以古美为个案[D]. 上海：华东师范大学，2009：57-58.

祈祷,祈愿逝者安息,祈愿受困者脱险,祈愿生还者坚强。

【案例评析】

学校在实施生命教育的过程中,同样要非常注重发掘现实生活中的生命教育素材,让学生在活生生的事例中体会生命的内涵,感悟生命的真谛。小故事,大道理。通过挖掘学生身边的故事,作为学校生命教育的资源,会使学生在真实的、生活化的教育环境中,在难以忘怀的道德力量的洗礼中感悟生命的宝贵,热爱生活的美好,使学生道德认识得到提高、道德情感得到陶冶、道德意志得到锻炼、道德行为得到培养。

小　结

生态教育是将生态学原则渗透到人类的全部活动范围中,最优化地处理人与自然、人与社会、人与人之间的关系。自然的一切始于生命,生命是万物的开端。因此,生命教育是生态教育的基础和前提。生命教育是依据生命的特征,遵循生命发展的原则,以学生自身潜在的生命基质为基础,通过选择优良的教育方式,唤醒生命意识,启迪精神世界,开发生命潜能,提升生命质量,关注生命的整体发展,使其成为充满生命活力,具有健全人格、鲜明个性,掌握创造智慧的活动。通过生命教育让学生尊重生命、爱护生命乃至敬畏生命,从而达到生命的完美、生活的和谐。生命教育的开展形式也是多种多样的,而不仅仅局限于课堂,生命本身是多姿多彩的,生命活动的复杂和多样性决定了生命教育形式的多样性。因此生命教育要将课堂上、家庭里、社会中三者形式结合起来,打破常规的学科知识教育形式。本章正是从课堂教学中的生命教育案例、专题活动中的生命教育案例、课外活动中的生命教育案例三个方面来呈现,多案例示范怎样开展全方位的生命教育活动,渗透珍爱生命的崇高信念,帮助学生形成人与自己,人与自然,人与社会和谐相处的理念。

参考文献

[1] 程红艳. 教育的起点是人的生命[J]. 教育理论与实践,2002,22(8):17-20.

[2] 黄国英. 学校心理健康教育课程的教学设计研究[D]. 南昌：江西师范大学,2006.

[3] 李高峰. 灾难教育：学校生命教育的应有之意[J]. 湖南师范大学教育科学学报,2009,8(6)：43–46.

[4] 林丽华. 中小学生命教育探究——以上海市傅雷中学为例[D]. 上海：华东师范大学,2009.

[5] 林玲. 论学校生命教育的实践取向[D]. 上海：上海师范大学,2007.

[6] 罗明东,何元. 真善美的统一："三生教育"内涵新解读[J]. 昆明学院学报,2009,31(4)：5–9.

[7] 欧阳康. 生命教育的前提性反思——由云南"三生教育"引发的思考[J]. 昆明学院学报,2009,31(4)：10–12.

[8] 邵洪宇. 九年一贯制学校梯进式生命教育的实践研究——以古美为个案[D]. 上海：华东师范大学,2009.

[9] 舒扬,马英,李冰雪. "三生教育"之"生命教育"实践探索[J]. 中国科教创新导刊. 2010(10)：132.

[10] 谭广峰. 中小学生命教育的实施及其管理研究——鞍山市铁东区生命教育的个案研究[D]. 昆明：云南师范大学,2007.

[11] 杨利银. 高中生毒品预防校本课程开发的实践研究[D]. 昆明：云南师范大学,2006.

[12] 赵梦影. 生命教育视阈中中学语文教学的研究[D]. 上海：华东师范大学,2006.

[13] 郑世彦. 生如夏花,死如秋叶——生命教育课程对大学生生死观的影响之研究[D]. 上海:华东师范大学,2009.

[14] 郑晓江,张名源. 生命教育公民读本[M]. 北京：人民教育出版社,2010.

[15] 周家荣. "三生教育"的生命伦理本质[J]. 湖北社会科学,2010(6)：191–193.

拓展阅读文献

[1] 陈霞. 生命教育论——基于生命教育系统的思考[D]. 上海：华东师范大学,2009.

[2] 董林辉. 高中生生命教育初探[D]. 上海：华中师范大学，2006.

[3] 胡欣. 生命教育思想下的初中语文课堂的构建[D]. 上海：华东师范大学，2010.

[4] 徐琳. 在中学开展生命教育的实践研究[D]. 上海：华东师范大学，2010.

[5] 徐燕敏. 当代我国青少年生命教育研究[D]. 湘潭：湘潭大学，2011.

第六章　情感教育:实现身心和谐发展

具有丰富情感的人类作为具有主观能动性的生物是自然界整个生态系统的重要有机构成体。而学生作为发展中的人,知识、能力、思维、情感等尚待完善,世界观、人生观和价值观不够成熟,其行为活动对个人甚至整个生态系统有着重要的影响。学校是学生获得教育的重要机构,而课堂作为教师、学生及环境之间形成的多种功能的综合体,是学生接受教育的重要场所,是师生共同演绎生命意义的舞台。因此,在课堂教学中充分尊重学生的人格、关注学生的情感发展不仅有益于引导学生领悟生命的真谛,促进学生的全面发展,而且对于整个生态环境平衡、稳定都有极其重要的意义。为此,本章通过语文、物理、化学等学科情感教育研究案例的呈现,为读者在课堂教学中有效地进行情感教育提供一定的借鉴。

第一节　语文学科中的情感教育

当前,我国的基础教育正处在由“应试教育”向“素质教育”的转变时期,真正的素质教育依赖于情感教育。语文学科作为基本的人文学科,充分发挥其人文性的特点:强调人的价值,并努力使教育实现人的全部价值;充分发展人的全部品性,不仅仅是理性,还包括情感与个性,才是教育的最高目的。因此,在语文教学过程中积极地开展情感教育是责无旁贷的。

案例　情感教育体验活动[①]

(一)主题内涵

新课程改革指出:"语文教学要注意知识和能力、过程和方法、情感态度和价值观三个方面的相互渗透,融为一体。从而,语文教学承担着培养学生掌握运用祖国语言文字的能力和培养学生的文学素养,陶冶情操,健全人格这个基本任务。"情感教育无疑在语文教育中占据着十分重要的地位,这也是新课程改革突出强调的一点。

(二)活动目的

学生通过《我的母亲》、《冰心:巴金这个人》、《故乡的榕树》三篇文章的学习,分别体验了亲情、友情和乡情。笔者觉得可以借此机会对课文知识进行拓展,引导学生积极讨论思考,通过对生活中常见的各种情感的挖掘来加强学生的情感积累,提升人文素养,促进语文学习,同时,培养学生养成合作、探究的学习习惯。

(三)活动要求

(1)以小组为单位,人数6~7人不等。组员各有分工,收集各种相关材料,并向全体同学进行展示。

(2)展示形式要多样化。除了课件外,还可以加入朗诵、小品表演、辩论、问题互动等多种形式,内容突出语文味。

(3)各组以抽签形式决定先后顺序,每组展示规定时间是10~15分钟,计划两节课完成,每组把相关内容编写成一份手抄报张贴在班上。

(四)活动过程

经过同学热烈的讨论,大家共选定了7种情感来加以感悟,它们是:亲情、友情、爱情、乡情、爱国之情、师生情、人与自然之情。

① 本案例节选自:张永文. 语文教学情感体验案例[J]. 读与写杂志. 2010(7):191-193.

【第一组】爱国情

标题	勿忘国耻，爱我中华
过程	1. 展示圆明园图片，并伴有低沉的背景音乐。 2. 同学发表感想，突出爱国主题。 3. 爱国先辈的英雄人物介绍：屈原、岳飞、邓世昌、姚明等。 4. 朗诵：《少年中国说（节选）》。 展示爱国名言："天下兴亡，匹夫有责"、"苟利国家生死以，岂因祸福避趋之"、"先天下之忧而忧，后天下之乐而乐"、"人生自古谁无死，留取丹心照汗青"、"寄意寒星荃不察，我以我血荐轩辕"等。 5. 讨论：如何加强中学生的爱国情感。 6. 推荐书籍《爱国英雄人物故事》；电影作品：《我的1919》、《东京审判》、《南京》等。

【第二组】乡情

标题	月是故乡明
过程	1. 朗诵：余光中《乡愁》，背景音乐《橄榄树》。 2. 请同学说出古代诗歌中的思乡名篇名句。 名篇：李白《静夜思》、王维《九月九日忆山东兄弟》、张九龄《望月怀远》、张若虚《春江花月夜》、王安石《泊船瓜洲》等。 名句："故乡今夜思千里，霜鬓明朝又一年"、"日暮乡关何处是，烟波江上使人愁"、"今夜月明人尽望，不知秋思落谁家"、"此夜曲中闻折柳，何人不起故园情"等。 3. 风光图片展示，请来自各个乡镇的同学，分别介绍家乡的特点。

【第三组】爱情

标题	问世间，情为何物？
过程	1. 古今中外经典爱情故事介绍：《梁祝》、《刘兰芝与焦仲卿》、《西厢记》、《罗密欧与朱丽叶》。 2. 小品表演：《苦涩的青苹果》。 3. 辩论赛：正方，中学生谈恋爱不正常；反方，中学生谈恋爱也正常。

【第四组】亲情

标题	感恩的心
过程	1. 朗诵:《游子吟》、《男孩和他的父亲》。 2. 感人的亲情图片展示。 3. 朗诵:《一生》。 4. 小组合唱《感恩的心》。

【第五组】师生情

标题	感悟师生情
过程	1. 尊师名言展示: "疾学在于尊师"、"是故无贵无贱,无长无少,道之所存,师之所存也"等。 朗诵:《飞人与恩师》。 2. 展示班上老师与同学在体艺节期间的较多合影。请同学讲述自己与老师的难忘故事。 3. 朗诵:《水调歌头师生情》。

【第六组】友情

标题	友谊天长地久
过程	1. 主持人请同学们举出表达友情的成语和名言。 成语:高山流水、负荆请罪、莫逆之交、肝胆相照、管鲍之好、刎颈之交等。 名言:"君子之交淡若水"、"海内存知己,天涯若比邻"、"士为知己者死"、"莫愁前路无知己,天下谁人不识君"、"有朋自远方来,不亦乐乎"等。 2. 讨论: ①请同学们根据自己的理解谈一谈什么叫友情,它有什么特点? ②请你结合自己的实际情况,说一说你选择朋友的标尺是什么? ③在与朋友交往时你会有自己的原则吗? 3. 配乐朗诵:《什么是真正的朋友》。

【第七组】人与自然

标题	我们只有一个地球
过程	1. 展示两组图片:《美丽的地球》和《哭泣的地球》。 2. 朗诵:《归园田居》、《山居秋暝》。 3. 主持人请同学们列举生活中破坏环境的现象,并探讨如何从自身做起,来改善环境。 4. 播放表现"非典"时期的flash视频《感人的小鸡》。

【教学反思】

这次教学活动开展得十分顺利,同学们参与积极性很高。在活动中,同学们重点明确,紧紧抓住主题展开讨论,较深入地进行了情感挖掘,体验了各种情感,开阔了视野,丰富了知识,给人留下了深刻的印象;成果展示的形式多样,突出语文味。诸如朗诵、小品、辩论等形式都有运用,锻炼了学生的语言实践能力;收集、展示了大量的古诗文以及名言名句,加强了学生语文知识的积累。与此同时,培养了学生合作探究能力。通过自己动手收集素材、筛选材料、文章写作、制作课件、主持表演等,培养了学生在活动中的团结协作、深入探究的学习习惯。不可否认,这次活动也暴露了学生的较多不足,主要有:有的情感挖掘欠深入,内容不够丰富;形式上还可有所突破;语言表达不够出彩等。

【案例评析】

这节课的教学充分体现了新课程改革倡导的以学生为主体的教学理念,教师在教学过程中给学生提供了一个自我展现与交流的平台,学生积极主动的进行交流讨论。本节课的亮点是以活动为中心展开教学,这样不仅调动和满足了学生自我表现的强烈欲望,提供给学生平等交流与对话的机会,而且引导学生进入到了作品的复杂情感体验之中,在体验之中达到了认知教育与情感教育相统一的教育目的。除此之外,还培养了学生敏感的心灵、丰富的体验、细腻的感受,感悟一切客体都是生命化的,都充满着生命的意蕴和情调。这些都益于学生健康人格的养成,是完整人格的教育所需要的。

第二节　物理学科中的情感教育

情感是人对客观事物是否符合自己需要的态度体验,积极健康的情感,能有效地强化人的智力活动,使学生具有充沛的精力,敏捷的思维,丰富活跃的想象力,较强的记忆力[①]。高中物理的教学是离不开情感教育的,一方面,开展情感教育使学生在获得学科知识的同时激发了学习兴趣,体会到学习物理的快乐,从而很大程度上提高了教育教学质量,更有

① 林晗. 从情感维度优化高中物理教学的研究[D]. 大连:辽宁师范大学, 2010.

利于学生形成正确的人生观、世界观、价值观，促使学生的全面发展，另一方面，通过开展情感教育加深了师生之间的情感，使课堂教学气氛和谐，师生之间真正形成了民主、平等、和谐的新型师生关系①。

案例 《牛顿第一定律》②

（一）主题内涵

牛顿运动定律是动力学的基础，牛顿第一定律是牛顿物理学的基石。教材首先对人类认识"运动和力"的关系作了历史的回顾，介绍了四位科学家研究运动和力的关系的思想方法及卓越贡献。然后讲述牛顿第一定律的内容和物体惯性的概念。教学的侧重点放在理解人类认识"运动和力"的关系研究上。这是因为人类对运动和力的关系的认识历史是漫长的、曲折的，曾经出现过错误的认识，经过了多位科学家的不断修正，才得出最后的规律。这一过程中，无论是科学家的精神还是科学的研究方法，都值得学生去深入体会。因此，本节课为情感教育的实施，提供了难得的素材与机会。

（二）案例呈现

教学过程	设计意图
1. 引入新课 [教师]根据生活经验，提出三个问题： 问题1：一个物体A静止在水平面上，我想让它运动起来，有什么办法？ 问题2：我想让上例中的物体A运动得更快，有什么办法？ 问题3：一个人推着小车在水平面上运动，当这人停止用力后，小车将会如何？ [学生]思考并回到问题。 [教师]根据前面的生活经验，直觉会告诉人们：必须用力作用在物体上，物体才能运动，没有力的作用，物体就要静止下来。	通过生活化的情景，使学生明白，仅根据直觉和生活经验得出的结论不一定都是正确的，有些甚至与科学截然相反。在问题情景中体会严谨的科学态度。

① 周庆蔚. 高中物理情感教学的研究[D]. 大连：辽宁师范大学，2006.

② 本案例节选自：余雪妹.高中物理情感培养策略的研究[D]. 长春：东北师范大学，2010.

教学过程	设计意图
2. 亚里士多德的观点 [教师]介绍哲学家亚里士多德的观点，并对他的生平及对人类和世界的贡献进行简要介绍，在此过程中重点提及：学习物理的过程中，不能只是根据生活经验，凭自己的直觉去解释物理现象，而是应该利用实验及其现象，深入分析，利用物理的思维方法来解决问题。 每个人的认识均受其所处时代科技水平的影响，和所有科学家一样，亚里士多德的一些观点存在错误是难免的，但不应该因此就把亚里士多德看成是阻碍科学进步的反动或落后势力的代表而进行批判，应该批判的是照搬亚里士多德的观点而墨守成规的人。	由于高中的教科书在提及亚里士多德时大多是介绍其错误的观点，往往给学生造成亚里士多德的认识是错误的，它阻碍了科学的发展的片面印象。引导学生学会辩证地看待亚里士多德的贡献，正确评价亚里士多德对科学的贡献。
3. 从伽利略—笛卡儿—牛顿的研究过程的教学 [教师]通过演示实验，介绍意大利物理学家伽利略对运动和力的关系的思考，并提出以下问题。 问题1：理想实验是以哪些可靠的事实为基础的？ 问题2：经过了哪些抽象思维？ 问题3：抓住了哪些主要因素？ 忽略了哪些次要因素？ 问题4：为什么要称之为“理想实验”？ [学生]思考并回答问题，教师对其观点进行引导及总结。 [板书] 笛卡儿 [教师] 介绍笛卡尔的观点 [板书] 牛顿 [板书] 二、牛顿第一定律：一切物体总保持匀速直线运动状态或静止状态，除非作用在它上面的力迫使它改变这种状态。 [教师] 引导学生体会和总结，四位科学家对力和运动的认识是逐步完善的。 [师生] 共同分析第一句话，说明：我们把物体保持原来匀速直线运动状态或静止状态的性质称之为惯性。 [板书] 三、惯性：物体保持原来匀速直线运动状态或静止状态的性质 [教师] 请同学们理解“一切”的意思？ [学生] 指所有物体都具有惯性 [教师]“总”是指什么意思呢？ [学生] 无论何时何地，处于何种状态物体都有惯性。	通过伽利略的理想实验学习，渗透伽利略科学的研究思想与方法：实验+逻辑推理。 对笛卡尔的观点和伽利略的观点进行剖析，使学生理解为什么惯性定律不叫笛卡尔定律或者是伽利略定律，可帮助学生更好的理解牛顿第一定律。同时让学生体会伽利略、笛卡尔、牛顿等科学家对科学执著追求的精神，渗透科学精神教育、辩证唯物主义教育和科学方法教育。

教学过程	设计意图
[板书] 1.一切物体总具有惯性 [教师]第二句话,要是没有力作用在物体上,物体会如何? [学生] 保持原来的运动状态。 [教师] 说明了力的作用是什么? [学生] 力是改变物体运动状态的原因。 [板书] 2.力是改变物体运动状态的原因。	
4. 中国古代对运动和力的关系的研究 [教师] 在引导学生理解“惯性”后,及时插入这一小片断:幻灯片展示中国古代对运动和力的关系的研究	挖掘情感因素,不仅可以扩展学生的知识面,而且又可以对学生进行爱国主义教育,培养学生的民族自豪感和社会责任感。
5. 协作学习 [学生] 为同桌出一个有关运动和力的关系或有关惯性的判断题,检查对本节知识掌握情况。	通过小组讨论、交流等教学方式,培养学生团结协作意识,通过对生活中惯性现象的解释,进一步提高学生运用所学知识解决问题的能力。
6. 以一个小故事结束本课教学 在巩固以一个小故事结束本课教学“惯性”这个概念时,给学生讲一个与惯性有关的小故事,并作为本课的结尾。 “公共汽车上的故事”:一辆公共汽车在平直公路上匀速行驶,车上坐满了人。当一位站着的男生正掏钱买票时,一不留神撞到了前面站着的一位女士身上,这是什么原因造成的?当女士向男生骂了句“真没德性”,车上的乘客都看他,他该如何为自己被误会辩护,脱离窘境?	让学生“扮演”故事中的主人公,为自己辩护,即活跃了课堂氛围,又加深了对“惯性”的理解。教师在创设的愉快的学习氛围中渗透良好品德、习惯的培养。

【教学反思】

本节课的教学设计采用“问题、讨论、交流、归纳”并辅以实验的教学模式。课堂上，学生学习积极性很高。学生目光中充满了对知识的渴求，参与意识很强，对老师所提出的问题能积极地去深入思考，学生非常纯朴而又不拘束，富有情感，使得课堂充满朝气与活力。总之，本节成功地落实了新课程的三维目标，尤其是“情感态度与价值观”这一目标的成功落实更是值得学习和思考的。在以后的教学中，如何在更加有效地在教学细节中恰当的渗透情感态度与价值观教育，仍然是我们不断思考的问题。

【案例评析】

本节通过情感因素的挖掘，在多个教学细节中潜移默化地渗透情感教育。由于高中的教科书在提及亚里士多德时大都是介绍其错误的观点，往往给学生造成亚里士多德的认识是错误的，对科学发展起到了阻碍作用的片面印象。通过对亚里士多德的介绍和评价，让学生学会用辩证的角度来正确评价亚里士多德对科学的贡献；通过科学史的介绍，让学生领悟物理规律的形成是艰难的，领悟伽利略、笛卡尔、牛顿等科学家对科学执著追求的精神；通过伽利略的理想实验的模拟演示过程，让学生体会科学研究的重要方法。通过挖掘情感因素一中国古代对运动和力的关系的研究的学习，对学生进行爱国主义教育，培养学生的民族自豪感和社会责任感；通过小组讨论、交流等教学方式对生活中惯性现象的解释，培养学生团结协作意识，进一步提高运用所学知识解决问题的能力。尤其值得一提的是“公共汽车上的故事”一列中，通过对该例子的讨论，学生在笑声中巩固了知识，在不知不觉中学会了如何做人，在教学中渗透良好品德、习惯的培养，教学生如何做人的道理。

第三节　化学学科中的情感教育

《基础教育课程改革纲要(试行)》指出，当前基础教育课程改革的具体目标之一，就是要“改变课程过于注重知识传授的倾向，强调形成积极主动的学习态度，使获得基础知识与基本技能的过程同时成为学会学习和形成正确价值观的过程”。化学作为一门重要的自然科学，在化学教育中培养学生科学的积极情感至关重要。

案例 《铁与生命动力》①

(一)主题内涵

本课题位于高一化学新教材必修1(人教版)第三单元第二节《金属化合物》中,其中安排了Fe^{2+}、Fe^{3+}的检验及简单的相互转化等知识。从教材表面看来,对学生的知识、能力要求并不高。但这部分内容不仅是巩固应用氧化还原反应规律,更是让学生感悟到化学知识与生命健康、生活实际紧密联系的极好时机。因此本案例以探究抗贫血药"速力菲"中是否含有Fe^{2+}为明线;Fe^{2+}、Fe^{3+}的检验及相互转化等知识为暗线,着力创设多种不同的真实的教学情景,引导学生大胆推测、自主设计、相互探讨、动手体验、合作分享;通过铁与生命健康等实际问题的探讨,引导学生将化学学习与现实世界联系起来,激发兴趣,培养能力,倡导学生关注健康、珍爱生命。

(二)案例开发

教师活动	学生活动	教学意图
[引入]阐述生命—血液—铁的关系:血液是"红色的种子、生命的动力!"。假如人体血液的组成或含量发生一定的变化,就可能影响到我们的生命健康。例如,铁是人体所必需的微量元素,有着特殊的生理功能。引出标题(以血红细胞的图片为背景,突出主题)如果体内缺铁,就可能引起缺铁性贫血。 简介1:缺铁性贫血的发病率、危害及病因。(出示资料卡片) 简介2:血红蛋白中铁元素的存在形式及功能(图示)	聆听讲述、观看画面、进入情境。 了解知识:高铁血红蛋白无携氧功能。	引导学生关注生命、关爱健康,揭示主题。

① 本案例节选自:杨双英.在高中化学中渗透情感教育的研究[D].长春:东北师范大学.2008.

教师活动	学生活动	教学意图
1. 转入课题 简介3：为了防治缺铁性贫血，市售有多种补血剂，如抗贫血药“速力菲”（显示照片和实物）。 [问题]：能否运用已学知识来检验抗贫血药“速力菲”中是否含Fe^{2+}？ [提议] 请同学剥去“速力菲”药片的塑料外壳，观察外观，反思自己方案的可行性。 [问题] 有些物质的含铁量可能较低，即使无其他干扰，上述方案也存在不足。我们多么希望有更灵敏的反应供我们使用。怎么办？	思考、讨论、交流。 根据已有知识，提出可能方案。 学生发现：药片呈黄色，对实验有干扰，上述方案不可行。 学生遭遇困境，面临新挑战。	由生活而进入化学。 真实暴露学生缺陷：完全用书本知识解答，不考虑实际问题情景。 老师不急于否定学生方案，让学生自己来评价、体会。学生感悟到原有知识的不足，激发学习新知识的欲望。
2. 创设悬念情景 魔术般实验表演：用$FeCl_3$溶液喷洒一朵白纸花，各个花瓣立刻呈现出红、紫、蓝、黄、绿等缤纷色彩。 老师分析现象，引出络合反应概念，并写出反应方程式。 [设问] 该反应很灵敏，有何实际应用？	此时学生惊喜万分！好奇心、探究欲油然而生。 回答：用于Fe^{3+}和Fe^{2+}的检验及Fe^{3+}的鉴定。	给学生产生悬念同时获得美的享受！ 在真实的情境中，主动获取新知识，使学习变得有现实意义。
3. 创设问题情景 [设问] 为什么刚才实验时Fe^{2+}与KSCN反应溶液呈浅红色？如何选择合适的试剂使其中之一溶液的浅红加深，另一血红色褪去？ 请在所提供的药品盘中观察、寻找有哪些物质可作常见的氧化剂或还原剂。 [提议]这些物质能否实现我们的目的？请动手实验。 探究Fe^{2+}和Fe^{3+}的相互转化。	分析：$FeSO_4$溶液部分被空气中氧气氧化。为使溶液颜色改变，可分别加入氧化剂或还原剂，实现Fe^{2+}和Fe^{3+}的相互转化。 学生总结：常见的氧化剂有及还原剂。 分组实验2：（略）。 分组实验3：（略）。	认知转移另一深层次问题的探究。 使学生感悟氧化还原反应原理的应用。

教师活动	学生活动	教学意图
回归课题:探究抗贫血药“速力菲”中是否含有Fe^{2+}? 展示“速力菲”说明书的正面,提醒注意: ①性状一薄膜衣片,思考:薄膜衣起何作用? ②主要活性成分:琥角酸亚铁,含Fe^{2+} 34.0%~36.0%的无水碱式盐。 [引导思考]这样操作有何不利影响? [启发诱导]如何操作更合适?	学生讨论:如何进行实际有效操作,并提出方案。 老师组织学生:讨论方案,动手实验,观察现象。	提供充分自由表达、质疑、探究、讨论问题的机会,尝试提出新的合理方案。
4. 知识拓展 引导查看“速力菲”说明书的反面。注意其中药物相互作用一栏:Vc同服,可增加本品的吸收。请推测:Vc有何性质?起何作用? 组织查阅资料: Vc是无色晶体,易溶于水。是一种强还原剂,在水溶液或受热时很易被氧化……	学生猜想:维生素C能抑制Fe^{2+}的氧化,作抗氧化剂。 学生讨论方案并动手实验,观察现象。	拓展视野,自然过渡,引出新情景。 使学生在观察中学会思考,在思考中学会探究。
5. 知识应用 发生亚稍酸盐中毒事故,如何急救?请你提出急救方案。 资料在线(简要介绍,亚硝酸盐对人体产生危害的机理)。	推测亚稍酸盐的性质(有氧化性),提出急救方案。	迁移推进,引导学生将所学知识与现实世界。

教师活动	学生活动	教学意图
6. 联系生活 图片显示： (1)富铁食品； (2)含铁强化苦油图片。 思考：为什么与食盐加碘不同铁强化酱油是非强制性强化食品？	学生了解又一全民营养工含铁强化酱油。 小结：正常人体摄入过多铁，也会引起其他疾病，物极必反	引导学生体会辩证观：任何事物有两面性。倡议关注健康、珍爱生命。
7. 课外探究 问题1：菠菜含铁量知多少？ 问题2：苹果"生锈"与"铁锈"成分一样吗？	课外生活小探究，作为课堂的延伸。	让学生在课堂里有成就感，走出课堂时依然怀有好奇心……

【教学反思】

本节课的设计主要围绕以下两个方面来进行情感教育。一方面，密切联系化学与生活。化学与生活息息相关，没有生活便没有化学这门学科，而化学的发展又使生活的质量不断提高。把生活和化学加以联系，从生活中学习化学，可以使学习变得轻松愉快，知识变得具体而亲切。用化学知识去解释生活现象，可以从中学习和掌握许多生活常识，使生活变得更加丰富多彩。另一方面，化学是实验科学，其实践性和应用性很强。作为实验科学，实验是化学教学的重要基础，形象直观、五彩斑斓的实验现象容易激发学生学习化学的兴趣。

【案例评析】

本节课的设计充分体现了新课程改革的理念，将情感教育的目标渗透于各个教育环节中，使得学生在掌握知识于技能的过程中，实现了情感的升华。具体来讲有以下几点优点：一是课题的提出贴近生活、贴近实际，从一开始就激发起学生学习的兴趣，提高学生学习的积极性，充分体验学习的价值。二是实验活动以小组讨论、合作、交流的形式开展，改变了传统课堂满堂灌，教师代替学生做实验的现象，从而使得学生在自主探究的过程中，逐步掌握科学的探究方法，形成正确的科学态度和良好的科学精神。

第四节　生物学科中的情感教育

随着教育改革的推进,特别是“构建和谐社会”理念的深入人心,情感教育也越来越受到重视,教育要提升人的素质,就需要提升人的情感质量。在新一轮课改中,生物新课标也明确提出了“情感、态度、价值观”这一课程目标①。生物教材中蕴含着丰富的情感教育素材,作为教育工作者,在新课程改革理念的指导下,研究高中生物学科教学中的情感教育,探讨情感教育实施的策略及评价方式,才能真正落实情感教育目标,即培养学生的社会性情感、提高学生的自我情感调控能力、促使他们对学习、生活和周围的一切产生积极的情感体验,形成独立、健全的个性与人格特征,促进学生认知和情感的和谐发展,成为真正全面发展的人②。

案例　种内关系和种间关系③

(一)主题内涵

本部分内容是在学习完种群的相关知识和群落的概念之后,在宏观方向的生命系统的种群和群落的层次来研究生物之间关系。种群是群落系统的一个子系统,理清种群内部和种群之间生物的相互关系,是理解群落是由其结构内部各种生物成分之间通过相互作用的关系而形成的有机整体所必需的。通过实例来理解决种内斗争、种内互助;种间关系中的竞争、捕食、寄生、共生等内容并不困难,但其蕴含的情感教育价值却不容忽视。

① 郑清丽. 高中生物学科教学中的情感教育研究[D]. 武汉: 华中师范大学. 2008.

② 叶鹏海. 高中生物开展情感教育的研究[D].福州,福建师范大学. 2008.

③ 本案例节选自:钟福仁.在高中生物教学中进行情感教育的目标构建[D]. 福州: 福建师范大学,2009.

(二)案例呈现

教学活动	设计意图
1. 种内互助 教师指出几种群居动物的种内互助行为,引导学生说出种内互助的概念。 教师出示材料: (1)雌蝗螂会在“新婚之夜”将“新郎”雄蝗螂当做自己的美餐吃掉,而雄蝗螂却“义无反顾”。 (2)蜜蜂社群中,工蜂不辞劳苦地为蜂后和其他伙伴服务,而自己却并没有后代。 教师引导分析指出,生物个体存在牺牲自身利益以换取其他个体利益的利他行为,并指出生物的利他行为印证了生物进化的单位是基因而不是种群,虽然工蜂没有后代,但是在种群内部,其他个体的基因与工蜂具有相似性,工蜂通过为其他个体服务,也实现了它们所拥有的基因的传递。 学生讨论交流利他行为给人类生活的启示。	引导学生体验一般的种内互助及利他行为中的“无私”意味,通过学生的价值判断升华为牺牲自我、无私奉献的情感。 引导学生形成“帮助别人也就是帮助自己”的情感体验。
2. 互利共生 教师出示豆科植物与根瘤菌共生的图片,引导学生分析豆科植物与根瘤菌的关系,得出共生的概念。师生共同列举一些其他共生的实例。 教师提问:从生物之间的共生关系给人类予什么启示呢? 学生讨论、交流。	引导学生从生物之间的共生关系形成价值判断体验人与人之间的关系。

教学活动	设计意图
3. 捕食行为 教师出示猫头鹰捕食田鼠的图片，引导学生说出捕食的概念并请学生再说出一些捕食的例子。 教师出示如下材料： 美国北海岸的乌鸦以海边的螺蛳、贻贝等为食。它们口衔螺蛳飞到高处，张口使螺蛳落下，壳破，食其肉。Reto Zach研究了乌鸦的捕食行为，发现乌鸦只选长为3.5～4.5 cm的大螺蛳，只飞5m高，如抛下螺蛳不破，就连抛多次，而不另选小螺蛳，乌鸦的这种捕食行为有什么意义呢？ Zach对此问题进行了探究，结果发现： ①在5m高处，大螺蛳破碎所需的下抛次数明显低于中、小螺蛳。 ②大螺蛳破碎的概率随落下高度增加而提高，但高度走过5m后，提高就很少了。 ③如果大螺蛳落下不破时，换一个新的大螺蛳，新螺蛳破碎的概率不变。 教师引导学生从能量得失的角度分析得出结论：乌鸦用最经济的方法获得食物。 教师说明这种捕食方法是生物进化过程中形成的一种适应机制，引导学生将这种生物学现象转化为一种价值判断，用来指导人的行为。	创设情境，引起学习兴趣。 创设情境，引起探究兴趣，引导学生对乌鸦的奇妙的捕食行为产生理智感的体验。 利用移情功能，帮助学生获得生物在进化过程中形成的节约能源的行为情感体验。

【教学反思】

通过“种内互助”和“互利共生”的教学，使互惠互利、互相关爱的社会情感在学生的心灵内部找到科学的支点，使情感教育变得有力并发生长期效应。本案例也存在一定的不足之处，如，情感教育的实施效果没有合适的标准进行评价等。

【案例评析】

人类只有一个地球家园，由于现代科技经济的发展，人类面临着全球性的生态、环境、能源、资源、人口的危机。保护环境，节约能源，减少污染已经成为人类面临的十分迫切的问题，然而，现实并不尽如人意，在高中学生中间普遍存在大量的浪费粮食、水电、纸张、用品等行为。除此之外，由于受到各种因素的影响，一部分高中学生中存在自私狭隘、感情冷漠、没有同情心的现象和利己主义的思想。通过本案例中"捕食行为"的教学，使学生感悟动物在长期进化过程中形成的节约能源的适应机制，可以使学生在心灵内部产生共鸣；通过相关教学情境的创设，从认知的角度切入，用移情的方法，在道德意义上完成情感教育的目标构建，促进学生形成自觉自律的个人道德体验，代替传统的道德说教，有利于实现知情意的协同发展。

第五节　中学信息技术中的情感教育

情感生活是人类精神生活的重要内容，情感发展是青少年人格发展的一个重要方面。在中学信息技术课中实施情感教学，对于端正学生的学习态度、提高学生的学习兴趣和主动性、融洽师生关系、增强学生之间的合作与交往，开发学生的积极情感、完善学生的道德品行都有着非常积极的意义。

案例　让情感在E时代放飞[1]

（一）主题内涵

《让情感在E时代放飞》是华师版七年级信息技术教科书第三章第七节中的内容，在前面学生学会了浏览器的使用和收发电子邮件。本课内容丰富，灵活有趣，实用性很强，既可培养学生学习兴趣，又可以帮助学生进一步学会借助信息技术手段解决实际生活问题，提高学生综合应用能力，培养学生在知识探索中发现问题、分析问题、解决问题的能力。更重要的是，通过讲述白血病孩子与病魔斗争的勇敢事迹，引导学生同他人相处，交朋友，富有同情心，关爱他人，敬畏生命，对不珍惜生命的行为感到痛心和感慨，进而产生强烈的道德责任感。

① 本案例节选自：罗兰.中学信息技术课程情感教学策略研究 [D].长春：东北师范大学，2008

(二)案例呈现

【教学过程设计】

课前活动:将学生分成4个小组,宣布本节课采用竞赛方式进行,评选班级"爱心"小组。

(1)创设情景、引入主题——来自红十字会的呼唤。

大屏幕展示"救救白血病孩子——百千万爱心行动"大型公益活动专题网站http://angel.crcf.org.cn。在网站中我们发现这样一封倡议书:

> 亲爱的同学们:
>
> 当我们在校园里学习的时候,是否曾想过在我们周围有200万白血病儿童正承受着病痛的煎熬,他们远离校园,病魔吞噬了他们应有的美好童年。这些可爱的天使本应该幸福地躺在父母怀中撒娇,和小朋友们一起在校园里嬉戏玩耍,在宽敞明亮的教室里学习,然而这一切只是一个美好的梦想。作为学生,我们应该做些什么呢?由此引出下一环节。

(2)出谋划策。活动要求:①小组从网上搜集关于白血病的资料,看看能为他们做些什么,并进行整理。②要求使用现代信息技术手段对信息进行处理(将作为后面评分的基本依据)。从网上,有的学生找到了白血病的精神疗法,有的学生找到了坚强的患者战胜病魔的事例,还有的学生把这些资料找到之后,有的学生用笔记本把它记下来,有的学生把这些文字粘贴到word和记事本中,还有的学生把这些网页添加到收藏夹中。

(3)白血病朋友,我想对你们说……

学生对白血病有所了解后,一定有很多的心里话想对白血病朋友讲。教师投影出示活动要求:①采用演讲的形式进行,每组选派一名代表上台演讲。②小组先交流从网上收集到的关于白血病的资料,并参与讨论,然后选出最好的资料和最佳的选手去演讲。③各选手演讲时表情丰富,表达清楚,演讲内容能够体现对白血病朋友的爱心和关心。活动开始:小组交流讨论→宣布演讲开始→小组代表上台演讲。

(4)鸿雁传情。学生演说完了之后，一定非常急切地想把这些感情传递给白血病朋友，让学生以发邮件的形式抒发情感是最好的方式。①邮箱探密：学生打开自己邮箱，从收件箱中寻找白血病朋友的邮箱。②发送邮件，要求抄送到老师邮箱中(用来评价学生邮件是否发送成功)。

(5)“爱心”属于我。根据小组“爱心评价表”，评选出班级“爱心”小组。

表6.1　爱心评价表

班级		小组名称		
评价内容				
小组名称	资料收集得分	演讲得分	发送邮件得分	最后得分
一小组				
二小组				
三小组				
四小组				
评价汇总				
小组名称	优胜理由			

备注：优秀为★★★，良好为★★，一般为★。

教师对各组的经验教训进行评价汇总，并对本课进行小结。

(6)师生共同参与——同唱一首歌。

教师小结，在《同一首歌》的歌声中结束本堂课。

【教学反思】

课堂，首先是生活，其次才是教学。让课堂成为学生情感交流的舞台，凡是学生的真实感受，真情流露都是值得赞赏的。因此本课为学生提供了一个情感流露的舞台。首先是采用演讲的形式让学生的情感通过语言进行表白，然后通过网络email发送自己的情感。在本课教学中，我充分尊重、信任学生，为他们提供交流的机会，这样学生才能如同鱼儿在水中畅游、跳跃、呼吸新鲜空气。

【案例评析】

这是一堂较好地实现了情感教育的网络综合实践课。首先，教师选择了一个很有意义且很具操作性的主题，把学生的注意力从上网打游戏、聊天等活动中很自然地转移到对社会、对生活、对人类的关注上。主题来源于生活，学生自然乐于接受，主题感动着学生，学生自然积极参与。于是，学生在操作中升华情感，在情感的升华中又熟练着操作，形成了知情良好的互相促进，共同发展。其次，教师教学很好地运用了各种教学方法，尤其是在小组协作共同完成任务的学习方法中又引入了小组竞赛的方式，对于促使学生自觉地、积极地完成任务起到了很好的促进作用。演讲法更是改变了传统信息技术课上学生以听、练为主的学习方式，关注了学生的全面发展。再次，教师设计了很好的评价方式。在评价表中，不仅体现了对学生信息技术能力（资料收集得分、发送邮件得分）的关注，还关注了学生的表达能力（演讲能力），同时在评价表中设计了“优胜理由”这个部分，促使学生通过深思熟虑的评价，从而能有理有据地评分，提高了学生的评价能力。整个评价表设计得简明扼要、操作性强，并且用“★”号代替分数，采用小组、教师共同评价的方式，不仅人性化，而且评价结果也更为真实有效。在整个教学过程中，都突出了“学习是在一定的情境即社会文化背景下，借助其他人的帮助即通过人际间的协作活动而实现的意义建构过程”的建构主义教学思想。教师通过合理的教学设计，及时的引导、指导，帮助学生较好地完成了学习任务，而作为学习主体的学生更是在教师一步步的精心设计中，通过情感的积蓄（资料收集阶段）、抒发（演讲阶段）、传递（发送邮件阶段）实现了情感的升华。

小结

情感教育是“以人为本”的科学的教育，是教育过程的重要组成部分。但它不是一种特殊、独立的教育形式，它包括：在教育中关怀学生的情感、价值和这用情感因素使教育成为更好的教育，更人性化的教育。它关注教育过程中学生的态度、情绪或情感以及信念，以促进学生个体和整个社会的健康和谐发展[①]。在我国传统的课堂教学中，教师更多关注的是知识的传授，忽视学生的情感发展，学生往往获得了大量的知识，却缺乏

① 刘丽霞. 情感教育对初中生数学学习的影响[D]. 呼和浩特：内蒙古师范大学，2004.

健康的社会性情感、正确的生活态度和高尚的生活情操，进而表现为各种心理问题，如厌学、道德滑坡、人文精神的缺失等，给家庭甚至为社会带来巨大的损失。于是，《基础教育课程改革纲要（试行）》首次将情感态度与价值观同知识和技能、过程与方法一起并列为基础教育的三维目标。在教学过程中关注学生的情感发展，塑造学生完善的人格已成为教育的重要目标。同时，这也表明我国的基础教育更加关注“以人为本”的教育理念，教育也逐渐承担起对人的发展和完善的终极关怀，在教学过程关注学生的情感发展，有效的实施情感教育已成为教师的一项重要职责。课堂教学的过程是师生互动的过程，是情感、经验的交流、合作和碰撞的过程。教师面对的是有丰富情感和个性的人。在这一过程中，不仅学生的认知、能力在变化和发展，情感的交互作用更具有偶发性和动态性，而恰恰这些动态生成因素对课堂效果的影响更大，更宜于学生情感的发展。教师对学生加强情感教育，不仅有利于学生的全面发展，还有利于在课堂教学中创设宽松的氛围，促使和谐的生态课堂的构成，提高教学的效率。因此，情感教育必然成为生态教育的重要组成部分，让学生在最佳的环境中充分地体验、领悟。

参考文献

[1] 曹明海，张秀清. 语文教育文化过程研究[M]. 济南：山东人民出版社，2005.

[2] 陈鹤. 高中生物学情感教育研究[D]. 上海：华东师范大学，2006.

[3] 戴威萍. 语文课堂教学设计中的情感目标研[D]. 上海：华东师范大学，2007.

[4] 冯建军. 教育的人学视野[M]. 合肥：安徽教育出版社，2008.

[5] 郝志方，张金良.从情感维度整合中学物理教学探讨[J]. 安徽教育学院学报，2005，23（6）：123.

[6] 黄悦峰. 关于中学化学教学中情感教育问题的研究[D]. 南昌：江西师范大学，2004.

[7] 卢家楣. 情感教学心理学[M]. 上海：上海教育出版社. 2000.

[8] 卢家媚. 对中学教学中教师运用情感因素的现状调查[J].心理发展

与教育,2001,(2):55-58 ,64.

[9] 卢曾贤. 学习情感的培养策略[J]. 教育科学研究,2004(5):53-54.

[10] 潘姜林. 情感教学在高中化学中的积极作用[J]. 考试周刊,2011(34):189.

[11] 秦娜. 在新课程背景下高中语文中的情感教育[D]. 长春:东北师范大学,2010.

[12] 邱冈. 新课程生物教与学[M]. 福州:福建教育出版社,2005.

[13] 宋磊. 高中生物教学中情感教育现状及对策研究[D]. 济南:山东师范大学,2007.

[14] 苏香妹. 新课程理念下高中化学教学培育学生情感目标的策略[J]. 化学教学,2009(7):32-34,58.

[15] 魏荣梅,刘桂宾. 通过实验落实对初中学生情感态度和价值观的教育目标探究的尝试[J]. 化学教学,2009(10):36-39.

[16] 夏杰. 在初中物理教学中注重情感激励的实践探索[D]. 南京:南京师范大学,2008.

[17] 熊俊. 让情感在E时代放飞[EB/OL]. [2008-3-20]. http://www.si-zhuang.cn/uploadfile/2007930144718586. ppt.

[18] 许刚. 中学化学教学必须重视情感因素[J]. 广西教育学院学报,2004(7):168-169.

[19] 徐晓. 语文课堂教学中探究性学习初探[J]. 语文学刊,2007(1):36.

[20] 叶海智. 信息技术与情感教育[M]. 北京:科学出版社. 2007.

[21] 叶鹏海. 高中生物开展情感教育的探究[D]. 福州:福建师范大学,2008.

[22] 赵德成. 新课程实施中的情感,态度与价值观评价[J]. 课程·教材·教法,2003,(9):10-13.

[23] 汪晓军. 中学化学教学中的情感教育的研究[D]. 南京:南京师范大学,2001.

[24] 张建中. 科学美在物理教学中的教育功能[J]. 集宁师专学报,2004,26(4):67.

[25] 周金中. 浅谈关注学生情感体验的物理实验教学[J]. 物理实验，2001,22(8)：18–21.

[26] 朱小芙. 教育的问题与挑战：思想的回应[M]. 南京：南京师范大学出版社,2000.

拓展阅读文献

[1] 黄建军,杨改学. 网络环境下的情境认知与学习[J]. 远程教育杂志,2003(3)：13~15.

[2] 江建林. 初中学生“说话训练”的心理研究及矫正方法[J]. 语文教学通讯初中刊,2007(2)：60–61.

[3] 李建珍. 建构主义理论指导卜的中小学教师信息技术培训[J]. 电化教育研究,2003(3)：70~73.

[4] 林晗. 从情感维度优化高中物理教学的研究[D]. 大连：辽宁师范大学出版社,2010.

[5] 卢家楣. 以情优教的理论与实证研究[M]. 上海：上海人民出版社，2002.

[6] 孟献华. 情感领域下的教学目标建构[J]. 中学化学教学参考,2004(Z1)：66–67.

[7] 许凤势. 高中化学教学中培养学生情感态度与价值观的研究与实践[D]. 济南：山东师范大学,2006.

[8] 朱小蔓. 情感教育论纲[M]. 北京：人民教育出版社,2007.

第七章　环境教育:走可持续发展之路

环境教育与生态教育的联系十分紧密,这也是在生态教育里开发和研究较早较多的领域。环境主要包括自然环境和人文环境两大类,本章分成环境与自然、环境与生活和环境与行动三大板块,带领大家走进丰富多彩的环境教育世界里。

第一节　环境与自然

案例1　生命的源泉——水①

同学们,你们还记得"飞流直下三千尺,疑是银河落九天"的经典诗句吧。在唐代大诗人李白的眼中,水有着恢宏的气势和灵动的生命！地球上有70%的面积是被水所覆盖的,曾有人提出改称地球为"水球",水孕育了生命,因为有了水,地球上的生命才得以发展、进化、繁衍生息。

小资料

在繁星璀璨的茫茫宇宙之中,有一个孕育了生命的蓝色星体,她就是地球。50多亿年来,地球在日复一日、沧海桑田地变化着。

在我们这个充满活力的地球上,有波涛汹涌的海洋、奔流不息的江河、平静迷人的湖泊,有银装素裹的雪山、皑皑耀眼的冰川,有地下涌动的暗流、喷涌不止的甘泉,有润物细无声的雨和漫天飞舞的雪,这些都是水。

① 本案例节选自:闫蒙钢,张翠.环境教育:八年级上册[M].北京:中国水利水电出版社,2008.

你们可能看过这样一则公益广告，电视画面上有一个水龙头，正在艰难地往外滴着水，滴水的速度越来越慢，最后水就枯竭了，然后画面上出现了一双眼睛，从眼中流出了一滴泪水。随之出现的是这样一句话："如果人类不珍惜水，那么我们能看到的最后一滴水将是我们自己的眼泪。"

水是绿色生命的源泉。假如地球上没有水，那么地球就不会孕育出我们人类的子孙万代。最早的原始生命首先是在海洋中孕育形成，逐渐扩展到陆地上。所以说，水是生命的摇篮。人类的生存和发展也离不开水。因为我们每天要喝水，粮食的生长离不开水，工业生产离不开水。

想一想：

你认为水的重要意义体现在哪些方面？请谈谈你的认识。

活动探究

活动主题："假如世界上没有水"

活动目标：

(1)通过到图书馆、上网查阅资料，了解地球上的水的贮存状态和储量状况；认识到水的重要作用和意义。

(2)通过查阅、收集、整理资料，培养提炼知识的能力。

(3)通过参与演讲、辩论等活动，培养合作意识，锻炼语言表达能力。

活动内容：

通过学生自由分组，教师进行协调的方式，参加下面三个活动。

(1)主题演讲。

以"假如世界上没有水"这个假设为演讲的主题，学生事先做好准备，演讲时间为10分钟左右。教师组织学生进行自评。

(2)专题辩论会。

辩题：正方：假如世界的水消耗殆尽，人类将无法生存。

反方：假如世界的水消耗殆尽，人类还可以生存。

学生自发组织两个小组，一部分同学负责资料的查阅、收集资料的工作；一部分同学负责资料的整理工作；在教师的指导下，分工协调，利用课余时间进行辩论活动。

(3)征文活动。

假如世界真的没有了水,我们的生活会变成什么样子呢?以“假如世界上没有水”为题目开展一次小型的征文活动。征文要求:以“假如世界上没有水”为作文题目,体裁不限。

交流讨论

人们常说,人可以一天不吃饭,但不能不喝水。人在日常生活中离不开水,每天都要通过饮水来补充身体所需要的水分,你了解有关饮用水的知识吗?你平时饮用水的质量如何?请大家完成下面关于饮用水质量的调查问卷,以便对自己日常饮用水情况有所了解。

饮用水质量状况调查问卷调查表

1.您认为饮用水的概念是指

A.自来水　B.纯净水　C. 矿泉水或矿化水　D. 能喝的水

2.您平常饮用的水是

A.自来水　B.纯净水　C. 矿泉水或矿化水　D.其他＿＿＿＿＿＿

3.您怎样饮用自来水?

A.生喝　B.烧开　C.两者都有

4.您觉得自来水的口感如何?

A.很好　B.好　C.一般　D.差　F.极差

5.您对自来水的质量放心吗?

A.放心　B.不放心

6.您家有纯净水吗?

A.有　B.没有

7.您认为纯净水纯净吗?

A.认为　B.不认为　C.马马虎虎

8.您认为纯净水的口感如何?

A.很好　B.好　C.一般　D.差　F.极差

9.您是否知道水厂生产自来水的过程?

A.知道　　B.不知道

10.您知道纯净水的生产过程吗？

A.知道　　B.不知道

分析讨论：教师组织学生对问卷的结果进行统计分析，把全班学生分成4～5组进行讨论分析，请把讨论结果写在下面：

我们通过问卷了解了自己的日常饮用水情况以及对饮用水的理解，下面让我们进一步了解国家对生活饮用水卫生标志的要求。

【生活饮用水卫生标准】

我们日常饮用的水，首先一定是洁净的水，不能含有致病的细菌等微生物。出于对人们健康的考虑，并依照国情，国家也提出对生活饮用水的一些指标要求。由卫生部和国家标准化管理委员会修订的《生活饮用水卫生标准》于2007年7月1日颁布，并正式实施。这是国家对1985年发布的《生活饮用水卫生标准》21年来首次进行的修订。在这里，生活饮用水的指标由原来的35项一下子增加到106项。在新《标准》中，明确提出饮用水的pH值范围在6.5～8.5之间，并把pH值指标作为强制性执行指标之一。

《生活饮用水卫生标准》中指出，虽然pH值在6.5～8.5之间范围里通常对饮用者没有直接影响，但它是最重要的水质参数之一。不同的供水系统由于水的成分和用于配水系统的材料性质不同，对适宜pH值也有不同要求，但通常的范围是6.5～8.5。

依据国家规定，包括矿物质水、矿泉水、纯净水在内的所有生活饮用水，必须在包装成分表上注明pH（酸碱度）值。那么，什么是水的pH值？它与我们的健康有什么关系？

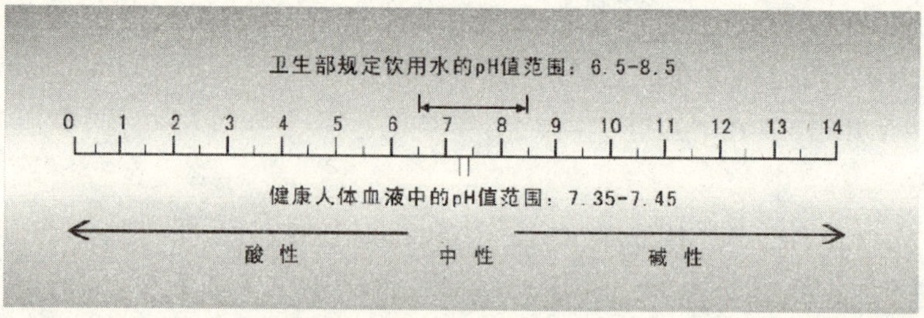

图7.1　饮用水的pH范围

pH值是什么？

pH值是表示水的酸碱度的指标。

纯净的水可以发生微弱的电离，即一个水分子电离产生一个氢离子和一个氢氧根离子，这时氢离子数量与氢氧根离子数量相等。而我们日常接触的水中，都或多或少含有一些电解质，这些电解质也可电离出离子，虽然电离出的大多不是氢离子或氢氧根离子，但是它们却可间接影响水的酸碱度。

我们把氢离子浓度的负对数值作为溶液酸碱性的指标，简写为pH。在中性溶液中，氢离子数量与氢氧根离子数量相等，这时pH值等于7；pH值大于7越多，则碱性越强，小于7越多，则酸性越强。在工业生产出的纯净水和人工矿物质水中，由于氢离子过剩，水均呈现弱酸性。

【酸碱平衡身体才健康】

我们通常讲人体pH值为7.35～7.45，是指人体血液中的pH值。人体各部位及组织中的pH值是不同的，例如饥饿时，胃液pH值为1～2，皮肤为5.5，大肠为8.4，汗为6.0，尿为6.9。总结起来，大致是“内碱外酸”——血液偏碱性而体表偏酸性（胃液除外，它的强酸性是为了消化和抗菌）。

人体为了正常进行生理活动，血液的酸碱度必须维持在一定的正常范围内。人体具有调节功能，能使体内的酸碱度达到动态平衡，正常情况下在一定的范围内保持稳定。血液如果过酸或过碱，都会使正常的酸碱平衡发生紊乱，简称为酸碱失衡。哪怕是pH值发生轻微的变化，都会引起身体的生物活性分子结构和化学功能发生剧烈的变化。人体内的缓冲体系、呼吸系统、肾脏系统等共同维持着酸碱平衡，才使得肌体的生理功能正常运行，并维持着人体的健康。

科学研究证明洁净、弱碱性、含矿物质的水最适合饮用。

讨论：

通过学习上面的资料，你对日常饮用水的质量要求有了什么新的理解？

知识驿站

【生命的源泉——水】

水是生命的源泉。人对水的需要仅次于氧气。人如果不摄入某一种维生素或矿物质，也许还能继续活几周或带病活上若干年，但人如果没有水，却只能活几天。水作为一种宝贵的自然资源，是人类生活、动植物生长和工农业生产不可缺少的物资。

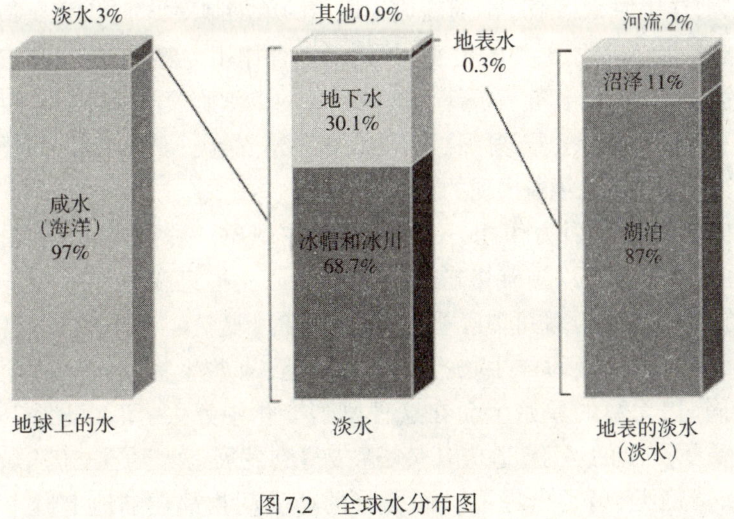

图 7.2　全球水分布图

地球上水的总量很大，地球四大洋就集中了地球上 96.5%的水量，陆地上的水仅占 3.5%，而其中 1/3 是咸水，所以地球上的淡水只占 2.5%。可以说在地球为人类提供的"大水缸"里，可以饮用的水实际上只有一汤匙。地球有 70.8%的面积被水覆盖，但在余下的 2.5%的淡水中，有 87%是人类难以利用的两极冰盖、高山冰川和永冻地带的冰雪。人类真正能够利用的是江河湖泊以及地下水中的一部分，仅约占地球总水量的 0.26%。

即使如此，总体而言，世界上是不缺水的。但是，世界上淡水资源分布极不均匀，约65%的水资源集中在不到10个国家，而约占世界人口总数40%的80个国家和地区却严重缺水。人类使用水资源的方式以及污染更加剧了水资源的紧张形势。20世纪90年代中期以来，全世界每年约有5 000亿立方米污水排入江河湖海，造成35.5亿立方米以上的水体受到污染。

【生命的起源——海洋】

生命的起源一直是科学家们研究的课题，从现在的研究成果看，普遍认为生命起源于海洋。水是生命活动的重要成分，海水的庇护能有效防止紫外线对生命的杀伤。大约在45亿年前，地球就形成了。大约在38亿年前，当地球的陆地上还是一片荒芜时，在咆哮的海洋中就开始孕育了生命——最原始的细胞，其结构和现代细菌很相似。大约经过了1亿年的进化，海洋中原始细胞逐渐演变成为原始的单细胞藻类，这大概是最原始的生命。由于原始藻类的繁殖，并进行光合作用，产生了氧气和二氧化碳，为生命的进化准备了条件。这种原始的单细胞藻类又经历亿万年的进化，产生了原始水母、海绵、三叶虫、鹦鹉螺、蛤类、珊瑚虫等，海洋中的鱼类大约是在4亿年前出现的。

由于月亮的引力作用，引起海洋潮汐现象。涨潮时，海水拍击海岸；退潮时，把大片浅滩暴露在阳光下。原先栖息在海洋中的某些生物，在海陆交界的潮间带经受了锻炼，同时，臭氧层的形成，可以防止紫外线的伤害，使海洋生物登陆成为可能，有些生物就在陆地生存下来。同时，无数的原始生命在这种剧烈变化中死去，留在陆地上的生命经受了严酷的考验，适应环境，逐步得到发展。大约在2亿年前，爬行类、两栖类、鸟类出现了。而所有的哺乳动物都在陆地上诞生。他们的一部分又回到海洋中。大约在300万年前，出现了具有高度智慧的人类。

拓展视野

材料一：3.22世界水日

为了缓解世界范围内的水资源供需矛盾，根据联合国《21世纪议程》第十八章有关水资源保护、开发、管理的原则，1993年1月18日，联合国第四十七次大会通过了193号决议,决定从1993年开始,确定每年的3月22日为“世界水日”。决议提请各国政府根据自己的国情,在这一天举办一些具体的宣传活动,以提高公众节水意识。

1996年,由水问题专家学者和相关国际机构组成的世界水理事会成立,并且决定在世界水日前后每隔3年举行一次大型国际会议,这就是世界水论坛会议。

前不久,联合国环境署已发出警告:人类在石油危机之后,下一个危机就是水。有人说过:如果人类继续破坏和浪费水资源,那么人类看到的最后一滴水将是自己的眼泪。

材料二:《水法》简介

1988年1月21日,中华人民共和国第六届全国人大常务委员会通过《中华人民共和国水法》(以下简称《水法》),它包括总则、开发利用、水和水域及水工程的保护、用水管理、防汛与抗洪、法律责任、附则等7章,共53条。主要内容有:①调整范围。在中华人民共和国领域内开发、利用、保护、管理水资源,防治水害,必须遵守水法。水资源包括地表水和地下水。②明确水资源所有权,即水资源属于全民所有和集体所有。③通过征收水费和水资源费等经济手段加强对水资源利用的管理。④加强政府对防汛抗洪工作的领导,规定了防汛指挥机构在紧急情况下可采取的措施。

《水法》的制定,是为了合理开发和保护水资源,防治水害,充分发挥水资源的综合效益,适应国民经济的发展和人民生活的需要。《水法》的颁布实施标志着我国在开发利用、保护水资源和防治水害方面走上了依法治水的新阶段。

《中华人民共和国水法》已由中华人民共和国第九届全国人民代表大会常务委员会第二十九次会议于2002年8月29日修订通过,修订后的《中华人民共和国水法》自2002年10月1日起施行。

继续探索

【美国航空航天局正式确认火星北极存在冰冻水】

2008年6月22日,据美国航空航天局网站报道,美国“凤凰”号火星探测项目科学家美国当地时间20日正式宣布火星北极确实存在冰冻水。不仅如此，他们预计“凤凰”号未来几周还将获得意义更为重大的科学发现。

美国亚利桑那大学教授、“凤凰”号任务首席科学家彼得·史密斯6月22日在宣布发现冰冻水的新闻发布会上难以抑制激动心情：“今天，我自豪而高兴地宣布，我们已经找到相关证据，证明这些坚硬的明亮物质确实是冰冻水，而不是其他什么物质。”史密斯说，“事实上，我们不仅仅是在寻找冰，还在试图寻找矿物质、化学物质，以及与这些发现相关的有机物质。”

美国航空航天局火星探测项目主管道格·麦克奎斯逊在宇航局总部表示：“这些最新进展是一次重大成就，证实了火星探测项目‘找水’探测构架的有效性。这次重大发现是‘凤凰’号任务小组辛勤工作的成果，他们借助于一种坚固耐用的航天器，使其提前完成了既定科学任务。”

【“凤凰”号探测器首次从火星土壤中提取到水】

美国航空航天局科学家于2008年8月31日宣布，“凤凰”号火星探测器上的实验设备获得了火星土壤样本中的水。这是人类首次通过科学仪器得到地球以外行星的水。

美国航空航天局科学家、亚利桑那大学教授威廉·伯恩顿今天兴奋地宣布：“我们得到了水！”他说，上个月，研究人员通过观测发现火星上的确存在冰冻水，不过这次是实实在在地得到了火星上的水。据介绍，“凤凰”号上搭载的实验设备通过加热火星土壤样本，获得了水蒸气。

6月15日，“凤凰”号探测器在挖掘火星表面的红土时发现了一些发亮的小方块，在阳光的照射下，四天后这些小方块消失了。科学家根据这些影像资料得出结论：这些发亮物质就是冰冻水，从而证实火星上的确存在水。

案例2　绿色能源——氢能[1]

能源是我们现代生活重要的自然资源。自从人类开始会用火以来，

[1] 本案例节选自：闫蒙钢，张翚.环境教育：八年级上册[M].北京：中国水利水电出版社，2008.

人们就一直在探索如何更好地开发利用能源的方式。能源在我们的日常生活中可谓是无所不在,在人类的发展和演化中扮演着极其重要的角色。

活动探究

活动主题:调查家庭能源使用情况。

活动目标:

(1)通过对自己家庭能源使用情况的调查,了解家庭能源使用状况。

(2)通过填写日常能源使用情况调查表,分析家庭中能源使用是否存在浪费现象,并制定出节能计划,已达到合理利用、节约能源的目的。

活动内容:

利用课余时间对自己家的能源使用情况进行调查,在记录本上记录下日常能源浪费情况,认真填写下表。

表7.1　日常能源使用情况调查表

地点	时间	浪费情况	浪费时间
调查分析			

认真调查家庭能源使用情况,对能源浪费严重的项目进行分析,提出节约能源的措施。

知识驿站

【能源的定义】

自然界中能够提供光、热和动力的物质以及物质的运动都是能源。能源是自然界中能为人类提供某种形式能量的物质资源。

【能源的分类】

图7.3　全球首台潮汐能发电机

能源种类繁多,而且经过人类不断的开发与研究,更多新型能源已经开始能够满足人类需求。根据不同的划分方式,能源也可分为不同的类型。按来源分主要有以下三类:

(1)来自地球外部天体的能源(主要是太阳能)。除直接辐射外,并为风能、水能、生物能和矿物能源等的产生提供基础。人类所需能量的绝大部分都直接或间接地来自太阳。正是各种植物通过光合作用把太阳能转变成化学能在植物体内贮存下来。煤炭、石油、天然气等化石燃料也是由古代埋在地下的动植物经过漫长的地质年代形成的。它们实质上是由古代生物固定下来的太阳能。此外,水能、风能、波浪能、海流能等也都是由太阳能转换来的。

(2)地球本身蕴藏的能量。如原子核能、地热能等。

(3)地球和其他天体相互作用而产生的能量。如潮汐能。温泉和火山爆发喷出的岩浆就是地热的表现。地球可分为地壳、地幔和地核三层,它是一个大热库。地壳就是地球表面的一层,一般厚度为几千米至70千米不等。地壳下面是地幔,它大部分是熔融状的岩浆,厚度为2900千米。火山爆发一般是这部分岩浆喷出。地球内部为地核,地核中心温度为2 000度。可见,地球上的地热资源贮量也很大。

【能源危机】

据美国能源部能源情报署《国际能源展望2004》基准状态预测,全球能源消费总量将从2001年的102.4亿吨油当量增加到2025年162亿吨油当量,世界能源消费在2001—2025年将增加54%。日本、欧盟等能源机构预计,全球能源消费峰值将出现在2020—2030年。

全球化石能源的枯竭是不可避免的,将在本世纪内基本开采殆尽。

由于石油、煤炭等目前大量使用的传统化石能源枯竭,同时新的能源生产供应体系又未能建立而在交通运输、金融业、工商业等方面造成的一系列问题统称能源危机。

根据经济学家和科学家的普遍估计,到本世纪中叶,也即2050年左右,石油资源将会开采殆尽,其价格升到很高,不适于大众化普及应用的时候,如果新的能源体系尚未建立,能源危机将席卷全球,尤以欧美极大依赖于石油资源的发达国家受害为重。最严重的状态,莫过于工业大幅度萎缩,或甚至因为抢占剩余的石油资源而引发战争。

为了避免上述窘境,目前美国、加拿大、日本、欧盟等都在积极开发如太阳能、风能、海洋能(包括潮汐能和波浪能)等可再生新能源,或者将注意力转向海底可燃冰(水合天然气)等新的化石能源。同时,氢气、甲醇等燃料作为汽油、柴油的替代品,也受到了广泛关注。目前国内外热情研究的氢燃料电池电动汽车,就是此类能源中介应用的典型代表。

讨论:

(1)如果地球上的石油和煤炭等化石能源消耗完了,我们的生活会发生怎样的变化?

(2)你了解绿色能源吗?哪些能源属于绿色能源?

【新能源的开发】

社会的发展离不开能源的支撑,能源是人类发展的不竭动力。人类社会的能源结构经历了薪材、煤炭和石油三个阶段后,进入多极化阶段,如今能源的发展面临着一个严峻的挑战。一方面煤炭、石油等化石燃料的长期大量消耗,导致资源逐渐枯竭;另一方面化石燃料的大量使用造成了全球环境的严重污染。

讨论:你所知道的新能源类型有哪些?请列举一下。

【绿色能源】

“绿色”能源有两层含义:一是利用现代技术开发干净、无污染新能源,如太阳能、风能、潮汐能等;二是化害为利,同改善环境相结合,充分利用城市垃圾淤泥等废物中所蕴藏的能源。与此同时,大量普及自动化控制技术和设备提高能源利用率。

绿色能源也称清洁能源,可分为狭义和广义两种概念。

狭义的绿色能源是指可再生能源,如水能、生物能、太阳能、风能、地热能和海洋能。这些能源消耗之后可以恢复补充,很少产生污染。广义的绿色能源则包括在能源的生产及其消费过程中,选用对生态环境低污染或无污染的能源,如天然气、清洁煤(将煤通过化学反应转变成煤气或“煤”油,通过高新技术严密控制的燃烧转变成电力)和核能等。

【氢能简介】

氢能是二次能源,一种理想的新的含能体能源,具有极为广阔的应用前景。

氢来源广泛,是宇宙中最丰富的元素,且燃烧能量密度值高,燃烧1Kg氢气可产生1.25×10^6kJ的热量,相当于3Kg汽油或4.5Kg焦炭完全燃烧所产生的热量。氢燃烧后生成的产物是H_2O,具有零污染的特点。

20世纪60年代初,科学家就预言:不久的将来氢原子将取代碳原子,从而提供一种丰富的、无穷无尽的能源资源,并使我们这个地球有一个比较适宜的生态环境。氢的储运方式多样,可以是气体、液体或固体。氢能被誉为21世纪的绿色新能源,具有众多优异的特性,因此对氢能源的开发利用已成为世界性的重要课题。

氢在常温下是气体,脾气很暴躁,当与空气混合浓度达到4%~97%范围时就会与明火燃烧爆炸,这就给使用、运输和储存带来了困难。因此,若没有一种方便的储存氢气的办法,氢就不可能作为普通的常规能源得到广泛应用。

1.氢能的储存方法

(1)气态储氢。利用高压钢瓶(氢气瓶)来储存氢气,这种方法简单方便,瓶内最高可加压到17Mpa。但是钢瓶储存氢气的容积小,存储量有限,因此所装氢气的质量不到氢气瓶质量的1%,既笨重,又存在易爆的安全隐患。

(2)液态储氢。液态储氢方法的体积密度可达70kg/m³,但需要将气态氢降温到20K变为液体后保存在一个特殊结构的液体氢储存箱,此过程消耗的能量约占所存储氢能的25%~45%,而且液体储存箱非常庞大,需要极好的绝热装置来隔热,才能防止液态氢沸腾汽化以至流失。目前液态储氢方法的应用只限于航空领域。

(3)固态储氢。利用吸氢材料与氢气反应生成固溶体和氢化物的固体储氢方式,能有效克服气、液两种储存方式的不足,而且储氢体积密度大、安全度高、运输便利。

目前所用的储氢材料主要有储氢合金、络合物、碳材料及玻璃微球,而研究比较广泛和成熟的是金属储氢材料。

科学家研究表明:某些金属具有很强的捕捉氢的能力。在一定的温度和压力条件下,这些金属能够大量"吸收"氢气,反应生成金属氢化物(metal hydrides),同时放出热量。将这些金属氢化物加热,它们又会分解将储存在其中的氢释放出来。这些会"吸收"氢气的金属,被称为储氢合金(hydrogen storage metal)。(如图7.4所示)

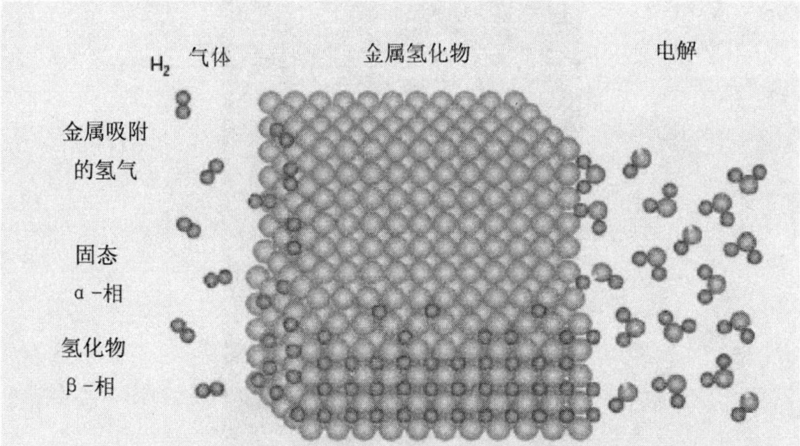

图7.4　储氢合金储氢过程示意图

2.氢能开发利用现状

(1)氢气分离、回收和净化材料。化学工业、石油精制以及冶金工业生产中,通常有大量的含氢尾气排出,含氢量有些达到50%~60%,而目前多是采用排空或者白白的燃烧处理。因此,对这部分加以回收利用,在经济上有巨大的意义。另外,集成电路、半导体器件、电子材料和光纤等产业中,需要超高纯氢体。利用储氢合金对氢原子有特殊的亲和力,而对其他气体杂质择优排斥的特性,即利用储氢合金具有只选择吸收氢和捕获不纯杂质的功能,不但可以回收废气中的氢,而且可以使氢纯度高于99.9999%以上,价格便宜、安全,具有十分重要的社会效益和经济意义。

(2)制冷或采暖设备材料。由于固态储氢合金具有在吸氢化学反应时放出大量热,而在放氢时吸收大量热的特性,因此,人们可以利用储氢合金的这种放热—吸热循环,进行热的储存和传输,制造制冷或采暖设备。美国和日本竞相采用储氢合金制成太阳能和废热利用的冷暖房,其原理就是利用储氢合金在吸氢时的放热反应和释放氢时的吸热反应。我国北京有色金属研究总院则利用储氢合金储放氢过程的吸放热循环效应,制造了一台可以制冷到77K的制冷机,该机器可用于工业、医疗等行业需要低温环境的场合。

图7.5　氢能制热或采暖装置

(3)镍氢充电电池。由于目前大量使用的镍镉电池(Ni－Cd)中的镉有毒，使废电池处理复杂，环境受到污染，因此它将逐渐被用储氢合金做成的镍氢充电电池(Ni－MH)所替代。从电池电量来讲，相同大小的镍氢充电电池电量比镍镉电池高约1.5～2倍，且无镉的污染，现已经广泛地用于移动通讯、笔记本计算机等各种小型便携式的电子设备。目前，更大容量的镍氢电池已经开始用于汽油/电动混合动力汽车上，利用镍氢电池可加快充放电过程，当汽车高速行驶时，发电机所发的电可储存在车载的镍氢电池中，当车低速行驶时，通常会比高速行驶状态消耗更多的汽油，因此为了节省汽油，此时可以利用车载的镍氢电池驱动电动机来代替内燃机工作，这样既保证了汽车正常行驶，又节省了大量的汽油，因此，混合动力车相对传统意义上的汽车具有更大的市场潜力，世界各国目前都在加紧这方面的研究。

案例3　生态系统[①]

蔚蓝的大海深处，有色彩缤纷的珊瑚在休憩，碧绿的水草在摆动着柔软的身体，五颜六色的鱼儿们在穿梭游戏；一望无际的大草原上，羊儿在悠闲地吃草，马儿在欢快的奔腾；静谧的森林里，鸟儿在快乐的唱歌，小松鼠捧着小坚果开心地嚼着；小池塘里，青蛙在比赛唱歌。这就是美丽的大自然，多姿多彩的生态系统。让我们一起走进它，去倾听她的呼吸、她的心跳、她的声音。

活动探究

活动目标：

初步了解生态系统的种类和组成；了解食物链和食物网；了解生态系统营养结构的特点；理解生态平衡的重要性。

活动方式：模型制作法

活动内容：设计并制作小生态瓶，观察生态系统的基本结构及其平衡性和稳定性。

---

① 本案例节选自：闫蒙钢，杨亚丽.环境教育：七年级上册[M].北京：中国水利水电出版社，2008.

小生态瓶,是一个人工迷你的微型生态系统,它可以是模拟的微型陆地或是池塘生态系统等。本课在活动与探究环节以模拟的微型池塘生态系统为例,介绍了小生态瓶设计的要求、制作和观察的方法,通过对比实验以及学生的观察与分析进而去了解生态系统的组成和性质。

1.小生态瓶的设计要求

(1)小生态瓶的材料必须是透明的,可以让阳光照射到里面的生物,并便于我们观察,注意小生态瓶的采光以较强的散射光为好,强烈的直射光会导致瓶内水温过高,水生生物死亡。

(2)生态瓶中投放的集中生物,必须具有很强的生命力及适应能力,必须能够进行物质循环和能量循环,能在一定时期内保持生态稳定和平衡。

(3)生态瓶制成后,形成的生态系统必须是封闭的,且宜小不宜大,瓶中的水量应占其容积的4/5,要留有一定的空间以储备一定量的空气。

2.小生态瓶的制作方法

(1)材料用具。水草(如茨藻)、水生小动物(如椎实螺、环棱螺、小鱼等)、水、砂子、玻璃瓶或塑料瓶(如标本瓶、大试管、可乐瓶或医用葡萄糖注射液瓶等)、凡士林。

(2)方法步骤。①瓶子处理:洗净标本瓶,并用开水烫一下瓶子和瓶盖以消毒。②放砂注水:在瓶中放入约1cm厚的砂子,再加水至瓶子容积的4/5。③投放生物:待瓶内水澄清后,放入水草和水生动物。④加盖封口:瓶子加盖,并在瓶盖周围涂上凡士林。⑤粘贴标签:在瓶上贴标签,注明制作日期、制作者姓名。⑥放置瓶子:将制作好的小生态瓶,放于阳面窗台上(以后不要再随意移动其位置)。

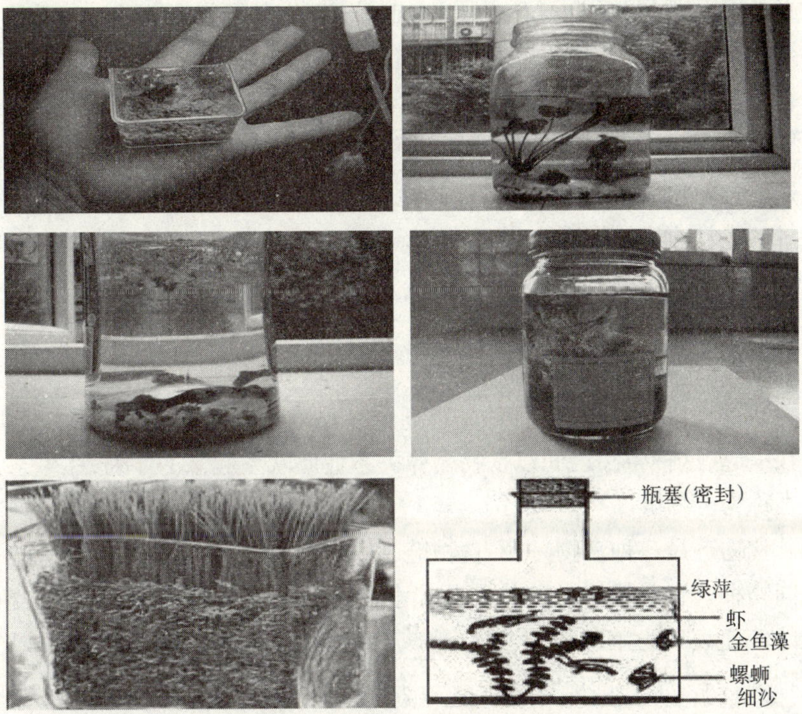

图7.16　各种各样的小生态瓶

3.对比实验

生态系统的稳定性要受生态系统中的生物因素和非生物因素的影响。为了探索人工模拟的微型池塘生态系统的最佳组成,使其维持较长时间的稳定性,可以多设计几组对比实验,在每个对比实验中,只变动其中的一种因素。如在1号生态瓶内用的水生小动物是活螺蛳,在2号对比生态瓶中用的是小鱼。

4.观　察

(1)每天定时观察一次,并做好观察记录。

(2)辨别水草和小螺的生存标准和要求。

水草绿色为生活状态;发黄、变黑,而且柔软下沉即为死亡。小螺外壳灰绿,能运动为生活状态;外壳变白,而且浮起即为死亡。

5.说　明

在放有河水的封闭生态系统中,除了投入的水草和小螺外,河水中还有单胞藻、原生动物和其他微生物,水中还溶解有各种矿物元素,这是一个完整的生态系统,但也是结构即为简单的生态系统。

6.实验结果分析

实验结束后,应对实验结果进行分析。分析实验成败的原因;分析小生态瓶中影响生态系统稳定性的元素。通过对比实验的结果比较,找到较好的设计方案。

活动一

【认识食物链和食物网】

通俗地讲,食物链是各种生物通过一系列吃与被吃的关系紧密地联系在一起,这种生物之间以食物营养关系彼此联系起来的序列,在生态学上被称为食物链。

食物链是一种食物路径,食物链以生物种群为单位,联系着群落中的不同物种。食物链中的能量和营养素在不同生物间传递着,能量在食物链的传递表现为单向传导、逐级递减的特点。食物链很少包括六个以上的物种,因为传递的能量每经过一阶段或食性层次就会减少一些,所谓“一山不能有二虎”便是这个道理。

生物链是不能根据自己的愿望来改变的,如果改变不当,则会对生物产生极大的影响。食物链又称为“营养链”,指生态系统中各种生物以食物联系起来的链锁关系。例如池塘中的藻类是水蚤的食物,水蚤又是鱼类的食物,鱼类又是人类和水鸟的食物。于是,藻类—水蚤—鱼类—人或水鸟之间便形成了一种食物链。根据生物间的食物关系,可将食物链分为三类:

(1)捕食性食物链。它是以植物为基础,后者捕食前者。如青草—野兔—狐狸—狼。

(2)碎食性食物链。指以碎食物为基础形成的食物链。如树叶碎片及小藻类—虾(蟹)—鱼—食鱼的鸟类。

(3)寄生性食物链。以大动物为基础,小动物寄生到大动物上形成的食物链。如哺乳类—跳蚤—原生动物—细菌—过滤性病毒。

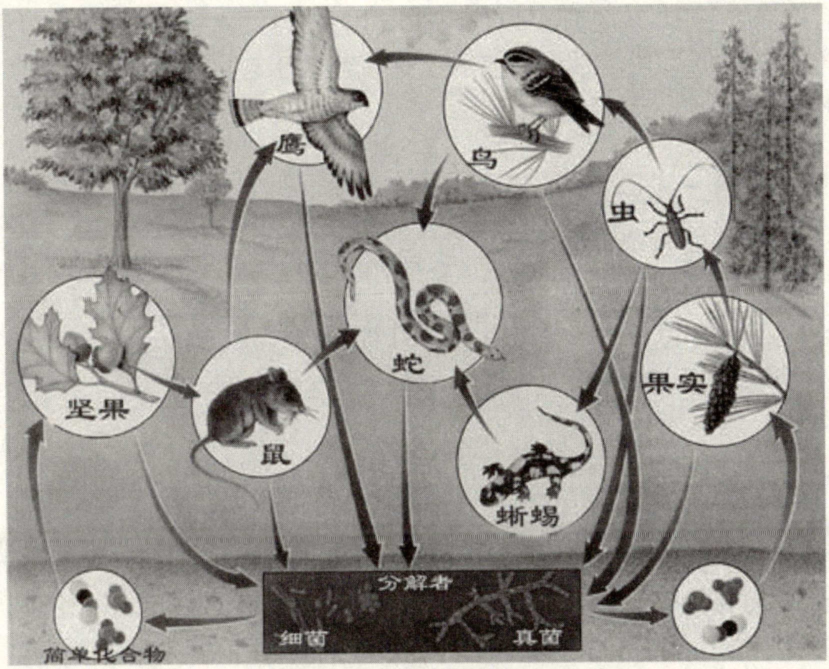

图7.6　一种食物网

一个生态系统中常存在着许多条食物链,由这些食物链彼此相互交错连接成的复杂营养关系为食物网。

一个复杂的食物网是使生态系统保持稳定的重要条件,一般认为,食物网越复杂,生态系统抵抗外力干扰的能力就越强,食物网越简单,生态系统就越容易发生波动和毁灭。假如在一个岛屿上只生活着草、鹿和狼。在这种情况下,鹿一旦消失,狼就会饿死。如果除了鹿以外还有其他的食草动物(如牛或羚羊),那么鹿一旦消失,对狼的影响就不会那么大。反过来说,如果狼首先绝灭,鹿的数量就会因失去控制而急剧增加,草就会遭到过度啃食,结果鹿和草的数量都会大大下降,甚至会同归于尽。如果除了狼以外还有另一种肉食动物存在,那么狼一旦绝灭,这种肉食动物就会增加对鹿的捕食压力而不致使鹿群发展得太大,从而就有可能防止生态系统的崩溃。

在一个具有复杂食物网的生态系统中,一般也不会由于一种生物的消失而引起整个生态系统的失调,但是任何一种生物的绝灭都会在不同程度上使生态系统的稳定性有所下降。当一个生态系统的食物网变得非常简单的时候，任何外力（环境的改变）都可能引起这个生态系统发生剧烈的波动。

活动二

食物网的模拟实验

活动目标：

通过制作食物网的小模型，了解自然界中食物网的错综复杂的关系，体会自然界各种生物之间的相互依赖、不可分割的关系，人是自然界的一部分。

活动用具：2～4米不等长的细绳若干条，动植物的卡片若干张。

活动步骤：

（1）每组选出11位同学，每个同学可分别举着一个卡片，分别代表草、食草昆虫、兔、食草籽的鸟、鼠、蜘蛛、蟾蜍、食虫的鸟、狐、蛇和猫头鹰。

（2）同学们先了解各种生物的食性，记住自己所代表的生物和可被自己食用的生物名称。

（3）根据自己可食用几种生物，就向教师领取几根细绳。按表中食物链的级别，分别排成五个横队，然后把细绳一端递给可被自己所吃的生物。

（4）每人用一只手捏紧绳端，举起手，同时把队形散开，使细绳绷直，这样就拉成一个多条食物链所组成的、错综复杂的食物网。

活动说明：

根据模拟的食物网，可以排出多种食物链，比如草→食草的昆虫→蟾蜍→蛇→猫头鹰。

讨论：

（1）请同学们整理结果并进行分析，哪种食物链比较长，哪些食物链组成的食物网比较稳定？

（2）想一想人对食物网有什么影响？

知识驿站

为了生存和繁衍,每一种生物都要从周围的环境中吸取空气、水分、阳光、热量和营养物质;生物生长、繁育和活动过程中又不断向周围的环境释放和排泄各种物质,死亡后的残体也复归环境。对任何一种生物来说,周围的环境也包括其他生物。经过长期的自然演化,每个区域的生物和环境之间、生物与生物之间,都形成了 种相对稳定的结构,具有相应的功能,这就是人们常说的生态系统。

1. 生态系统的概念

生态系统(ecosystem)是英国生态学家坦斯利(Tansley, A.G.)于1935年首先提上来的,指在一定的空间内生物成分和非生物成分通过物质循环和能量流动相互作用、相互依存而构成的一个生态学功能单位。

2. 生态系统的组成成分

生态系统有四个主要的组成成分,即非生物环境、生产者、消费者和分解者。

(1)非生物环境,包括:气候因子,如光、温度、湿度、风、雨雪等;无机物质,如C、H、O、N、CO_2及各种无机盐等。有机物质,如蛋白质、碳水化合物、脂类和腐殖质等。

(2)生产者(producers),主要指绿色植物,也包括蓝绿藻和一些光合细菌,是能利用简单的无机物质制造食物的自养生物。在生态系统中起主导作用。

(3)消费者(consumers) 异养生物,主要指以其他生物为食的各种动物,包括植食动物、肉食动物、杂食动物和寄生动物等。

(4)分解者(decomposers) 异养生物,主要是细菌和真菌,也包括某些原生动物和蚯蚓、白蚁、秃鹫等大型腐食性动物。它们分解动植物的残体、粪便和各种复杂的有机化合物,吸收某些分解产物,最终能将有机物分解为简单的无机物,而这些无机物参与物质循环后可被自养生物重新利用。

它们之间的关系可归纳如下图:

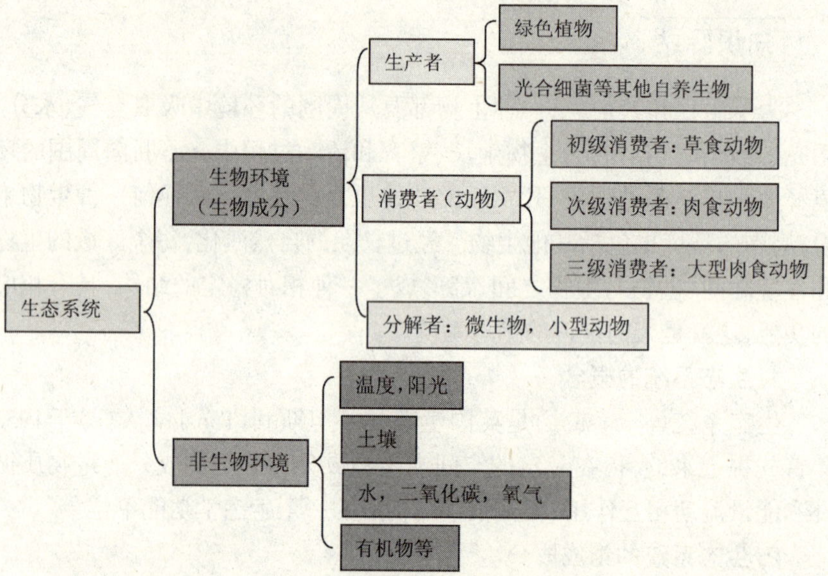

图7.18　生态系统组成成分之间的关系图

3.生态系统的类型

(1) 海洋生态系统。海洋在调节全球气候方面起着重要作用，同时，海洋中还蕴藏着丰富的资源。

①海洋中生物种类和数量都很多。

②海洋中的植物绝大部分是微小的浮游植物，浮游植物个体很小，但是数量极多。

③在水深不超过200米的水层，光线较为充足，有大量的浮游植物，海洋动物的许多种类主要集中在这样的水层，在水深超过200米的深层海域，植物难以生存，但是还有不少动物栖息，这些动物一般靠吃上层水域掉落下来的生物遗体、残屑生活。

(2) 森林生态系统。森林生态系统分布在湿润或较湿润的地区。

①动物种类繁多，群落的结构复杂，种群的密度和群落的结构能够长期处于稳定的状态。

②森林中的植物以乔木为主，也有少量灌木和草本植物。森林中还有种类繁多的动物。

③动物中树栖和攀缘生活的种类特别多，如犀鸟、避役、树蛙、松鼠、

貂、蜂猴、眼镜猴和长臂猿等。

(3)淡水生态系统。淡水生态系统由河流、湖泊或池塘等淡水水域与淡水生物组成。分为静水的和流动水的两种类型。前者指淡水湖泊、沼泽、池塘和水库等;后者指河流、溪流和水渠等。

①浮游植物和动植物种类繁多。

②系统稳定性易被破坏、难以恢复。

(4)草原生态系统。以各种多年生草本占优势的生物群落与其环境构成的功能综合体,是最重要的陆地生态系统之一,面积仅次于森林生态系统。

①空间结构包括木本层、草本层、土壤层和动物。

②根据组成和地理分布可分为温带草原和热带草原。

③平坦开阔、障碍物少、草本植物为主。

④生物结构简单,容易受到破坏。

(5)沙漠生态系统。荒漠环境严酷、生物种类多样性低、群落结构简单、自动调节能力差,所以荒漠是个脆弱的生态系统,在改造利用时应当慎重。

①群落的植物种类贫乏、结构简单、覆盖度低,有些地面完全裸露。

②动物的种类不多,数量也少。常见的有昆虫、蜥蜴、啮齿类和某些鸟类。

③许多动物具有高度适应干旱环境的特征,如夏眠、夜间活动、长期不饮水、不具汗腺和排放高浓度的尿液等。

(6)湿地生态系统。湿地生态系统支持了全部淡水生物群落和部分盐生生物群落,它兼有水域和陆地生态系统的特点,具有极其特殊的生态功能,是地球上最重要的生命保障系统。

①湿地是自然生态系统中自净能力最强的生态系统。

②湿地水流速度缓慢,有利于污染物沉降。

③在湿地中生长的植物、微生物和细菌等通过湿地生物地球化学过程的转换,包括物理过滤、生物吸收和化学合成与分解等,将生活和生产污水中的污染物和有毒物质吸收、分解或转化,使湿地水体得到净化。

(7)城市生态系统。城市生态系统是城市居民与其环境相互作用而形成的统一整体,也是人类对自然环境的适应、加工、改造而建设起来的特殊的人工生态系统。

①以人为主体,人在其中不仅是唯一的消费者,而且是整个系统的营造者。

②城市生态系统对其他生态系统具有很大的依赖性,非常脆弱。

③城市中人口、能量和物质容量大,密度高,流量大,运转快。

因为森林、海洋还有湿地对全球生态系统的重要作用,国际上通常把森林、海洋和湿地并称为全球三大生态系统。人是生态系统中的一员,人的活动也影响着生态系统的平衡。如果人们在生产和生活过程中,不能按照生态学规律办事,就很可能会破坏其他生态系统的生态平衡,并且最终会影响到城市自身的生存和发展。人类长期以来的乱砍滥伐,滥捕乱猎,对生态环境造成了极大的破坏。

生态系统遭到破坏的程度如果是在其承受的范围内,可以在一定的时间内恢复;但如果超出其承受范围,将会造成生态退化等影响,如现有物种的大量死亡、水土流失等,当其达到一个新的平衡后停止退化。

目前出现的生态问题有:水土流失面积有增无减、森林资源危机深重、草原退化日趋严重、沙漠化土地迅速蔓延、野生及珍稀物种的生存面临威胁、水环境污染不断加重、大气污染趋势难以改变、固体废弃物不断上升,城市噪声污染严重、农村环境问题不断激化、自然灾害与环境事故频繁等等。

全世界的物种正以每天几十种的速度消失,这是地球资源的巨大损失。一种生物的消失会破坏生物链,会造成其他生物的灭绝,因此,我们要保护生物和环境,这也是保护我们人类自己。

第二节　环境与生活

案例1　绿色奥运建筑[①]

2008年，一个不平凡的年份，一个令世界人民重新认识中国的年份，一个展现中国坚强、团结、和谐的年份。北京，一个充满魅力、古老又年轻的城市，迎来了奥林匹克运动史上的一次盛典。

北京奥运秉承绿色环保的理念，在奥运场馆的建设中坚持绿色、环保、节能的原则，为世人很好地诠释了“绿色奥运”的理念。

活动探究

活动主题：探寻“北京奥运会的绿色举措”

活动目标：

(1)通过上网等途径查阅文献资料，了解关于北京奥运会有关的环保措施。

(2)通过小组讨论、演讲等形式总结展示自己的所掌握的材料，了解绿色奥运的内涵，深化环保意识。

活动形式：学生在教师的指导下自由分组参加活动。

活动内容：

(1)主题演讲。

演讲题目：“绿色奥运，绿色环保”

活动要求：学生自愿参加，事先准备，演讲时间根据具体情况而定。

(2)调查北京奥运会的环保措施。

小组内采取分工协作的形式，一部分同学查阅资料，一部分同学组织整理资料，另一部分同学在活动中发言，进行讨论。

请列举你调查到的北京奥运会相关的环保措施。

① 本案例节选自：闫蒙钢，张犟.环境教育：八年级上册[M].北京：中国水利水电出版社，2008.

交流讨论

通过上述活动,大家已经了解了人文奥运的相关知识,下面让我们一起重新认识一下北京奥运会的三大主题。

1.北京奥运会的三大主题

绿色奥运:

狭义绿色奥运。狭义的绿色奥运是指在申办、组织、举办奥运会的过程中,以及在受奥运会直接影响的举办奥运会之后的一段时间里,自然环境和生态环境能与人类社会协调发展。内容主要包括生态绿色和环境绿色等。

广义绿色奥运。广义的绿色奥运是指与奥运会相关的物质和意识上的绿色,这里的“绿色”,不仅是指狭义绿色奥运中的“绿色”,而且还指其他方面的与自然和社会发展相协调的思想和做法。内容很广泛,包括物质绿色和意识绿色两大方面。

科技奥运:

顾名思义就是用当今世界上最现代、科技含量最高的手段和力量举办2008北京奥运会。

人文奥运:

是以人为本,而这个人指的是社会主体,以人为本就是以社会的主体为本。而什么是主体?公民是主体。

2.绿色奥运的内涵

要用保护环境、保护资源、保护生态平衡的可持续发展思想,指导运动会的工程建设、市场开发、采购、物流、住宿、餐饮及大型活动等,尽可能减少对环境和生态系统的负面影响;

要积极支持政府加强环境保护及市政基础设施建设,改善城市的生态环境,促进经济、社会和环境的持续协调发展;

要充分利用奥林匹克运动的广泛影响,开展环境保护宣传教育,促进公众参与环境保护工作,提高全民的环境意识;

要在奥运会结束后,为中国和世界体育留下一份丰厚的环境保护遗产:奥运会绿色建筑示范工程;举办大型运动会新的环境管理模式;公众积极参与环保工作的机制;北京环境的持续改善。

综合一句话:就是要将可持续发展的理念贯穿于整个筹办、举办及赛后利用的过程中。要想实现这些目标,就需要社会各界和广大公众的支持和参与,关心环境质量,监督环境执法,参与政策建议,选择绿色生活。

新闻资料链接:

奥运会期间 六大环保措施确保空气质量

为切实履行申办奥运会时的环保承诺,进一步改善空气质量,成功举办一届有特色、高水平的奥运会,2008年北京奥运会、残奥会期间(7月20日至9月20日)北京实施加强机动车管理、严格控制施工重点工序、重点污染企业减排等六大措施,确保空气质量良好。

具体措施有:

(1)加强机动车管理,倡导"绿色出行"。

(2)停止施工工地部分作业,强化道路清扫保洁。奥运会期间,各施工单位停止在施工地的土石方工程、混凝土浇筑等作业,做好工地绿化、覆盖等工作。环卫作业单位每天要对城市主干道、次干道、重要支路和其他为奥运会提供服务保障的道路进行吸扫和冲刷作业。

(3)重点污染企业停产和限产。北京市工业企业要采取有效措施,实现污染物稳定达标排放;不能稳定达标排放的,原则上停产治理。

(4)燃煤设施污染减排。北京京能热电公司、大唐北京高井热电厂、华能北京热电公司、国华北京热电分公司采取燃用低硫优质煤及加强污染治理设施运行管理等措施,在确保达标排放的基础上减少污染物排放30%。

(5)减少有机废气排放。奥运会期间,北京市行政区域内的加油站、油罐车和储油库,未完成油气回收治理改造或改造后仍不能达标排放的,停止使用。

北京市禁止露天喷漆,暂停含有挥发性有机溶剂的建筑喷涂和粉刷作业;印刷、家具生产、汽车修理等排放挥发性有机物的工序,未达到本市排放标准的停产治理。

(6)实施极端不利气象条件下的污染控制应急措施。如遇到极端不利气象条件，影响空气质量达标时，在采取上述措施的基础上，将进一步采取应急措施控制污染。

3.北京奥运会从哪些方面落实“绿色物质奥运”

（1）奥运场馆与交通。北京新建和改造了一批符合举办奥运会标准的体育场馆，并从有利于北京长远发展的角度，对电信系统、城市道路等基础设施进行了新建和改造。场馆和交通的建设更加人性化、科学化、经济化，同时充分考虑到奥运会后的再利用，如水立方和鸟巢的建设，就充分体现了美观、节能、科技和经济等各个方面的因素。除此之外还有一些为伤残人士等特殊群体设计的专门设施，这些都体现了场馆建设的绿色。

（2）经费。举办奥运会的经费也做到了绿色，为了避免没有依据的过大的对奥运会的投资，北京在服务、系统建设、财务管理、知识产权保护、检察审计等方面都做了大量工作；努力抓住奥运机遇，调动市民之间的巨大热情，促进自身经济实力的增加；通过完善政策来吸引投资，借助经济支持、加速城市发展；利用奥运提升城市的形象和竞争力以促进奥运会之后城市的长远发展。

（3）管理。北京奥运的管理也是绿色的。在管理机构、人员组成都做了严格的控制，以更少的资源办好本次奥运会。奥运会会给北京带来更多的就业机会，参与的人很多，利用好这些资源，协调人、财、物，都被北京奥组委考虑到了。

（4）运动营养补剂。在运动营养补剂方面，进行了严格控制，不能超出国际奥委会药品管理委员会所规定违禁药物和违禁方法的界限，这就是运动营养补剂方面的绿色。

当然，物质绿色绝不止这些方面，只有充分调动了各种物质的作用，来使奥运会更加符合自然环境和社会环境的要求，才可以称得上是真正的物质绿色。

知识驿站

1.国家体育场——鸟巢简介

北京奥运会主体育场“鸟巢”于2008年6月28日正式落成。它是由2001年普利茨克奖获得者赫尔佐格、德梅隆与中国建筑师合作完成的巨型体育场设计,形态如同孕育生命的“巢”,它更像一个摇篮。寄托着人类对未来的希望。设计者们对这个国家体育场没有做任何多余的处理,只是坦率地把结构暴露在外,因而自然形成了建筑的外观。

“鸟巢”以巨大的钢网围合、覆盖着9.1万人的体育场;观光楼梯自然地成为结构的延伸;立柱消失了,均匀受力的网如树枝般没有明确的指向,让人感到每一个座位都是平等的,置身其中如同回到森林;把阳光滤成漫射状的充气膜,使体育场告别了日照阴影;整个地形隆起4米,内部作附属设施,避免了下挖土方所耗的巨大投资。

鸟巢是一个大跨度的曲线结构,有大量的曲线箱形结构,设计和安装均有很大挑战性,在施工过程中处处离不开科技支持。“鸟巢”采用了当今先进的建筑科技,全部工程共有二三十项技术难题,其中,钢结构是世界上独一无二的。“鸟巢”钢结构总重4.2万吨,最大跨度343米,而且结构相当复杂,其三维扭曲像麻花一样的加工,在建造后的沉降、变形、吊装等问题正在逐步解决,相关施工技术难题还被列为科技部重点攻关项目。

鸟巢中的五大环保措施彰显绿色奥运理念。

措施一:先进的环保节能设计

国家体育场馆观众席等处充分利用自然通风和自然采光,尽量减少人工的机械通风和人工光源带来的能源消耗,对场内用房的维护结构的传热系数进行控制,优化保温、隔热设计。同时,对大面积窗户也将做外遮阳处理,以全面提高建筑物的节能水平。

措施二:合理的供水、排风、保暖系统

国家体育场部分区域采用地源热泵、冷热水机组三联供,可同时提供夏季制冷、冬季采暖和供给生活热水,充分利用地热的可再生能源。采用直接数字式控制(DDC)系统,实现能源的调节和计量,并合理进行排风热回收。采用高效环保的变频暖通空调系统,并可根据需要实现全新风运行和分区调节。

鸟巢中足球场场地下面有312口地源热泵系统井。井水总是让人感觉冬暖夏凉,地源热泵系统通俗地说就是利用这种井水的特性,通过地埋换热管,冬季吸收土壤中蕴含的热量为鸟巢供热;夏季吸收土壤中存贮的冷量向鸟巢供冷,能节省不少电力资源。而鸟巢内的足球场地面积为8

000平方米左右,为地源热泵系统提供了充足的埋管空间。

措施三:合理、环保的水资源利用

在水资源的利用上采用先进技术,北京奥组委会同有关部门编制了《国家体育场回收用水方案》、《国家体育场雨洪利用方案》两个专题研究报告,有效提高了各种水资源的循环利用率,减少了市政供排水量,用翔实的数据分析和可行的技术措施实现充分、合理、节约地利用水资源。充分利用雨洪资源和高质量的再生水,实现自动智能的控制。最大限度地减少污染物排放。景观绿化采用微灌或滴灌头,体育场草坪设置适度感应探头,自动智能控制,实现高效节水。

鸟巢70%的供水都要由回收水代替,其中23%来自雨水。这主要依赖于鸟巢的雨洪利用系统。在鸟巢的顶部装有专门的雨水回收系统,雨水会通过专门的管道排放到鸟巢周边地下的6个蓄水池中,再经过系统先进的过滤处理工艺,这些被收集起来的雨水最终就变成了可以用来绿化、冲厕、消防甚至是冲洗跑道的回收水。按照测算,这套雨洪利用系统一年能够总共处理产生5.8万立方米的回收水,每小时能够最高处理100吨雨水,产生80吨回收水。

全新的环保厕所。这种厕所不仅可以直接将废物转化成中水,同时还能将一部分中水做进一步深化处理,处理后的水甚至可以用来洗手。

措施四:洁净能源的使用

使用各类高效节能型环保光源,在行人广场等室外照明中尽可能地采用太阳能光伏发电照明系统。在暖通空调、消防设施等处采用绿色环保的无氟工作介质,积极实施保护臭氧层的各种措施。

措施五:选用环保建材、优化废弃物回收

建筑材料、装修材料及制成品均选用节能环保型产品,符合国家相关技术指标以及《奥运工程环保指南》的要求,以尽可能减少对市内外环境的污染。设置充分的固体废弃物收集、处理设施,达到优化的废弃物回收利用水平。

国家体育场业主单位和设计单位在工程设计的全过程中,积极贯彻了可持续发展的设计理念和技术策略,“五大亮点”充分体现了2008年奥运会的“绿色奥运”理念。

讨论:

(1)你有没有去过国家体育场——鸟巢或者在资料中看到相关报道?请你形容一下它的宏伟景象。

(2)你觉得鸟巢在建筑和使用中还在哪些其他方面体现了绿色环保的建筑理念?

2.国家游泳中心——水立方简介

国家游泳中心也有着一个别具一格的名字:水立方。

"水立方"独特的结构设计思想使它有了别具一格的视觉效果,而要完全实现建筑师的设计思想,对工程建筑人员来说,是一个不小的挑战。ETFE项目经理詹姆斯先生说:"我们做了很多视觉的测试,来尽量满足建筑师的这些设计哲理。我们认为这个是最大的挑战,现在,我们觉得在这方面已经完成得相当成功了。"

"水立方"是一个177米乘177米的方形建筑,高31米,看起来形状很随意的建筑立面遵循严格的几何规则,立面上的不同形状有11种。内层和外层都安装有充气的枕头,梦幻般的蓝色来自外面那个气枕的第一层薄膜,因为弯曲的表面反射阳光,使整个建筑的表面看起来像是阳光下晶莹的水滴。而如果置身于"水立方"内部,感觉则会更奇妙,进到"水立方"里面,你会看到,像海洋环境里面的一个个水泡一样。

"水立方"与"鸟巢"只有一路之隔,一方一圆,一蓝一红,形成了一种微妙、均衡的关系。中方主设计师赵小钧先生介绍说,就设计过程来说,是先有'鸟巢',所以,一开始做这个设计,关于如何跟'鸟巢'形成和谐的、统一的、对比的、互相映衬这样一个关系,就是大家重点讨论的一个方面。

水立方中的环保亮点:

亮点一:奇妙自洁不沾尘土

在今天,绿色、健康、和谐、可持续发展,是最重要的建筑设计思想,在"水立方"的设计过程中,时时处处贯穿着这些理念。

"水立方"从建筑到结构完全是一个创新的建筑,蕴涵着极高的科技含量。它的建筑外围护 采用新型的环保节能ETFE膜材料,覆盖面积达到10万平方米,是目前世界上最大的ETFE应用工程。这是一个双层ETFE系统,外面一层里面一层,从这个角度来讲,它是第一个,是世界独一无二的。

这种ETFE膜材料的质量只有同等大小玻璃的1%，韧性好，又能吸收更多的阳光，并且不会自燃，另外，它们还有奇妙的自洁功能。

亮点二："智能泡泡"反光遮阳

对一个游泳池来说，它的热需求大于它的冷需求，所以工程设计之初，就要考虑它的整体热负荷问题。"水立方"晶莹通透的结构特征不仅可以给人带来美丽的视觉感受，而且具有极高的实用性，外面的阳光可以直接进入室内，给游泳池和室内空气加热。

而在夏天，"水立方"的"智能泡泡"系统可以通过不同朝向、不同密度的反光斑点，以及在内外两层泡泡之间实现互相通风的技术手段，来改变遮阳系数，降低它的冷负荷，达到低温的目的。同时，"水立方"内部的空调系统也充分考虑到了节能和环保的问题，工程设计者实现了分层空调、分区空调这样一个概念，通过技术手段来降低了"水立方"里的空调能耗。

亮点三：覆盖计划大量节水

北京是个比较缺水的城市，而拥有三个巨大游泳池的水立方，每小时蒸发掉的水就要超过一吨。有没有可能避免这种浪费呢？关于这一点，"水立方"的建设者们在设计之初就有过周全的考虑。他们考虑把游泳池的整个池水进行覆盖，也就是在游泳池不用的晚上用塑料布或其他材料覆盖。覆盖计划包括了整个"水立方"的比赛池、戏水大厅等，如此一来就可以节约大量的水。

除此之外，"水立方"的另一个环保功能是收集和循环雨水，这是充分体现"水立方"科技、绿色设计思想的一个技术亮点。落到水立方房顶上的雨水会被汇集到建筑物下面的一个中心储蓄池中。这些被收集来的雨水将被循环利用。这一点，也在"鸟巢"工程中充分考虑到。

案例2　人类健康的隐形杀手——电磁辐射[①]

辐射污染是世界四大公害之一，与大气污染、水污染和噪声污染一样，成为全球性关注的环境问题。

---

① 本案例节选自：闫蒙钢，张翠.环境教育：八年级上册[M].北京：中国水利水电出版社，2008.

在你每天尽情享受科技带来的便捷和舒适时,有没有想过,在不知不觉中你就遭遇了健康杀手的攻击,这是一个隐形杀手,它和甲醛、氨、苯、氡这几个空气杀手一样无形无色,但比它们更隐蔽,因为它还是无味的,你的鼻子根本嗅不到它的踪迹。这个可怕的杀手就是电磁辐射污染。

随着现代科技的高速发展,这种看不见、摸不着的污染源日益受到各界的关注。今大,越来越多的电子、电气设备的投入使用使得各种频率的不同能量的电磁波充斥着地球的每一个角落乃至更加广阔的宇宙空间。对于人体这一良导体,电磁波不可避免地会构成一定程度的危害。

活动探究

活动主题:调查身边的电磁污染源

活动目标:

(1)通过去资料室、图书馆或上网查阅相关材料,了解电磁辐射及电磁污染的相关知识。

(2)调查身边电磁污染的状况,培养防治电磁污染的意识,学习自我防护的方法,养成健康使用电子产品的习惯。

活动内容:

(1)将学生分成四个调研小组:

第一组利用网络及其他信息资源查阅资料,了解电磁污染情况;

第二组深入家庭咨询了解日常生活中电磁污染情况;

第三组深入学校观察了解周围的电磁污染情况;

第四组深入社区调研周围的设施,了解电磁污染情况。

(2)收集材料后,开展举行以“无形的杀手——身边的电磁污染”、“如何防治无所不在的电磁污染”为主题的活动,活动的形式可以灵活多变,如主题班会、辩论会、板报、展板设计活动等。

活动体会:

请同学们将活动体会记录下来。

交流讨论

1.什么是电磁辐射

任何带电体周围都存在着电场，周期变化的电场就会产生周期变化的磁场，就存在电磁波，产生电磁辐射，过量的电磁辐射造成电磁污染。一些发射设备、微波设备、家用电器、现代办公设备、高压输配电系统等，都有可能造成电磁污染。电磁波按频率分为：长波、中波、短波、超短波和微波。一般来讲，长波对人体的影响较弱，波长越短频率越高，对人体影响越大，微波的影响最为突出。

彩电、家用电脑所发出的电磁波属于超短波，微波炉、通讯类手机等在使用时所发射的电磁波属于微波范畴。

电磁波无色无行无味，看不见，摸不着，但时刻存在于我们周围。专家指出：长期处于电磁辐射环境下，会对人体健康产生影响。

2.电磁辐射的六大危害

据中国室内装饰协会室内环境监测中心的专家介绍，关于电磁辐射对人体危害的研究，国内外多数专家有着共识，他们认为，电磁辐射对人体有潜在的危险，主要有6个方面：

（1）电磁辐射是造成儿童白血病的原因之一。医学研究证明，长期处于高电磁辐射环境中，会使血液、淋巴液和细胞原生质发生改变。意大利专家认为，意大利每年有400多名儿童患白血病，主要原因是他们的生活环境距高压线太近，受到了严重的电磁污染。

（2）诱发癌症并加速人体的癌细胞增殖。电磁辐射会影响人体的循环系统、免疫、生殖和代谢功能，严重的还会诱发病症，并会加速人体的癌细胞增殖。瑞士科学家研究指出，周围有高压线经过的住户居民，患乳腺癌的概率比常人高7.4倍。美国德克萨斯州病症医疗基金会针对一些遭受电磁辐射损伤的病人所做的抽样化验结果表明，在高压线附近工作的人，癌细胞生长速度比一般人快24倍。

（3）影响人的生殖系统。主要表现为男子精子质量降低，孕妇发生自然流产和胎儿畸形等。我国某省对16名电脑操作员的追踪调查发现，接触电磁辐射污染组的操作员月经紊乱明显高于对照组，8人10次怀孕中就有4人6次出现异常妊娠。有关研究报告也指出,孕妇每周使用20小时以上计算机,流产率增加80%,同时畸形儿出生率也有上升。

(4)导致儿童智力残缺。据最新调查显示,我国每年出生的2000万儿童中,有35万是缺陷儿,其中25万智力残缺,有关专家认为电磁辐射也是影响因素之一。世界卫生组织认为,计算机、电视机、移动电话的电磁辐射对胎儿有不良影响。

(5)影响人的心血管系统。主要表现为心悸、失眠、部分女性经期紊乱、心动过缓、心搏血量减少、窦性心律不齐、白细胞减少、免疫功能下降等,如果装有心脏起搏器的病人处于高电磁辐射的环境中,会影响心脏起搏器的正常使用。

(6)影响人的视觉系统。眼睛属于人体对电磁辐射的敏感器官,过高的电磁辐射污染会对视觉系统造成影响,表现为视力下降,引起白内障等。

高剂量的电磁辐射还会影响及破坏人体原有的生物电流和生物磁场,使人体内原有的电磁场发生异常。值得注意的是,不同的人或同一个人在不同年龄段对电磁辐射的承受能力是不一样的,老人、儿童、孕妇是对电磁辐射敏感的人群。

讨论:

(1)你身边都有哪些电磁污染源？请列举一下。

(2)你平时有没有采取措施防治电磁污染？都有哪些措施？

知识驿站

电磁辐射成为新污染源 如何防止“电子病”？科技的飞速发展给我们生活带来种种便利的同时,也可能带来一些隐性的伤害。当我们使用电脑、听MP3、看电视、接打手机时,电磁辐射便如影随形。与之相处的时间过长,就有可能对我们身体健康造成侵害。

【资料卡片1】

男子得怪病饭后如醉酒:注意生活中的电磁污染

2005年,哈尔滨市某科研单位55岁的刘先生得了一种怪病:每次吃完饭后就觉得头痛、眼前发黑、头晕目眩,如醉酒一般,而且严重失眠,每日靠服大量的强力镇静药入睡，十分痛苦。经医生诊断，刘先生的病是严重植物神经紊乱，可能是由于长时间使用电脑，进而由电磁污染造成的。目前，经过治疗，刘先生已明显好转。

刘先生在5年前就开始出现饭后头晕的症状，近一年来，病情越来越重，饭后头痛、头晕得厉害，语言思维迟缓。日前，他到哈医大一院求治。经该医院针灸科于澎教授检查发现，其各项生理指标均无异常。医生又了解到，刘先生的工作与电脑联系密切，他经常长时间玩网络游戏，有时整夜在网上下围棋，医生因此认为刘先生患的病可能是由电磁污染造成的严重植物神经紊乱。

据于澎介绍，随着电视、电脑等电器的广泛应用，人们生活中产生许多磁场，在这些磁场的作用下，人自身的磁场受到干扰，因此容易导致植物神经紊乱。长此以往，就会形成电磁污染综合征，可能出现神经衰弱、失眠等症状。医生建议，在工作和生活中尽量减少与电磁的接触，卧室中不摆放电脑、电视、冰箱等电器。

【资料卡片2】

研究发现青少年过度使用手机易疲劳

新华网洛杉矶2008年6月15日电：在近日于美国伊利诺伊州韦斯特切斯特市举行的国际睡眠会议上，瑞典科学家报告说，如果青少年过度使用手机，他们睡眠质量会变差，并且容易疲劳。

瑞典萨尔格伦研究院的专家加比·巴德雷在报告中说，科研人员对21名14岁到20岁的青少年进行了对比研究。参与测试前，这些青少年身体健康，学习时间有规律，没有睡眠障碍。

科研人员将这些青少年分成甲组和乙组。甲组人员每天只能用手机打不超过5个电话，发5条短信，而乙组人员每天要用手机打15个以上的电话，发15条短信。

调查结果显示，与甲组人员相比，乙组人员容易疲劳，平时表现出多动不安、生活懒散、爱喝刺激性饮料、难以入睡、睡眠容易中断等现象。巴德雷认为，产生这些现象的主要原因是过度使用手机，打乱了生物钟。

专家建议，家长、学校和社会应教育青少年科学合理使用手机，每天限制使用手机的次数，不要用手机长时间聊天，在学习时间不要打手机，晚上睡觉前应把手机关闭。

讨论：

(1)你平时经常上网吗？多久上一次？谈谈如何安排好上网时间。

(2)你平时使用手机吗？请谈谈对手机辐射危害的认识。

课外活动：

电磁污染已经对人们的生活造成了一定的影响和危害，人们也逐渐认识和重视到电磁污染的潜在威胁，随着科技的进一步发展，电磁辐射对人们的威胁越来越大。对电磁污染的防治面临着新的挑战，有关专家认为，目前电磁污染标准、防治缺乏法律依据，有关部门应尽快指定监管办法。

防治电磁污染不但需要专家和有关政府部门的努力，也需要我们每个人做出自己力所能及的努力，让我们携起手来，共同行动吧。

活动主题：开展电磁污染宣传活动

活动形式：通过小组合作的形式，查阅电磁污染的相关知识，了解电磁污染对日常生活的危害，制作"电磁污染及其防治"等方面的展板和海报，利用小区宣传栏等多种方式向公众介绍防治电磁污染的相关知识，以期望引起人们的重视和关注。

知识拓展

1.电磁污染的预防措施

关于电磁污染标准的学界争论还在继续，但我们还需在各种电磁辐射环境中工作与生活，作为这世界上平凡而弱小生命的一员，人们又该如何预防并减轻电磁辐射对自身的伤害呢?以下是一些简单易行的防护措施。

(1)提高自我保护意识，重视电磁辐射可能对人体产生的危害，多了解有关电磁辐射的常识，学会防范措施，加强安全防范。如：对配有应用手册的电器，应严格按指示规范操作，保持安全操作距离等。

(2)不要把家用电器摆放得过于集中，或经常一起使用，以免使自己暴露在超剂量辐射的危害之中。特别是电视、电脑、冰箱等电器更不宜集中摆放在卧室里。

(3)各种家用电器、办公设备、移动电话等都应尽量避免长时间操作。如电视、电脑等电器需要较长时间使用时,应注意至少每1小时离开一次,采用眺望远方或闭上眼睛的方式,以减少眼睛的疲劳程度和所受辐射影响。

(4)当电器暂停使用时,最好不要让它们处于待机状态,此时可产生较微弱的电磁场,长时间也会产生辐射积累。

(5)对各种电器的使用,应保持一定的安全距离。如眼睛离电视荧光屏的距离,一般为荧光屏宽度的5倍左右;微波炉在开启之后要离开至少1米远,孕妇和小孩应尽量远离微波炉;手机在使用时,应尽量使头部与手机天线的距离远一些,最好使用分离耳机和话筒接听电话。

(6)消费者如果长期涉身于超剂量电磁辐射环境中,应注意采取以下自我保护措施:

①居住、工作在高压线、变电站、电台、电视台、雷达站、电磁波发射塔附近的人员,佩带心脏起搏器的患者,经常使用电子仪器、医疗设备、办公自动化设备的人员,以及生活在现代电气自动化环境中的人群,特别是抵抗力较弱的孕妇、儿童、老人及病患者,有条件的应配备针对电磁辐射的屏蔽服,将电磁辐射最大限度地阻挡在身体之外。

②电视、电脑等有显示屏的电器设备可安装电磁辐射保护屏,使用者还可佩戴防辐射眼镜,以防止屏幕辐射出的电磁波直接作用于人体。

③手机接通瞬间释放的电磁辐射最大,为此最好在手机响过一两秒后或电话两次铃声间歇中再接听电话。

④电视、电脑等电器的屏幕产生的辐射会导致人体皮肤干燥缺水,加速皮肤老化,严重的会导致皮肤癌,所以,在使用完上述电器后及时洗脸。

⑤电脑的摆放位置很重要。尽量别让屏幕的背面朝着有人的地方,因为电脑辐射最强的是背面,其次为左右两侧,屏幕的正面反而辐射最弱。

⑥室内要保持良好的工作环境,如舒适的温度、清洁的空气、合适的阴离子浓度和臭氧浓度等。因为水是吸收电磁波的最好介质,可在电脑的周边多放几瓶水。不过,必须是塑料瓶和玻璃瓶的才行,绝对不能用金

属杯盛水。

⑦电脑荧光屏表面存在着大量静电,其集聚的灰尘可转射到脸部和手部皮肤裸露处,时间久了,易发生斑疹、色素沉着,严重者甚至会引起皮肤病变等。因此在使用后应及时洗脸洗手。

⑧电脑操作者应多吃些胡萝卜、白菜、豆芽、豆腐、红枣、橘子以及牛奶、鸡蛋、动物肝脏、瘦肉等食物,以补充人体内维生素A和蛋白质。还可多饮茶水,茶叶中的茶多酚等活性物质会有利于吸收与抵抗放射性物质。

2.家庭电磁污染的预防小贴士

(1)"微型音响"勿放床头。卧室是测量家中电磁场的重点区域。如果长期睡在高磁场的地方,可以想见这影响有多大。原则上任何的电器用品都应该远离你的床铺。因此最好改掉把微型音响放在床头以便于开关的习惯。不要把家用电器摆放得过于集中或经常一起使用,特别是电视、电脑、电冰箱不宜集中摆放在卧室里。

很多人总抱怨睡眠质量不好,其实很可能就是你的床铺附近放置了电暖器、电风扇、空气清新机、空调等电器作怪。另外,千万别小看卧室非照明用的小型灭蚊灯,其磁场也可以超过500mG,应该尽量把它放在墙角。

带变压器的低压电源一般磁场都很高,在接线的地方可以测到300mG以上,不过距离仅30厘米远就马上掉到1mG以下了。手机充电器、便携式单放机在插座上的变压器磁场也较高,所以要保持距离,以策安全。

(2)小男孩勿近微波炉。首先,电冰箱是厨房中一个高磁场的所在,特别是在冰箱正在运作、发出嗡嗡声时,冰箱后侧或下方的散热管线释放的磁场更是高出前方几十甚至几百倍(冰箱前后范围测得1~9mG,后方正中央可高达300mG)。如果用吸尘器把散热管线上的灰尘吸掉,就会提高冰箱的效率,也减低家中的磁场。

其次,微波炉的微波辐射对小男孩伤害大一些,微波炉的磁场极高。与其他家电不同的是,即使仅是插着电没有使用它,有的机型前方按键板的磁场仍可高达30~60mG,使用时的磁场则超过200mG。另外,研究显示,这些泄漏的微波对男性生殖系统的伤害尤其大,因此小男孩更应避开。

(3)沙发远离邻居的墙。磁场的穿透性很强,因此千万不要忽视了相邻房间或楼上楼下的影响。特别是一般电器的管线都接在后方,所以常常测得最高的指数是在电器的正后方,那么与高磁场一墙之隔的位置就要注意了。如果你经常坐在沙发上,你头后面是墙而隔壁邻居的电视的尾部刚好对着你的头,那你可就遭殃了。

曾有人在孩子床上枕头的位置测到1.6mG的磁场强度,最后发现是因为相邻的主卧房有电视开着,而这电视就在小孩床头的正后方;当一个书桌设在冰箱所靠的墙后方时,书桌的磁场在2mG~7mG之间。

(4)换一台液晶显示器。如果你书房电脑桌太小,迫使你与屏幕的距离太近,不妨将显示器尽可能向后退,当然,换成液晶显示器,辐射就相当小了。至于电脑主机,一般人也容易忽视而常常放置在腿边的位置,以方便插入磁盘。主机前方磁场可超过4mG,越靠后面磁场越高,所以能放远一点就尽量放远一点。电脑桌下方常常有一堆电线及变压器,要尽可能地远离你的脚。远离电磁辐射源一般距离1.5米以上就基本安全了,家用电器不要集中摆放。睡觉之前一定要洗洗脸,不要嫌麻烦。

案例3　绿色生活[1]

善待地球的生活,是人人可以接近的绿色生活。绿色生活是一个绿色的信号,它刺激着企业界去发展绿色的技术;绿色生活是一个绿色的要求,它鼓励着政治家去追求可持续发展的政绩;绿色生活是一个绿色的承诺,它提醒当代人去保障后代人生存的权利。

善待地球,是一种时尚,一种世界性和世纪性的时尚。在21世纪,环保行为意味着一个人的素质和教养,正如环境质量标志着一个国家的尊严和力量。

善待地球,也是一种回归,向崇尚亲情、崇尚自然的文明的回归。那种无节制消耗地球资源的文明会毁掉我们的自然家园,也会使精神家园荒芜。

---

① 本案例节选自:闫蒙钢,阮方来.环境教育:九年级上册[M].北京:中国水利水电出版社,2008.

善待地球,又是一场变革,一场静悄悄的牵涉到每个阶层、每个家庭、每个人的变革。它需要智慧去关注生存环境的变化,需要良知去阻止破坏环境的现象,需要热情去传播环保的理念,更需要勇气来调整自己的生活价值和生活习惯。

中国正以历史上最脆弱的生态系统,承受着历史上最多的人口和最强的发展压力。我们只有一条长江,毁掉了不会再有;我们只有一个家园,失去了不会再有。爱国的公民,请首先爱护这个民族赖以生存的根基,请从一点一滴的环保行为做起。

活动探究

课题:关注家庭生活用水

活动目标:通过生活实践,初步了解绿色生活与可持续发展的相关知识。

实践过程:

(一)提出问题,引导关注(提前布置:向家人了解家庭用水情况。)

(1)你家几口人?一个月用多少吨水?交多少水费?

(2)为什么每个家庭月用水量不一样?

(3)为什么要节约用水?怎样才能做到节约用水?

(二)展开探究 自主学习

1.设计研究方案

(1)收集、整理需要研究的问题。(减少家庭用水)

(2)共同制定研究问题的方案。

① 通过讨论拟订家庭节水措施。

a.刷牙时关上水龙头。

b.在淋浴中涂肥皂时关上水。

c.安装(或改造成)节水马桶。

d.淘米洗菜用过的水再做他用。

e.把衣服储满后才用洗衣机清洗,清洗衣服后的水再做他用。

f.随时关紧水龙头,安装节水龙头。

② 设计调查表格。(见附表)

(3)出示水表挂图——复习查看水表的方法。

2.实施调查项目 整理调查结果

(1)记录:家中一周用水量(单位:吨)。采取节水措施后,再记录家中一周用水量。

注意:调查期间,除节水措施外,其他条件不要发生变化。

(2)计算:节水前后家中用水量的变化。如果水的价格为1.11元/吨,你们家一月可节约水费多少元?一年可节约水费多少元?将计算结果告诉父母及同学。

(3)做图:将节水前后的家中用水量及水费的变化,用条形统计图或折线统计图来表示。张贴在教室里。

(4)分析、比较调查结果。

(5)得出结论:采取节水措施后,减少了家庭用水。

交流讨论

【环保小知识】

住宅和居室是人们生活的重要物质条件,是人们生活、休息、家庭团聚的场所,与人们健康的关系非常密切。随着国民经济的快速发展和人民生活水平的不断提高,在居住环境不断改善的同时,如采用不适当的建筑材料和室内装饰物,也有可能造成室内污染。空调、微波炉、冰箱等在给人类带来舒适生活环境的同时,也引起了一系列的健康问题。此外家用化学物品如杀虫剂、洗涤剂等物质的大量使用也可造成对环境的污染。加之大多数使用者缺乏卫生知识,对人体的健康的潜在威胁很大。目前家居环境与健康的关系已引起全世界的关注。

【建筑材料及装饰物品对健康的影响】

建筑材料大致有基本建筑材料和装饰材料之分,基本建筑材料主要指建筑物的基础材料、承重材料。装饰材料主要指用于基本建筑材料表面的材料,起保护、防护、美化等作用。装饰物品主要指各种家具物件。上述物品所用的原材料中,大部分是废渣或再生材料及现代化工产品,且在加工和生成过程中加入了各种辅助剂,其中有很多具有挥发性,有的还有放射性,对人体健康具有很大威胁。

氡及其子体：氡是一种惰性放射性气体，易扩散，在体温条件下极易进入人体组织。氡是由铀、镭等衰变所产生的。铀、镭都是固体，广泛存在于地壳中，衰变成氡后变成气态，氡可继续衰变直至变成铅。每次衰变都有 α、β 及 γ 辐射。室内氡的来源主要是土壤和建筑材料中含有的镭。氡及其子体对人体的危害主要是引起肺癌，潜伏期约为15~40年。现代流行病学资料表明，氡是仅次于吸烟的第二个导致肺癌的原因，由氡引起的肺癌占肺癌总发病率10%。影响室内氡含量的因素除污染源的释放量以外，室内的密闭程度、空气交换率、大气压、室内外温差等都是重要影响因素。研究发现，在建筑材料表面使用涂料可起一定的防护作用。

甲醛：甲醛是一种挥发性有机化合物，无色，有强烈的刺激性气体，其水溶液俗称福尔马林。甲醛是室内的主要污染物之一，主要来自建筑材料、装饰品及生活用品等化工产品，如黏合剂、隔热材料、化妆品、消毒剂、防腐剂、油墨、纸张等。甲醛对健康的影响主要是刺激眼睛和呼吸道黏膜，产生变态反应，免疫功能异常，引起肝、肺和中枢神经受损，也可损伤细胞内遗传物质。甲醛在室内的浓度变化主要与污染源的释放量和释放规律有关，也与使用期限、室内温度、湿度及通风程度相关。加强室内通风可降低加强浓度。

挥发性有机物：挥发性有机物是一类重要的室内污染物，明确已鉴定出300多种，虽然它们各自的浓度不高，但其联合作用不可忽视。挥发性有机物除醛类外，常见的还有苯、甲苯、二甲苯、三氯乙烯、三氯甲烷、萘等，主要来自各种溶剂、黏合剂等化工产品。此外，苯类等环烃化合物还可来自燃料和烟叶的燃烧。挥发性有机物对健康影响的研究不多，主要有臭味、刺激性，能引起免疫水平失调，影响中枢神经系统功能，出现头晕、头痛、嗜睡、无力等症状。亦可影响消化系统，表现为食欲不振、恶心、呕吐，严重者可损伤肝脏和造血系统。

不良建筑综合征：也称病态建筑综合征，指某些建筑物由于室内污染、空气交换率低以致该建筑物内的人群产生一系列症状。表现为鼻咽部有刺激感、头痛、易疲劳、嗜睡、哮喘等非特异性症状，离开建筑物则症状消退。目前认为本病是由于多种因素综合作用而引起的，除污染和通风外，还可能由于温度、湿度、采光、声响等舒适因素失调，以及情绪心理反应等。

【空调对健康的影响】

随着科技的进步和人类生活水平的提高,空调已走进寻常百姓家,成为家庭必备消费品。空调给人们创造舒适的生活环境,是人类物质文明和精神文明的集中体现,但是同时也带来了一系列的健康问题,称“空调病综合征”。使用空气调节系统造成室内污染的途径主要是由于室内新鲜空气的补充不足而引起的。使用空调的房间大都比较密闭,与外界空气交换不足,若有人长时间停留、活动可导致室内一氧化碳、二氧化碳及挥发性有机化合物浓度增加和空气负离子浓度减少,而使室内空气污浊。新风采集口受到污染、空气过滤器失调等也可使室外污染物进入室内。此外,空调冷却水系统中可能存在嗜肺军团菌,是军团菌气溶胶的来源,称水致空气微生物污染。

人工空调系统对人体健康的危害主要是引起空气综合征,起初人们抱怨空气质量不好,继而出现疲乏、头痛、胸闷、恶心呕吐、呼吸困难及嗜睡等症状。空调冷却水中所含的军团菌可导致军团菌病,其症状类似肺炎,表现为寒战、高热、头晕头痛伴呼吸困难,重症病人可发生肝功能变化和肾功能衰竭。

随着空调应用的日益广泛,空调病的发病率逐年增加,引起了全世界的关注。目前新型的环保空调已相继问世,在一定程度上可改善现状,此外通过加强室内通风、增加负离子浓度亦可降低空调病的发病率。

【家用化学物品与健康】

现代生活随着社会的进步和人类文明的发展,大量的化学物品进入家庭,成为人类生活中不可缺少的必需品。化学物品是创造人类美好生活和物质文明的重要保证。但是,化学物品在生产和使用过程中均存在许多卫生问题,据世界卫生组织统计:发展中国家每年约有50万人遭受化学物品的危害,其中大约有500人死亡。

家用化学物品广泛用于每个家庭,渗透到人们生活的各个方面,其中可能释放有害化学物质的家庭用品所涉及的范围也很广泛,大体可分为①衣物类:包括内衣、睡衣、外衣、乳罩、手套、袜子、帽子等;②身边物品:包括皮带、提包、眼镜、表带、装饰品等;③室内装饰材料:包括壁纸、壁布、地板砖、地毯等；④其他：包括卧具、窗帘、椅垫、玩具等。

家用化学物品是室内有机物污染的主要来源之一，可释放出多种有机化合物，其中有二十多种具有致癌和致突变作用。在家中普遍使用化学物品也是引起非职业性急性中毒或损害事故的重要原因。此外，由于家用化学物品与皮肤接触的机会多，由其引起的刺激性皮炎、变态反应性皮炎等皮肤损伤，严重时可导致皮肤化学性烧伤。

【吸烟与健康】

吸烟是导致肺癌、喉癌、口腔癌等多种癌症和心血管病、慢性支气管炎、肺气肿、胃溃疡等多种疾病的危险因素。吸烟不仅对本人有害，对被动吸烟者的危害不亚于吸烟者本人。据世界卫生组织报道，发展中国家每年约有100万人死于吸烟，发达国家每年约有200万人死于吸烟，约1/3～1/2的吸烟者因为吸烟而早逝。因此吸烟与健康已成为全球共同关注的公共卫生和个人卫生问题。

吸烟者吸烟的过程是烟草在不完全燃烧过程中发生的一系列化学反应的过程。香烟燃烧时放出的烟雾中92%为气体，主要有氮、二氧化碳、一氧化碳、氰化氢类、挥发性亚硝胺、烃类、氨、挥发性硫化物、腈类、酚类、醛类等，另外8%为颗粒物，主要有烟焦油和尼古丁。吸烟时大约有10%的烟雾进入体内，经气管、支气管到达肺部，一小部分可进入消化道。进入体内的有害物质最终进入血液循环，引起各系统、组织、器官发生病变，其严重程度取决于开始吸烟的年龄、吸烟量的多少以及持续吸烟时间的长短。

香烟烟雾中含有大量的致癌物和促癌物，长期吸入可导致肺癌、喉癌、咽癌、口腔癌、食道癌、肾癌、膀胱癌等。干热的烟雾长期刺激呼吸道引起阻塞性肺通气功能障碍，是造成慢性支气管炎和肺气肿的主要原因。吸烟也是冠心病、动脉粥样硬化的主要致病因素。此外，吸烟可引起消化性溃疡、视力下降、视神经萎缩、女性月经紊乱、痛经、男子阳痿、早泄甚至不育等。青少年由于机体各组织、器官还未发育完善，吸烟将产生更加严重的后果。

总之，吸烟是百害而无一益，其对健康的危害已成为全世界关注的焦点。通过宣传吸烟的危害，建立并增强人们的自我保健意识是控烟的核心问题。同时采取立法手段是控烟行之有效的措施。我国自1977年以来已相继颁布了一系列法律法规，使控烟工作有了法律上的依据。

通过调查法，多渠道资料查询和搜集资料的方式，交流分析并讨论绿色生活与可持续发展的关系，形成可持续发展的初步概念。

知识驿站

【身边的绿色生活方式】

使用布袋：我们去商店或农贸市场购物，几乎每样物品都会随赠一个塑料袋，回到家后，这些塑料袋往往立即被扔进垃圾箱。作为垃圾，塑料袋离开了我们的家，但是它们并没有在这个世界上消失。在我国的大部分地区，都是随处可见塑料袋，遇到刮风的天气，它们就会在空中飞舞，降落在树枝上、河流中，影响卫生和市容。塑料袋增加了垃圾的数量，占用耕地，污染土壤和地下水。更为严重的是塑料在自然界中上百年不能降解，若进行焚烧，又会产生有毒气体。仅图一时方便，却把垃圾遗弃给子孙后代。这样做合适吗？以北京为例，若人均每天消费一个塑料袋（约0.4克重），每天就要扔掉4吨塑料袋，仅原料就价值4万元。小小塑料袋的害处真够大。我们从前也是用可以重复使用的菜篮子和布袋子购物买菜的，普遍使用塑料袋只是近几年的事。我们应该恢复既往的优良传统。德国年轻人正以挎布袋购物为荣，让我们也来追随这种"绿色时尚"吧。

尽量乘坐公共汽车：美国洛杉矶的居民，在1943年发现空气中有一种微白的薄雾，有时带有黄褐色，刺激人眼疼痛和流泪，这种薄雾日趋严重，但直到10年后才找到真正的祸首——汽车。1955年和1970年洛杉矶又两度发生光化学烟雾事件，前者有4 000多人因五官中毒、呼吸衰竭而死，后者使全市3/4的人患病。汽车排放的废气，在每年5—10月份的强烈阳光作用下，形成光化学烟雾，引起眼病、喉头炎和头疼，还降低了大气能见度，使车祸和飞机坠毁事件增加。如今，汽车废气的治理已取得相当的成功，但数量的急剧增长，使汽车仍是城市大气污染的主要来源。据报道，近年国内某些大城市也出现过光化学烟雾污染。不仅如此，制造汽车的过程中也要消耗自然资源，也要排放污染物，汽车还产生噪声等危害。而且日益增加的汽车给城市交通造成重大压力，造成交通拥堵。这些都严重地困扰着我们的生活,而解决的办法之一就是少乘小汽车,提倡乘坐公共汽车。

倡步行,骑单车:公共交通、自行车和汽车可以方便人的行动。但从保护环境的角度看,三者之中最有前途的还应是公共交通和自行车。中国人口多土地少,若建立一套如美国那样以汽车特别是私车为中心的运输体系的话,侵占耕地,加剧人口过剩,给多数人带来的只能是灾难。提倡使用自行车和公共交通系统——在限制轿车生产的同时,加速扩大自行车的生产——对世界各地的人们都是大有好处的。自1969年以来,自行车因其健身、休闲、环保等优势,作为物美价廉的交通工具,普及程度一直在提高。由于对空气污染、交通堵塞、二氧化碳排放和土地缺乏等的担心,以及在今后几年粮食短缺形势的严峻,自行车将因其节省土地和稳定气候的长处而更受欢迎。特别是当距离不是很远,或时间不是很紧的情况下,步行除有利干环保外,更有利于身心的健康和调适。

不过分追求穿着的时尚:尽管生产服装和鞋子之类的生活用品比不上重工业对地球产生的损害大,但为市场提供流行样式也的确导致了一些生态影响。如棉花种植者是世界上最大的农药和水的使用者之一,一些毛料和皮革来自过度放牧地区的牲畜,并且纺织厂常常使用作为危险品登记的工业染料。至于合成纤维,它主要来源于石化工业,不仅穿起来舒适度要差一些,而且对环境的损害也更大一些。如合成纤维的原料——石油,是远古时动植物所吸收和集聚的太阳能,是一种不能再生的能源;在生产合成纤维的过程中,需要一系列的化学反应和非同一般的高温燃烧,会污染空气或水源;合成纤维在使用丢弃后,因为难以降解,还会给环境造成压力。所以,我们不要过分追求穿着的时尚、频繁淘汰服装,以减轻对环境的压力。

不进入自然保护核心:中国目前有各类自然保护区900多个,与全球其他国家的自然保护区一样,其功能区域分为实验区、缓冲区和核心区,核心区是保护的核心地带,是各种原生性生态系统保存最完好的地方,是动植物最后的庇护所。因此,这个区域严禁任何采伐、狩猎和游览活动,以保持其生物的多样性尽量不受人为干扰。实际上,核心区起着物种的遗传基因库的作用。现在,许多自然保护区向公众开放,或开展了生态旅游,那神秘的面纱正在轻轻地撩开,但任何开放活动都必须在核心区之外进行,以突出保护为主的宗旨。核心区不仅是动物保护之地、水源涵养之地，还是动物们最后无处可退的家。如果这个家再遭践踏，被人类“私闯民宅”，其中的动植物就会陷入绝境。近两年，由于不当的旅游活动，使我国22%的自然保护区遭到生态环境破坏的压力，而人类的生存有赖于动植物生命的延续。因此，请您怀着敬畏之心参观保护区，切莫闯入保护核心区。

【保护环境身边事】

及时举报破坏环境和生态的行为：现在，我们很多人羡慕欧美国家美丽如画的环境，然而他们也曾经历过环境破坏和污染的时期，是环境意识、法律和社会公德及公众的监督形成了良好的社会风气，才取得了今日的环境保护成就。在美国的高速公路旁，你经常可以见到倒下的大树，偶尔还可以发现被撞死的动物，但是绝对没有人将其弄回家去，否则将被起诉和惩罚。在新加坡更是以法律和公众监督来制约破坏环境的行为。我国也制定了很多关于环保的法律法规，如《环境保护法》、《固体废弃物污染环境防治法》、《噪音控制防治法》等，以制裁破坏环境的不良行为。我们每一个人都是环境破坏的直接受害者，我们应该学会用法律来保护自己。当你发现有偷猎野生动物、向河流排放污水、乱砍滥伐等行为时，应及时向执法部门举报，并通报给新闻单位，让社会舆论对其进行谴责。只有我们共同参与，才能建设出具有美好生态环境的生存空间。

爱护古树名木：美国原国务卿基辛格在参观北京天坛公园时，曾经对着公园里的柏树群大发感慨：“以美国的科技实力，我们可以在很短的时间内很容易地复制出你们的寰丘和祈年殿。但复制这些古树，却必须用上千年的时间才能完成。”古树名木是一种活着的文物，是自然遗产，还是活的基因载体。研究古树名木对了解古代气候、水文和生态环境都有着重要意义。

在我国，每个省份都分布有数不胜数的古树名木。这些历尽沧桑的大树，是我们中华民族悠久历史的见证和象征，也是大自然顽强生命力的体现。为了保护古树名木，各地先后出台了地方古树名木保护条例，并为古树名木建立了“户籍”和档案。你如果想了解家乡附近某一棵古树名木的详细情况，可以向当地林业或园林部门去打听一下。你一定会因此而为家乡骄傲。

关注新闻媒体有关环保的报道:20世纪80年代中期以前,中国媒体在环境方面主要报道的是国家的环境政策,政府在环境方面所采取的措施等。随着经济的发展,中国的环境问题日益突出,中国的媒体也开始更全面、更深入地报道环境问题。电台、电视台上涌现出一批报道环境的节目(栏目),如中央电视台的“人与自然”、“环境周刊”、“环保时刻”、“绿色时空”;北京电视台的“走向大自然”(现已改名为“绿色行动”)等。社会影响较大的报纸则有《中国环境报》、《中国绿色时报》、《中国青年报》(《绿》)、《科技日报》(《绿色周刊》)等。据调查,1996年中国有70家报纸报道了1.7万条有关环境的文章,占1996年全部报纸新闻报道总量的1.01%,几乎是1995年同类报道的2倍。近两三年来,有关环境的报道激增,请多关注这些报道并积极宣传这些内容,以唤起更多人的环境意识。

第三节 环境与行动

案例1 给包装“减负”①

包装在我们日常生活中随处可见,当你打开牛奶盒倒出牛奶、撕开面包袋开始早餐的时候,当你吃完饭打开一小包餐巾纸擦手的时候,当你收到朋友从远方给你捎回礼物的时候……包装便如影随形地伴随你开始一天的生活。精巧美丽的包装让我们享受着便捷的生活和多彩多姿的生活,也给我们的环境带来了无尽的烦恼,然而,我们也在时刻感受包装给我们生活和环境带来的变化。

活动探究

活动目标:

(1)初步了解商品包装的含义,搜集感兴趣的不同商品包装盒、标签和图片,了解不同商品所采用包装方式的主要作用,获得关于包装的知识。

① 本案例节选自:闫蒙钢,阮方来.环境教育:九年级上册[M].北京:中国水利水电出版社,2008.

(2)了解商品过度包装的含义,利用图书馆、互联网、电视等信息源搜集有关商品过度包装的信息,调查身边存在的商品过度包装现象

(3)在获得知识过程中,提高对包装的审美能力,并通过讨论了解商品包装对环境造成的影响,增强环境的忧患意识和责任感,反思对影响环境的行为要采取审慎的态度,树立与环境和谐、可持续性发展的观念。

(4)学会收集、整理、分析资料;在调查活动中锻炼与人沟通能力,掌握与人交往的社会礼仪。

活动方式:

调查法,多渠道资料查询和搜集。

活动内容:

活动一:我们周围的包装世界

要求班级以10人为一小组,通过从互联网、报纸、书籍、电视中分别查询商品包装和过度包装的相关资料。如包装分类、包装材料种类、包装材料与被包装商品的关联、过度包装标准等,并对资料进行一定的整理。搜集一些精美的包装样本和图片等,将这些材料结合查询的商品过度包装标准进行归类。在资料基础上,展开小组内讨论对商品包装的认识。结合讨论和资料的梳理,整理成发言稿,在全班进行交流。

活动二:我给包装提建议

全班分为两组,设计访谈和问卷内容,通过访谈自己身边的亲友或走上街头向陌生人发放问卷的方式,了解包装或过度包装对生活产生的影响、了解民众对包装或过度包装的看法。根据调查内容,在班级展开讨论,合理认识包装和过度包装带来的社会影响和环境影响,提出解决过度包装引起的负面影响的设想。

交流讨论

资料1:包装的历史

当人类有了多余的生产资料之后,包装就开始了它的演变旅程。一片荷叶、一张兽皮,一串贝壳,一节竹筒,一个稻草编制物揭开包装产业的序幕。

直到约4 000年前,陶器、铜器等使我们的包装有了很大一步的迈

进。而后在公元前1500年，聪明的法国人发明了一种底部锥形，一边一个把手的，叫做“安非非拉”的双耳陶瓶，使法国波尔多城盛产的醇美葡萄酒远播四方，满足当时王宫贵族们对琼浆玉液的垂涎，也实现了包装史上的第一次飞跃。18世纪西方工业革命加速了包装的发展。1879年发明家罗伯特·盖尔将褶皱纸夹着两张平板纸中间的瓦楞纸做成可折叠纸箱，才有了真正意义的包装。19世纪末20世纪初期，各种塑料的相继问世，标志着包装进入现代化。

【中国包装史话】

我国的包装业源于春秋战国，陕西省白水县在抢救性发掘一处被盗墓贼光顾的战国古墓葬时，发现约2千克的神秘液体，开启壶盖尚余酒香。专家初步断定，神秘液体系战国美酒。美酒装在一个密封的青铜壶内，壶内液体色泽红润，就像现在葡萄酒的色泽。青铜壶就是应运而生的原始包装方式之一。

兴于宋代，北宋的《清明上河图》中，向人们展示了因贸易往来需求，商品采用了各式各样的包装，材料也多种多样：麻布、竹编、草编、纸张、皮革等等。实际上，在我国每个历史时期，中华先人们都留下了风格迥异的包装装饰遗产：西汉漆器典雅高贵，唐代卷草植物纹富丽堂皇，宋代陶瓷纹样清秀隽丽。至今，古代许多酒类包装的器皿依然能为现代设计师带来创作灵感。

现代包装工业是从20世纪70年代末期中国实行改革开放政策以后迅速发展起来的。随着国际贸易的发展，尤其是进出口贸易的发展，政府开始认识到中国包装工业的落后严重影响了国民经济的发展，特别是意识到：落后的包装给出口贸易造成了极大的伤害。根据中国包装行业的统计，当时因为包装不善和在流通环节中的问题，每年损失在100亿元人民币以上。经国务院批准，1980年成立了中国包装技术协会。可喜的是经过近20年的不懈努力，中国的包装工业发生了根本的变化，包装制品的水平有了极大的提高，很多方面已经与国际先进水平不相上下。今天，在中国城市的市场里、自选商店中，到处都可以见到琳琅满目的商品以及它们形形色色的包装。有时它们也会使置身其中的外国人大吃一惊。各种各样的中国制造的商品连同它们的包装纷纷出现在北美、欧洲的市场上,使到那儿旅行的中国人一不留心就买回了国产货。

【世界包装史话】

世界包装发展史则在公元前1500年法国人发明了双耳陶瓶使得美酒盛名远扬的时候开始了。公元3世纪,罗马人淘汰了陶瓶改用木桶。公元10世纪左右,希腊人用可以放倒、滚动的木桶将酒运往各地。直到现在西方名酒厂家依然广泛使用着橡木桶储存酒。公元17世纪,玻璃酒瓶的包装方式让饮酒者有了更多的自由选择,减少因不能及时饮用而使酒被氧化造成的浪费。它的出现打断了酒桶的垄断局面,使包装顺应消费者的需求,包装更加人性化。可是玻璃酒瓶易碎,不便长途运输,于是这些酒瓶还需要一层更安全、结实的外包装——瓦楞纸箱。瓦楞纸最早由两名英国女帽制作商发现,将纸张折叠起来会增加它的弹性和韧性,1875年左右,发明家奥利弗·朗天才地将褶皱纸夹着两张平板纸之间——瓦楞纸诞生了。1879年另一位发明家罗伯特·盖尔将瓦楞纸变成可折叠的纸箱,从此,瓦楞纸箱厂的订单便成了经济发展的晴雨表——贸易频繁,经济繁荣,纸箱需求就大大增加。而瓦楞纸箱坚固、轻便及纸浆原料来自回收资源因而便宜的特点,直到现在依然被大量使用在生活用品包装上。据统计,美国90%的生活用品采用这种材料包装,用于瓦楞纸箱的年消耗量高达200亿美元。

【当今社会包装现状】

今天,我们的包装材料早已不限于玻璃、木桶、玻璃瓶,常用的还有铝箔、塑料、木材、金属以及复合材料等。1804年,法国人成功研制出密封瓶装食物加热制造方法;1810年,德国人发明罐装食品,据说被拿破仑用于军用食品上,解决了很多军粮运送问题;1940年美国人研制出高温高压杀菌软袋;1964年气调包装形式在荷兰启用,食品从真空包装到气调包装实现了食品从保质到保鲜的升级。然而,包装材料的多样性给人类带来方便、美观,也带来了烦恼。20世纪中期,人们根据美国人艾尔弗雷德·菲尔丁和马克·沙瓦纳设想发明了泡沫塑料软包装和CD盒。然而CD盒及CD盒外层玻璃纸似的包装,很难打开。后来发明的吸塑材料包装尽管既能充分展示商品又能有效防盗,但也因为不便于打开而“荣”登美国《消费者报》牡蛎奖(最蹩脚的创造)。而20世纪60年代,美国每年约有一万多名儿童因过量服用阿司匹林而中毒,追根溯源却是包装太容易打开,加上阿司匹林外表的糖衣,使得很多孩子将药当做糖豆吃下去而造成的后果。于是,现在医学上常采用铝塑包装,然而对金属铝的回收却造成新的困难。

讨论:

(1)是什么促进和影响了包装业的发展?

(2)包装对我们的生活和环境产生哪些影响?

资料2:过度包装案例

商品过度包装是一种功能与价值过剩的商品包装。商品过度包装的表现形式,从量上看,包装体积过大和浮夸,如所用材料过多,体积过大,装饰奢华;从质上看,包装性能扭曲或有欺诈之嫌,如保护、传达、方便、装饰功能过剩。

【网上购物与过度包装】

在电子商务兴起的时代,经调查发现,网上购物是增加包装量的一个途径。为保证运输过程中物品的安全和完整,往往又加有很多夹层,起到缓冲碰撞的作用。例如,网上书店必须为每一位购书者单独包装所购书籍,然后委托快递公司通过空中或地面运输方式送到客户指定地点,这个过程所消耗的包装材料是传统书店所耗费包装材料的2.5倍。

【节日的"天价"礼品与过度包装】

各种节日中"天价"现象屡见不鲜,也是包装在作怪。中秋佳节,有"天价月饼";又逢端午,再现"天价"粽子。

2005年9月13日南方网报道,记者发现月饼礼盒包装奢华很多,每块月饼至少有四层包装:由里到外塑料盒外加塑料袋、小盒、大盒、大纸袋,大盒里一般还有底垫、绸缎。月饼包装盒五花八门,有纸盒、塑料盒、铁盒、竹盒、织锦缎盒等。在北京一家位于繁华闹市的商场里,"超豪华"月饼则半遮半掩,犹抱琵琶半遮面。推销员介绍,货架上摆出的高档礼盒是标价360元的"平步青云",共有三层:第一层文官,一至九品(九种口味);第二层武官;第三层,帝王月。还有一种"金砖月",560元,是喷金月饼。记者索要了一张产品报价单,上至6 800元的"贡饼"(一块900克重的喷金四黄鲍鱼月饼),下至580元的"紫气东来C款",共有12款高档月饼可供选择，大都配有景泰蓝刀叉、线装书、酒瓶酒杯、祈福盒茶等。更令人吃惊的是，报价单上，95 000元的“飞龙九天九五之尊”以及28 000元的“紫气东来紫檀食盒”也赫然在目。

2006年5月30日《江苏商报》记者密访南京一家高档饭店一款400多元的礼盒里面除了有8个粽子，还有8个鸭蛋、1只盐水鸭、1瓶XO酱和两盒绿豆糕。古南都饭店298元礼盒的小菜比198元的品种多，798元要多鲍鱼和一些不同口味的粽子。1 988元的天价礼盒则有8只粽子，鸭蛋4只，XO酱2瓶，燕窝2瓶，1只盐水鸭再加一瓶红酒。粗略推算，酒店天价礼盒利润最少50%。

此外，保健品、化妆品、珠宝首饰、各种酒和茶叶也是过度包装的主体对象，其商品自身价值甚至不及包装材料价值的十分之一。这样的包装使我们普通人咋舌，望而却步。中国有句成语叫“过犹不及”，在这里形容这样包装带来的后果再贴切不过了。

讨论：

（1）过度包装产生的原因在哪里？

（2）辩论：过度包装的利与弊。

知识驿站

【商品包装现状】

商品包装是指企业在物品运送、保管的过程中，为了保护商品的价值及状态、方便储运、促进销售，选用适当的容器或材料进行外部包扎。包装的目的主要是保护商品，以低廉的代价在制造、运输、仓储、销售过程中避免商品的破损和变质，其次才是利于商品的美化、宣传和促销。可是到了21世纪，商家和包装设计师们不是越来越注重包装给消费者带来的便利，而是越来越倾注包装的结构和艺术的完美结合，不惜以豪华包装的华美外表体现艺术家设计上的创新，为商家吸引消费者，带来高额利润，却不过问过度包装对社会产生的负面影响。

（1）商品过度包装侵害消费者利益，暴露人们浅薄的审美观。

商家如此不遗余力地热衷豪华包装无非想通过增加包装成本、夸大包装功能，把巨额包装费用转化为产品附加值，强加给消费者，以获取更大的利润。但是这样使我们消费者,尤其是虚荣的消费者,发现高价购买的不仅是商品也包括一堆无用的有泡沫和硬纸组成的包装物。节日礼品的过度包装也使得本来是承载传统文化价值的商品在盛装之下失去文化意味。过度包装的背后显露出当前中国人消费方式和消费品位出现的偏差:对一种外在的、浅薄的、拜金的、物质欲望的追求;暴露了我们在金碧辉煌的外包装中迷失了对内在质量追求的目标。中国有句成语叫做“买椟还珠”,从另一个方面看可以算作是对豪华包装最早的讽刺了。

(2)商品过度包装浪费资源,污染环境。

商品过度包装本身对我国的资源提出了严峻的挑战。商品包装主要取自木材。据统计:每生产1 000万盒月饼,就需要消耗至少400~600棵直径在10厘米以上的树木。中国每年平均生产衬衫12亿件,包装盒用纸量达24万吨,相当于砍掉了168万棵碗口粗的树木。森林的快速消失造成严重的水土流失和沙漠化蔓延,区域生态功能失调。中国陆地水资源总量为2.8亿立方米,居世界第六,但人均占有水资源却只有2 200立方米,仅为世界人均水平的1/4,排在世界第88位,每年因缺水造成企业停产而减少工业产值1 000亿元。目前已有成片森林变成了包装纸,商品过度包装使濒临枯竭的自然资源雪上加霜。另外,我国的包装材料主要为玻璃、尼龙布、塑料、纸张、不锈钢等。它们要么是难降解型,要么是浪费资源型,加上目前受回收技术不发达、公众意识不强及政策执行力度不够等原因影响,对包装垃圾分类回收重复利用工作做得不足。这样一来,中国与欧美发达国家相比,人均享有资源较为落后,凸显了国人对资源的浪费现象。

商品过度包装还污染环境,增加垃圾处理成本。各种精美豪华的包装,转到消费者手中瞬间就变成了垃圾,失去了价值。这样不可回避的问题,各国都有。据统计,美国每年城市垃圾中来自包装行业的约占35%以上,日本高达45%,欧共体国家为30%~50%,英国每年产生的包装垃圾大约是900万吨。据我国环卫部门统计:北京市每年产生的近300万吨垃圾中,各种商品的包装物约为83万吨,其中60万吨为可减少的过度包装物。生活垃圾是困扰城市环境治理的重要污染源。中国每年可综合利用的固体废弃物和可回收利用的再生资源中,没有得到回收利用的就达500多亿元。2004年中秋节后，仅广州市丢弃的月饼盒就可平铺2500个足球场，这些月饼盒中除铁盒外，大部分纸盒与普通生活垃圾一起被投进垃圾压缩机，经压缩后运到了填埋厂。这种处理方式没有使月饼盒的价值真正发挥出来，从某种程度上讲，纯粹就是一种浪费。

商品过度包装产生过程也污染着我们的环境。例如，食品的豪华包装喜爱采用精美的木制盒，生产过程中含有大量的游离甲醛，挥发到空气中或被食物吸收，污染了环境，严重的能诱发上呼吸道疾病，影响我们的健康。此外其他包装盒采用的填充材料、油漆涂料、精美的印刷的产生过程中，各个环节所造成的空气污染、水质污染、噪音污染等对人体的危害毋庸多说了。

解决策略

(1)立法解决过度包装。幸运的是地球上的居民们都意识到过度包装给地球带来资源浪费和环境污染的严重负担。各个国家从立法上针对过度包装展开积极的行动，为包装"减负"。德国1986年制定《循环经济与废物管理法》，丹麦率先实行"绿色税"制度，荷兰制定《包装盟约》、法国制定《包装条例》以及比利时制定《国家生态法》。

德国在《循环经济与废物管理法》中规定对废物的优先顺序是避免产生—循环使用—最终处置。1991年实施的《包装条例》规定，商品包装容器内空位不得超过容器体积的20%，包装内商品与商品的间隙应在1厘米以下，商品包装容器内壁的间隙应保持在5厘米以下，包装成本一般应在产品总成本的15%以下等。凡包装体积明显超过商品本身的10%以及包装费用明显超过商品的30%，就应判定为侵害消费者权益，属于"商业欺诈"。德国已开始倡导商品"无包装"和"简单包装"，强调包装要无害于生态环境、人体健康和循环利用，从而节约能源和资源。如果厂商对商品进行一定的包装，就必须缴纳"废品回收费"。厂商除了支付购买包装材料的费用外，还必须支付该包装材料将来的回收处理费用，这样就逼着厂商在包装设计上下工夫，以便降低生产成本。为防止欺骗性包装，日本制定了《包装新指引》，其规定包括：尽量缩小包装容器的体积，容器内的空位不应超过容器体积的20%，包装成本不应超过产品出售价的15%；包装应正确显示产品价值，以免对消费者产生误导。韩国政府认为，过度包装是一种违法行为，厂商如果不依照政府规定减少产品的包装比率和层数，最高会被罚款300万韩元。美国、加拿大规定：只要有以下情况均属于欺骗性包装：包装内有过多的空位；包装与内容物的高度、体积差异太大；无故夸大包装，非技术上所需要。

我国也看到了过度包装带来的资源浪费和环境污染。2005年4月全国人大修订了1996年实施的《中华人民共和国固体废物污染环境防治法》。自2005年4月起，商品过度包装被禁止，并从法律上鼓励人们使用易回收包装物。新修订的固体废物污染环境防治法明确规定："国务院标准化行政主管部门应当根据国家经济和技术条件、固体废物污染环境防治状况以及产品的技术要求，组织制定有关标准，防止过度包装造成环境污染。"2007年8月27日，十届全国人大常委会第29次会议对全国人大环资委提请审议的《中华人民共和国循环经济法》(草案)(以下简称草案)进行了初审，并在2008年出台。

(2)绿色包装和回收再利用减少废弃的包装。目前，解决过度包装带来的环境问题还有一种更好的办法就是发展绿色包装。所谓绿色包装，是指有利于回收、复用、易于降解的可持续使用的环保型包装。美国早在1988年就有21个州颁布了2 332条法令，限制和禁止使用某些塑料包装制品。于1988年开始实行环境标志制度，有36个州联合立法，在塑料制品、包装袋、容器上使用绿色标志，甚至还率先使用"再生标志"，说明它可重复回收，再生使用。2002年美国共生产了1 925亿个饮料瓶罐(含铝、塑料和玻璃)，回收率大约为41%。回收的部分仍然使美国节省了相当于3 200万桶原油的能源。2003年1月，美国的Biocope公司率先推出由谷物合成的塑料——PLA聚合物材料生产的水杯，还发现了一种用小麦秆的纤维和麦粒中的淀粉做原料、低成本、环保型的快餐包装材料。这些包装杯和盒可以完全降解。日本高崎造纸公司用食品工业废弃的苹果渣生产出果渣包装用纸，这种纸品使用后容易分解，可焚烧或做堆肥，不污染环境，是理想的食品包装用纸，并且可回收重新造纸。可降解和回收的包装让我们的包装走上了一条可持续发展的道路。

(3)增强意识，从我做起，减少过度使用包装。当然，除了让我们的包装回归原始需求，做到减量化、资源化、循环化之外，通过创建节约型社会，借助舆论力量，改变社会风气，在全社会形成崇尚淳朴、节约资源、绿色消费的科学消费观念也是很重要的。我们个人也要改变消费观念，自觉抵制商品过度包装。商品过度包装的部分原因在于消费者的消费观念及社会风气，如果得不到改变，即便有了《包装法》，商品过度包装恐怕也难以根治。我们消费者要加强环境保护意识和社会责任意识，让商品过度包装失去生存土壤。让我们共同为包装"减负"吧！

案例2 废旧电池的回收与处理[①]

随着科技的发展和人民生活水平的提高，各种电子产品进入我们的生活，比如数码相机、随身听等，这些产品的正常运转都离不开电池。那你可知道用过的废旧电池都是怎样处理的呢，是随手丢弃还是放入废旧电池回收箱？如果不合理的回收处理，废旧电池会对环境有哪些危害呢？本节课就让我们一起学习、讨论废旧电池的回收和处理吧！

活动探究

关于废旧电池回收与处理现状的调查

活动目标：

通过查阅资料，认识到废旧电池对自然环境的危害，了解到我国回收与处理废旧电池的现状；通过社会调查问卷，培养社会实践能力和社会能力，提高整理，分析资料的学习能力；学会互相协作，互相交流，培养团结协作的意识。

活动内容：

通过查阅书籍、报刊、互联网、访问、实地考察等形式，结合自己的基础知识、能力，收集有关资料。具体有以下途径：

(1)做问卷调查。

(2)访问环保局。

① 本案例节选自：闫蒙钢，杨亚丽.环境教育：七年级上册[M].北京：中国水利水电出版社，2008.

(3)到图书馆查阅有关书籍报刊。

(4)与老师、同学一起讨论我校回收废旧电池的情况。

(5)整理、分析收集到的资料，结合自己的思想，提出一些建议。

问卷样题：

(一)选择题

(1)你在生活中经常使用电池吗？

A.较多　B.一般　C.较少　D.极少或无

(2)你使用的电池属于什么类型的？

A.充电型　B.非充电型　C.两者都用　D.不知道

(3)使用完的电池你都是如何处理的？

A.放入回收箱或回收站　B.随便丢弃　C.存储起来

(二)问答题

(1)知不知晓所选的处理方式对环境有什么危害？

(2)有没有想过现在的处理方式是否做到最小限度的对环境的破坏？以后是否准备改变处理方式以做到对环境最小的破坏？

调查结果统计

以选择题第一题为例：

你在生活中经常使用电池吗？

表7.2　调查结果统计表

项目	A.较多	B.一般	C.较少	D.极少或无	总数
原始数据(人)	24	52	20	4	100
占总数的百分比(%)	24	52	20	4	100

结论与分析

对问卷的调查结果进行分析，统计百分比，并通过访问和讨论的形式总结废旧电池回收与处理的现状以及原因，并提出自己的建议。

交流讨论

活动一 小品表演:我该怎么办?

活动目标:

通过小品表演的形式创设情景,引发思考,提高参与的积极性;增强分析问题解决问题的能力;树立爱护环境、人人有责的意识。

方法用具:

随身听(或是手电筒等需用到电池的小电器)、两节废旧电池、废旧电池回收箱(可用课桌代替)。找四个同学分别扮演“我”和同学甲、乙、丙。

活动内容:

(1)为了充分调动同学们的主动性,同学们自己设计台词,主要内容是当“我”用完电池后,正想随便扔掉,周围的同学对废旧电池处理问题的态度和看法。

(2)小品表演完后,随即开始第二个小活动——课堂小讨论:怎样回收处理废旧电池。

活动二 课堂小讨论:怎样回收处理废旧电池

活动目标:

通过讨论和积极思考,充分认识废旧电池对环境的危害,树立环保的意识。

活动内容:

在课堂上,先将全班同学进行分组,设计几个问题,让他们自己讨论,再由小组代表发言交流,最后进行总结和反思。

知识驿站

随着人们生活水平的提高和现代化通信业的发展,人们使用电池的机会愈来愈多,手机、随身听等都需要大量的电池作电源。今后一个时期,会有更多的废电池出现。然而,尽管近年来人们对保护自然生态环境日益重视,水污染、大气污染、白色污染等环境污染的治理已不同程度地收到了一定的效果,但废电池污染却未引起人们的足够重视。

【废旧电池的危害】

有关资料显示，一节一号电池烂在地里，能使1平方米的土壤永久失去利用价值；一粒纽扣电池可使600吨水无法饮用，相当于一个人一生的饮水量。对自然环境威胁最大的五种物质，电池里就包含了三种：汞、铅、镉。若将废旧电池混入生活垃圾一起填埋，渗出的汞及重金属物质就会渗透土壤、污染地下水，进而进入鱼类、农作物体内，破坏人类的生存环境，间接威胁到人类的健康。如何及时安全地处理废电池的问题，已日益突出地摆在人们面前。

人体一旦吸收这些重金属以后，会出现哪些病症呢？据有关专家介绍，汞是一种毒性很强的重金属，对人体中枢神经的破坏力很大，20世纪50年代发生在日本的震惊中外的水俣病就是由于汞污染造成的。目前我国生产的含汞碱性干电池的汞含量达1%~5%，中性干电池的汞含量为0.025%，我国电池生产消耗的汞每年就达几十吨之多。镉在人体内极易引起慢性中毒，主要病症是肺气肿、骨质软化、贫血，很可能使人体瘫痪。而铅进入人体后最难排泄，它干扰肾功能、生殖功能。

目前，中国电池180多亿只的年产量占世界电池总产量的30%以上，年消费量达70亿~80亿只，但回收率却不足2%。

【废旧电池的处理方法】

(1)废电池的回收与处理 。我国是电池生产和消费大国，目前，我国电池生产企业有1400多家，至1999年，电池产量已达150亿节，我国约有3.66亿家庭，每年大约需要电池近44亿节。

与世界大多数发达国家相比。我国废电池回收率极低，据了解，我国生产的电池96%为锌锰电池，其主要成分为锰、汞、锌、铬等金属，废电池无论埋在地下还是露置在大气中，其重金属成分都会随渗液溢出，造成地下水和土壤污染，日积月累会严重危害人类的健康，废电池污染已成为迫切需要解决的重大环境问题。

(2)废电池的再利用 。废电池说废其实也不废，其中含有大量的有色金属，而有色金属是地球上不可再生的宝贵资源，对于废电池最有价值的处理方法是再生利用，提取其中的有用资源，变废为宝，据环保专家介绍,在废电池中95%的物质可以被回收利用,尤其是重金属回收价值很高,在废电池中每回收1 000g金属,其中就有82g汞、88g镉,100Kg废铅蓄电池可回收50~60Kg铅,100Kg含镉废电池可回收20Kg左右的金属镉,这对面临资源日益减少的人类来说无疑是一种宝贵的资源。

相对来说,国外发达国家对废电池的回收与利用比我国重视得多,许多国家不仅在商店,而且直接在大街上都设有专门的废电池回收箱,瑞士有两家专门加工利用废电池的工厂。

现在,比较有用的处理废电池的方法主要有三种,热处理、湿处理和真空处理,这三种方法都能比较有效的回收利用废电池中的宝贵资源。我国则一般用填埋焚烧等方式处理废电池,这些方法不仅不能回收废电池中的宝贵资源,还会造成环境污染,不值得提倡。

不管怎么说,要从自我做起,不要将废旧电池和生活垃圾混在一起,要分开处理。废旧电池回收还是要形成意识,大家都这样做,才会有影响力,相关产业才会发展。

拓展视野

【国外如何回收利用废旧电池】

日本北海道野村兴产公司每年从全国收购的废旧电池达1.3万吨,占全国废旧电池的20%,收集的方式是93%通过民间环保组织收集,7%通过各厂家收集。以往主要是回收其中的水银,但目前日本国内电池已不含汞了,就主要回收电池的铁壳和其中的"黑"原料,并进行二次产品的开发制造,例如其中一个产品可用于生产电视机的显像管。

德国要求消费者将使用完的干电池、纽扣电池等各种类型的电池送交商店或废品回收站回收,商店和废品回收站必须无条件接受废旧电池,并转送生产厂家进行回收处理。废品回收站和生产厂家一般只回收含镉、含汞等有毒化学成分的电池,而90%的普涸锌碳电池和铝镁电池都被作为生活垃圾填埋或焚烧处理。

美国是废电池环境管理方面立法最多最细的一个国家,不仅建立了完善的废电池回收体系,而且建立了多家废电池处理厂,同时坚持不懈地向公众进行宣传教育,让公众自觉地支持和配合废电池回收工作。

电池的分类

第一类：按电解液种类划分，包括：碱性电池，电解质主要以氢氧化钾水溶液为主的电池，如碱性锌锰电池（俗称碱锰电池或碱性电池）、镉镍电池、氢镍电池等；酸性电池，主要以硫酸水溶液为介质，如铅酸蓄电池；中性电池，以盐溶液为介质，如锌锰干电池（有的消费者也称之为酸性电池）、海水激活电池等；有机电解液电池，主要以有机溶液为介质的电池，如锂电池、锂离子电池等。

第二类按工作性质和贮存方式划分，包括：一次电池，又称原电池，即不能再充电的电池，如锌锰干电池、锂原电池等；二次电池，即可充电电池，如氢镍电池、锂离子电池、镉镍电池等；蓄电池习惯上指铅酸蓄电池，也是二次电池；燃料电池，即活性材料在电池工作时才连续不断地从外部加入电池，如氢氧燃料电池等；贮备电池，即电池贮存时不直接接触电解液，直到电池使用时，才加入电解液，如镁－氯化银电池又称海水激活电池等。

第三类按电池所用正、负有为材料划分，包括：锌系列电池，如锌锰电池、锌银电池等；镍系列电池，如镉镍电池、氢镍电池等；铅系列电池，如铅酸电池等；锂系列电池、锂镁电池；二氧化锰系列电池，如锌锰电池、碱锰电池等；空气（氧气）系列电池，如锌空电池等。

案例3　“节能减排”你我同行①

改革开放以来，我国经济维持了高速增长。但进入新世纪后，随着经济的发展，环境污染问题也越来越突出，突出体现在废水、废气和固体废物等对河流、空气和土壤的污染，这些污染已经严重影响到人们的生活，也影响到中国的可持续发展能力。环境承载力已经成为中国经济持续发展的瓶颈。因此，尽最大可能降低能源消耗、减少污染物排放（简称节能减排）是中国经济发展的内在要求，也是建设和谐社会的内在要求。

① 本案例节选自：闫蒙钢，阮方来.环境教育：九年级上册[M].北京：中国水利水电出版社，2008.

活动探究

活动目标:

(1)了解“节能减排”的重要性。

(2)关注生活中的细节,积极参与“节能减排”活动,争当“节能减排”小卫士。

活动方式:

实践活动(问卷调查)

活动内容:

(1)班级分成5个小组。以小组为单位设计、编写关于节能减排的问卷调查表,设计的主题为:“节能减排你行动了吗?”问卷针对家庭生活中如何做到节能减排设置问题。如节约每一滴水、每一度电、每一粒粮食、每一张纸,生活垃圾处理、生活用水的处理、排放等,以及介绍他们在实行“节能减排”的一些具体做法。

(2)小组成员将问卷调查表分发给你的家人和朋友,填写完成后回收并做统计。总结一些生活中切实可行的实行“节能减排”的案例。

(3)小组将总结的内容以多种形式(板报、墙报、文字说明、照片、DV、演讲等)加以展示。展示的时候每个小组准备一份展示说明,包括展示的主题、主题设置的意义及展示解说词等。让更多的同学认识到“节能减排”的意义。

(4)以小组为单位组织成立“节能减排行动小分队”。跟踪调查同学们通过这次活动对“节能减排”是否有了真正意义上的理解。

交流讨论

资料:谈到节能减排,河北宁纺集团董事长兼总经理苏瑞广以日本丰田为例说,丰田的利润更多来源于节俭,就是节能降耗。在生产日益同质化、产能过剩的市场中,节能降耗显得尤为重要。近三年,宁纺集团通过节能降耗累计增收1 300多万元,而主要措施就是“三个依靠”:依靠良性“循环”,宁纺集团能源公司排放的固体灰,输送到建筑材料厂,制成砖后用于企业基建;投资1 000万元建设处理能力为每天25 000立方米的废水集中处理厂;印染分公司排出的废气废水经回收后由热电公司重新利用。依靠科技创新,电机改装变频,年可节省电费14万多元;在布机上安装了节电自停装置,一个月下来分公司就可节约电费2万多元,当月就可收回投入成本。依靠全员参与,成立节能减排工作领导小组,发动广大职工建言献策;印染分公司万米综合能耗由2006年的7.37吨标煤降至今年的7.26吨标煤,主要消耗指标达到国内同行业先进水平。

讨论:

(1)请你总结宁纺集团在"节能减排"方面有什么成功的做法?

(2)宁纺集团的成功经验对你在今后的生活中有什么启示?

知识驿站

【"节能减排"的含义及意义】

所谓"节能减排"就是降低能源消耗、减少污染排放。《中华人民共和国国民经济和社会发展第十二个五年规划纲要》提出了"十二五"期间单位国内生产总值能耗降低16%左右(和2010年相比),主要污染物排放总量减少10%的约束性指标(和2010年相比)。这是贯彻落实科学发展观,构建社会主义和谐社会的重大举措;是建设资源节约型、环境友好型社会的必然选择;是推进经济结构调整,转变增长发展方式的必由之路;是提高人民生活质量,维护中华民族长远利益的必然要求。

【国际上"节能减排"现状】

"节能减排"工作的开展在很多发达国家很早就已经开展了。德国是欧洲国家中节能减排法律框架最完善的国家之一。德国的《废弃物处理法》最早制定于1972年。日本早在1979年就颁布实施了《节约能源法》,后来又对其进行了多次修订,最近一次是在2006年。该法对能源消耗标准作了严格的规定,并奖惩分明。美国是世界上最大的能源消耗和污染物排放大国,美国的法律法规就能源消耗和污染标准进行严格、详细的限制,任何企业如有违规行为,该企业和政府执法部门都将面临非常大的社会压力,如果一家企业被判处违反节能、洁能法规,处罚将非常严厉,要么倒闭垮台,要么常年承担清理污染责任而负担沉重。发展中国家近年也不断向发达国家学习,在"节能减排"方面也做出了很多实质性的举动。

政府也出台了相应的政策支持“节能减排”工作的开展。这让我们看到了世界环境转好的希望。

【爱护地球，“强者”先行】

发达国家在“节能减排”具体实施过程走在世界的前列。

(1)利用市场机制。为促进节能减排，欧美国家无论实行强制性政策还是实行诱导性政策，其立足点都放在充分利用市场机制上。也就是说，欧美国家节能减排能取得重大进展，是其政府政策和市场机制相互配合的结果。

比如，欧盟成员国实行的固定价格法和固定产量(比例)法，对欧盟可再生能源发展促进特别大。固定价格法是指国家确定可再生能源发电的上网价格(大大高于化石能源发电的价)，而发电量的多少由市场决定。这些国家通常由国家与可再生能源发电生产商签署2015年的采购协议，协议期间价格基本固定，有力地促进清洁电力的大量生产和可再生能源电力生产商追求规模经济效益。

“节能减排”工作既需要有政府“有形之手”的推动和支持，更需要经市场“无形之争”的培育和考验。

建议完善电力谷峰分时电价办法、降低小火电的价格，实施有利于烟气脱硫的电价政策；鼓励可再生能源发电，利用余热余压、城市垃圾发电；合理调整原水和各类用水价格，推行阶梯式水价，制定支持再生水、海水淡化水、雨水开发利用的价格政策等。

(2)发展循环经济 。循环经济是以资源利用最大化和污染排放最小化为目标，将清洁生产、生产和生活废弃物回收利用、生态平衡与可持续发展等融为一体的经济运行模式。最大特点是资源节约和废弃物循环利用，既以单位产出资源消耗减量化为手段，实现广义节能，而且可以从源头和全过程预防污染产生，实现废弃物排放的最小化和无害化。可见，发展循环经济是从源头实现节能减排的最有效途径。

国外发达国家已经出现两种层面的循环：

一种是在企业层面上建立的小循环模式，其方式是组织厂内各工艺之间的物料循环。

另一种是区域层面上建立的大循环模式，即工业园区层面的循环经济。把不同工厂联结起来,形成共享资源和互换副产品的产业共生组合,使一个企业产生的废气、废热、废水、废渣在自身循环利用的同时,成为另一个企业的能源和原料。

发展循环经济在我国农村是个重点,结合社会主义新农村建设和政策激励,林牧副渔各业可以在政府和技术人员的指导下,互为前提,互相利用。

(3)依靠科技创新。科技创新是节能减排的重要保证。计算机在1946年刚问世时,拥有8 000个电子管,体积特别庞大,而集成电路技术让它逐渐瘦身,成本也越来越低廉。节能减排同样需要大量的前期投入,需要政府扶持与市场机制相结合。

近年来,欧盟成员国依靠政策引导,开发出了一系列的节能减排技术,通过不断改造工业制造业高耗能设备,以及更多地采用供热、供气和发电相结合的方式,提高了热量回收利用效率。

【我们的地球,共同的责任】

发展中国家在"节能减排"的具体实施上不甘落后。我们只有一个地球,为了保护我们日益恶化的环境,全世界都要行动起来。但是作为发展中国家,经济发展与环境保护到底谁更重要已经成为很多发展中国家矛盾的焦点。目前很多发展中国家在发展经济的同时也积极响应,在"节能减排"方面也做出了自己应有的贡献。具体表现在:

(1)泰国:禁止在风景区拍电影。旅游业是泰国最为看重的经济来源,因此从政府层面上来说,对旅游资源的保护成为整个环保工作中最重要的一环。泰国国家旅游局有严格规定,禁止在泰国的风景区拍摄电影,以免破坏环境。到目前为止,除前几年好莱坞影片《海滩》在普吉附近的玛雅湾取景外,基本上没有外国制片商能够进入泰国拍片。

不仅如此,泰国政府还明文规定,海洋中的热带观赏鱼和其他鱼类、珊瑚礁和岩石均是泰国吸引游客的重要自然资源,绝对禁止捕捞和采摘,对外国游客也不例外。对于在旅游景点乱扔垃圾、攀爬林木等行为,泰国旅游局也均设立告示明令禁止。

在泰国,民间层面的环保也较为普遍。比如,泰国倡导使用"不经动物测试的植物成分化妆品",并对这类化妆品的税收、店面等给予优惠,使得市场上这类化妆品的占有率相当高。在许多机关企业,经常是每天下班前1小时开始关闭办公用的空调,节约1小时的电力,减少空调对城市“热岛作用”的影响。泰国提倡使用节能灯泡,在首都曼谷的公司、家庭中均很少见到普通的白炽灯,从而为节约能源做出了很大贡献。

(2)印度:大量非政府组织搞环保。印度有关部门最近发布的一份气候变化及其影响的报告指出,气候变暖将给印度带来严重的自然灾害,使整个国家面临生态危机。报告特别指出,如果喜马拉雅山区的冰川面积持续缩小,印度的几条主要河流将没有未来,出现先是洪水滔天然后逐渐干涸的惨状。

面对严峻的环境问题,印度政府近几年一直在做着各种努力,比如加强相关法规的执行与检查、组织大规模环保活动、加大宣传力度、积极寻求国际合作等。印度人口最多的北方邦政府5月底宣布,该邦将在7月31日开展单日植树1 000万棵的活动,这将创下一项吉尼斯世界纪录。

在印度,有大量的非政府组织从事环保工作,它们发挥着十分重要的作用。一个名为“环境意识在学校”的组织就是其中之一。目前,该组织已经分布到印度各地,在首都新德里就有20余所学校是它的会员单位。“环境意识在学校”的宗旨就是激励学生采取行动保护自然。该组织确信,环境保护的关键一点是在学生中培养环保文化。

(3)肯尼亚:分步治理白色污染。东非国家肯尼亚有着丰富的旅游资源,但近年来,白色污染问题阻碍了该国旅游业的健康发展,野生动物误食塑料袋死亡的事件时有发生,景区中废弃的各色塑料袋也和周围的景观很不相称。不仅是旅游业,肯尼亚老百姓生活的方方面面都受到了白色污染的影响。

在肯尼亚拥有300万人口的首都内罗毕,每年消耗的塑料产品为17万吨,回收率仅为1%,其余塑料垃圾全都废弃到环境当中。以塑料袋为例,据统计,肯尼亚每年生产约5万吨塑料袋,主要用作购物袋,其中半数塑料袋的厚度不足15微米,有的甚至只有7微米厚。这些厚度没有达到一定标准的塑料袋很难被回收利用,是白色污染的主要元凶之一。

目前,肯尼亚政府正在实施一项中长期计划,以循序渐进、多管齐下地解决白污染问题。按照该计划,一方面,肯尼亚将在两年之内杜绝厚度20微米以下的塑料袋的使用,并在两年后将禁用标准提高到30微米;另一方面,政府将对塑料垃圾的回收利用行业予以政策及财政上的支持。

(4)墨西哥:实行交通改革保护环境。墨西哥许多大城市机动车数量很多,汽车尾气排放造成的环境污染一直非常严重。例如,首都墨西哥城有2 200万人口,拥有450万辆机动车,而车辆每年还在以25万辆的速度增长。因此墨西哥政府一直非常重视减少汽车尾气排放问题。

早在20世纪80年代末,墨西哥政府就启动了"防治污染计划",从提高燃油质量、规范车辆行驶、限制工业排放和进行环境调查研究等几个方面,综合治理环境污染问题。墨西哥环境部和各州各市的环境部门在环境委员会的协调下,采取了一系列措施:限制排放不合格的老车上路;实现汽油无铅化;向出租车司机提供贷款,以便更快更新车辆;引进使用天然气和液化气的公共交通工具等。

如今,墨西哥城建有自动大气监测网,在市区架设33个监测站,通过大气污染分析仪和气象传感器,向全国通报每天的空气质量情况,并据此限制机动车的使用。另外,墨城政府规定所有车辆每半年都要接受尾气排放检查。

【"节能减排"在我国】

"十一五"时期,国家把能源消耗强度降低和主要污染物排放总量减少确定为国民经济和社会发展的约束性指标,把节能减排作为调整经济结构、加快转变经济发展方式的重要抓手和突破口。各地区、各部门认真贯彻落实党中央、国务院的决策部署,采取有效措施,切实加大工作力度,基本实现了"十一五"规划纲要确定的节能减排约束性目标,节能减排工作取得了显著成效。为保持经济平稳较快发展提供有力支撑:扭转了我国工业化、城镇化快速发展阶段能源消耗强度和主要污染物排放量上升的趋势;促进了产业结构优化升级;推动了技术进步;节能减排能力明显增强;能效水平大幅度提高;环境质量有所改善;为应对全球气候变化作出了重要贡献。"十一五"时期,我国节能法规标准体系、政策支持体系、技术支撑体系、监督管理体系初步形成,重点污染源在线监控与环保执法监察相结合的减排监督管理体系初步建立,全社会节能环保意识进一步增强。

但是仍存在一些问题:一是一些地方对节能减排的紧迫性和艰巨性认识不足,片面追求经济增长,对调结构、转方式重视不够,不能正确处理经济发展与节能减排的关系,节能减排工作还存在思想认识不深入、政策措施不落实、监督检查不力、激励约束不强等问题。二是产业结构调整进展缓慢。"十一五"期间,第三产业增加值占国内生产总值的比重低于预期目标,重工业占工业总产值比重由68.1%上升到70.9%,高耗能、高排放产业增长过快,结构节能目标没有实现。三是能源利用效率总体偏低。我国国内生产总值约占世界的8.6%,但能源消耗占世界的19.3%,单位国内生产总值能耗仍是世界平均水平的2倍以上。2020年全国钢铁、建材、化工等行业单位产品能耗比国际先进水平高出10%~20%。四是政策机制不完善。有利于节能减排的价格、财税、金融等经济政策还不完善,基于市场的激励和约束机制不健全,创新驱动不足,企业缺乏节能减排内生动力。五是基础工作薄弱。节能减排标准不完善,能源浪费和污染物排放计量、统计体系建设滞后,监制、监察能力亟待加强,节能减排管理能力还不能适应工作需要。

"十二五"时期如未能采取更加有效的应对措施,我国面临的资源环境约束将日益强化。从国内看。随着工业化、城镇化进程加快和消费结构升级,我国能源需求呈刚性增长,受国内资源保障能力和环境容量制约,我国经济社会发展面临的资源环境瓶颈约束更加突出,节能减排工作难度不断加大。从国际看,围绕能源安全和气候变化的博弈更加激烈。一方面,贸易保护主义抬头,部分发达国家凭借技术优势开征碳税并计划实施碳关税,绿色贸易壁垒日益突出。另一方面,全球范围内绿色经济、低碳技术正在兴起,不少发达国家大幅增加投入,支持节能环保、新能源和低碳技术等领域创新发展,抢占未来发展制高点的竞争日趋激烈。

虽然我国节能减排面临巨大挑战,但也面临难得的历史机遇。科学发展观深入人心,全民节能环保意识不断提高,各方面对节能减排的重视程度明显增强,产业结构调整力度不断加大,科技创新能力不断提高,节能减排激励约束机制不断完善,这些都为"十二五"推进节能减排创造了有利条件。要充分认识节能减排的极端重要性和紧迫性,增强忧患意识和危机意识,抓住机遇,大力推进节能减排,促进经济社会发展与资源环境相协调,切实增强可持续发展能力。

虽然面临着严峻的考验,但是我国还是依然在发展经济的同时大力推行"节能减排"。虽然我国地大物博,但是由于人口众多,人均占有量太少。加上我国工业生产技术条件不成熟,每年浪费的物质资源太多。下两表是我国2006年资源的人均储量占世界人均水平的百分比和我国单位GDP能耗与发达国家的对比表,从中我们可以看出我国实行"节能减排"的必要性。

表7.3　我国主要资源人均储量占世界平均水平统计

我国一些主要资源的人均储量占世界人均水平的百分比			
石油	天然气	水	耕地
8.3%	4.1%	25%	40%

表7.4　2006年我国单位GDP与发达国家比较

2006年我国单位GDP能耗为发达国家的倍数			2006年我国经济总量为全球4%,消耗了全球			
美国	德国	日本	钢材	水泥	石油	煤
3倍	5倍	6倍	54%	32.4%	8.1%	30%

【我们在行动】

事实上我国也在"节能减排"上投入了很多。从下面的做法中我们可以看出我们国家在实施"节能减排"上的决心。

(1)首先控制增量,调整和优化结构。要控制高耗能、高污染行业过快增长,加快淘汰落后生产能力,完善促进产业结构调整的政策措施,积极推进能源结构调整,促进服务业和高技术产业加快发展。

(2)加大投入,全面实施重点工程。加快实施十大重点节能工程。实施水资源节约项目。加快水污染治理工程建设。推动燃煤电厂二氧化硫治理。多渠道筹措节能减排资金。

(3)创新模式,加快发展循环经济。深化循环经济试点,推进资源综合利用,推进垃圾资源化利用,全面推进清洁生产。

(4)依靠科技,加快技术开发和推广。加快节能减排技术研发,加快节能减排技术产业化示范和推广,加快建立节能减排技术服务体系,推进环保产业健康发展,加强国际交流合作。

(5)务实基础,强化节能减排管理。建立政府节能减排工作问责制,建立和完善节能减排指标体系、监测体系和考核体系。

(6)健全法制,加大监督检查执法力度。完善节能和环保标准,开展节能减排专项执法检查。

(7)完善政策,形成激励和约束机制。积极稳妥推进资源性产品价格改革,完善有利于节能减排的财政政策,实行有利于节能减排的税收政策。

(8)加强宣传,提高全民节约意识。组织好每年一度的全国节能宣传周、全国城市节水宣传周及世界环境日、地球日、水宣传日活动。把节约资源和保护环境理念渗透在各级各类的学校教育教学中,从小培养儿童的节约意识。

(9)政府带头,发挥节能表率作用。在节能减排工作中,中央政府率先垂范。推广高效节能产品,中央国家机关也率先更换节能灯。

小　结

环境教育作为生态教育的重要组成部分,在生态教育的研究、教学,以及民众科普中一直备受重视。在其实施与发展中,诞生了丰富多彩的优秀案例,本章从“环境与自然”、“环境与生活”、“环境与行动”三个方面,介绍了一个个典型教学案例,不仅包括教师传授,还有问卷调查、课外活动、知识延伸、小品表演等多种多样的形式,展示了相关知识在环境教育及科普工作中的表现方式,希望能为读者,特别是为广大工作在基础教育一线的教师们提供借鉴和帮助。

参考文献

[1]《爱护环境》编写组. 爱护环境[M]. 北京：学苑出版社，2006.

[2] 北京教育科学研究院基础教育课程教材发展研究中心. 北京市中小学地方课程《环境与可持续发展教育》实施指导手册[M]. 北京：首都师范大学出版社，2006.

[3] 付军，牛玲娟，颜莹莹，等. 我国典型城市中小学水环境教育现状与需求解析[J]. 环境与可持续发展，2011(6)：34-38.

[4] 国家教育发展研究中心. 2006年中国教育绿皮书[M]. 北京：教育科学出版社，2006.

[5]《环境教育》编写组. 环境教育[M]. 南京：江苏教育出版社，2004.

[6] 李训贵. 环境与可持续发展[M]. 北京：高等教育出版社，2004.

[7] 李久生. 环境教育论纲[M]. 南京：江苏教育出版社，2005.

[8] 林玉琴. 生物教学中渗透环境教育，培养学生可持续发展观[J]. 新课程学习(上)，2012(6)：152-153.

[9] 马桂新. 环境教育学[M]. 第二版. 北京：科学出版社，2007.

[10] 史根东. 可持续发展教育报告(2003年卷)[M]. 北京：教育科学出版社，2004.

[11] 是丽娜，王国聘. 我国生态旅游环境教育理论研究述评[J]. 学术交流，2011(12)：131-134.

[12] 舒达，何雄健. 环境教育[M]. 广西：接力出版社，2005.

[13] 王克明. 环境教育[M]. 北京：地质出版社，2005.

[14] 王军海. 结合化学学科特点，进行环境保护教育[J]. 中国教育技术装备，2009(26)：74-76.

[15] 王民. 可持续发展教育研究项目与国际动态[M]. 北京：教育科学出版社，2005.

[16] 王民，史根东. 环境教育[M]. 北京：中国环境科学出版社，2007.

[17] 吴双桃. 关于开设环境与化学教育课程的思考[J]. 大学教育，2012 1(4)：31-33.

[18] 闫蒙钢，等. 环境教育[M]. 北京：中国水利水电出版社，2008.

[19] 章新胜. 以科学发展观为指导推动可持续发展教育——关于可

持续发展教育项目[M]. 北京：教育科学出版社，2006.

[20] 祝怀新. 环境教育论[M]. 北京：中国环境科学出版社，2002.

[21] 祝怀新. 初中环境素质教育[M]. 北京：中国环境科学出版社，2003.

拓展阅读文献

[1] 关于印发《全国环境宣传教育行动纲要》的通知 1996-12-10. http://www.hzedu.net/Template/govManage3.aspx?id=683.

[2] 付瑛，宋东清. 瑞典幼儿园环境教育的思考及借鉴[J]. 滁州学院学报，2011，13(4)：92-94.

[3] 刘继和，张玉娇. 日本学校能源环境教育的地位、理念、举措与特点[J]. 沈阳师范大学学报：自然科学版，2012，30(2)：313-316.

[4] 世界自然基金会中国站网页：http：//www. wwfchina. org/list. shtm?id=6539.

[5] 小学环境教育教师手册——可持续发展. 参见：http：//cd. dmb. gov. hk/ccs/content/envir_s/develop/index. Html

[6] 杨咏梅，纪秀君. 绿色教育行动第三阶段启动，环境教育将在全国中小学实施[N]. 中国教育报，2005-04-29(1).

[7] 张华，张悦. 澳大利亚环境教育对中国的启示[J]. 吉林省教育学院学报：学科版，2010，26(8)：130-131.

[8] 中华人民共和国教育部中小学环境教育实施指南(试行) [EB/OL]. [2005-01-20]. http://www.wwfchina.org/edu.

[9] 中国可持续发展研究会网页：http：//cssd. acca21. org. cn.

[10] The World Conservation Union(IUCN). ESDebate International debate on education for sustainable development. http：//www. iucn. org.